図解

学校園の運営 コツのコツ

段取り・栽培・学びのヒント

毛利澄夫 著｜中村章伯 絵

農文協

はじめに

栽培活動は難しい、要領がよくわからない、お金と手間をかけてもなかなか成功しない。でも、学習指導要領や教科書では、「栽培活動を通して」とされているので逃げるわけにはいかない、困った、どうしよう……。教育現場の先生方のこのような思いが、たいていの学校に渦巻いているのではないだろうか。その理由を考えてみたい。

私の教師生活は、三八年になった。前半は、実は栽培活動にはあまり熱心ではなかった。教育活動は、自分自身が育った農家の仕事とは違うものだという意識があった。それでも、子どもの頃から目にしていたので、簡単な栽培のコツは、ごく当たり前に身につけていた。子どもたちへの指導も、要領がつかめていたので、苦にはならなかった。

後半は、研究活動や行政の仕事、管理職の仕事と、これまでとは違う環境での業務も増えていった。そのかたわら、家の都合もあって、休日を中心に、田んぼや畑の仕事も増えていった。自分で栽培したものの手応えや味わいは、次なる意欲を生み出す。次々と工夫したくなる。あれもこれもと種類を広げる。気がついたら、米のほかに、五〇種類以上の野菜、二〇種類の果樹の管理を、毎年、行なうようになっていた。さらに、年間を通して四季折々の花も楽しんでいる。私が育てている草花類も五〇種を超える。

こうやって田んぼや畑の作物・草花と付き合うなかで、そういった生き物たちの生命のリズムを、私自身が感じられるようになっていった。そして、栽培活動が子どもたちを生き生きと健やかにするのは、子どもたちがこの生き物のリズムに感応していくからだということも、実感するようになっていった。

さらに気づいたのは、作物・草花の生き物のリズムと、学校の授業・仕事のリズムとの間には、大きなズレがあることであった。そして、栽培活動を難しくし、困った気持ちをもてあましている先生方を増やしている大きな原因は、その辺にありそうだ、ということにも気づいたのである。

反対に考えると、作物や草花のリズムに合わせて栽培活動をすれば、栽培の初心者でも失敗が少なくなるわけである。そうすれば、作物や草花が勝手に育ってくれるのだから。

しかし、「そんなことを言われても、その方法がわからないから苦労しているんです」という声も聞こえてきそうだ。そこで本書は、そんな先生方に役立つように、作物・草花のリズムに合わせた栽培活動の方法、しかも学校の授業・仕事のリズムとも齟齬をきたさないような方法を、豊富なイラストでわかりやすく解説した。私の学校での経験だけでなく、農家として積み上げてきたノウハウもつぎ込んだつもりである。

さて、学校での栽培活動を「困った」と思う先生方を増やしている理由が、もう一つある。それは、栽培活動を学習として面白くする方法を、多くの先生方が知らないことである。学校の栽培活動は、作物はきちんと収穫し、草花は花を咲かせなくてははじまらないことは言うまでもないが、それだけでは成り立たない性格がある。学校の栽培活動は、学習活動の側面を持つからだ。学習活動としての栽培が面白くなければ、子どもたちは活動に乗ってこないし、先生方にも手応えがないだろう。本書は、栽培活動からいろいろな発見を引き出し、栽培を「学び」として楽しくする方法も紹介した。

栽培のノウハウと学習のノウハウが絡みあってこそ、栽培活動は面白くなるのだと思う。そのことに気づかせてくれたのは、私自身が長年お世話になり、学ぶ機会を与えてくれた日本初等理科教育研究会の「子どもの問題解決」の考え方である。子ども自身が自然の世界に分け入って探究活動を繰り返しながら、絶えず知を更新していく学びの世界を、栽培活動から生み出していくのは、ヒントがなければ簡単なことではない。栽培植物の営みは、人間のアプローチを阻むような複雑さがあるからだ。その複雑な生き物の営みから、人間の発見の道筋をつける方法が、「子どもの問題解決」の考え方である。「子どもの」と銘打っているが、実は私の農業活動にも「問題解決」は有効なのである。つまり、学校の「学び」を生活の「学び」に結びつけるキーワードが「問題解決」なのである。この「問題解決」という「学びのヒント」を活用していただき、栽培活動をより楽しく、充実したものにしていただければ幸いである。

本書は、雑誌『食農教育』（農文協刊）に連載した記事をもとに、大幅に手を加えたものである。本書の制作の過程で、農文協の松田重明さん、イラストレイターの中村章伯さんに大変お世話になった。ここに感謝の言葉を捧げる次第である。

二〇一〇年一月五日

毛利澄夫

目次

第2章　季節別・初心者でも安心できる学校園の運営法

第1章・第2章・第3章のイラストは中村章伯氏作成

第１章

初心者でも安心できる準備のコツ

1 初めてでも栽培上手になれる計画の立て方

初心者でも成功する鍵は5月、9月の適期作業

種まき・苗の植付けの適期ごよみ

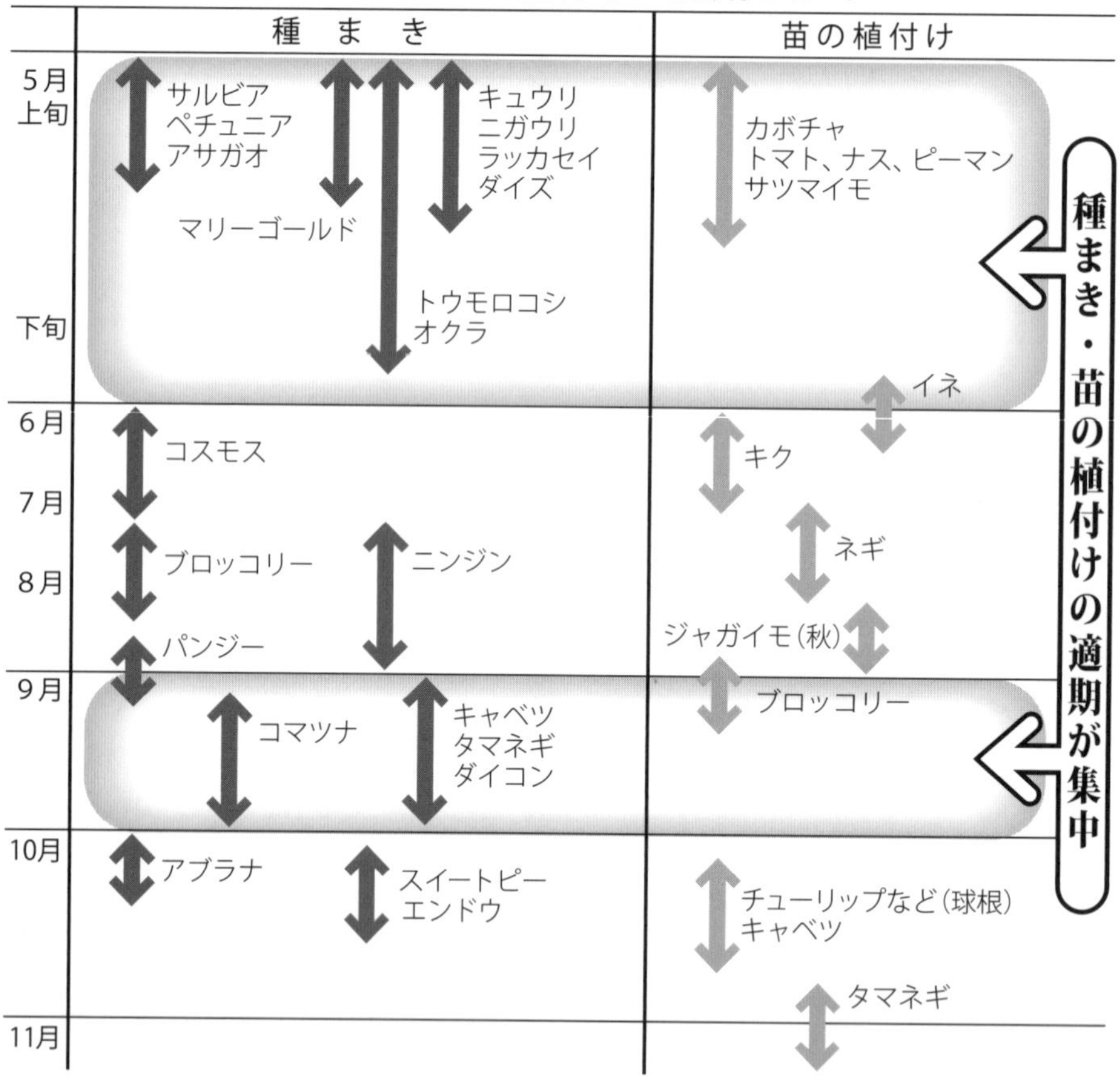
種　ま　き
苗の植付け
5月上旬
下旬
6月
7月
8月
9月
10月
11月
サルビア
ペチュニア
アサガオ
マリーゴールド
キュウリ
ニガウリ
ラッカセイ
ダイズ
トウモロコシ
オクラ
カボチャ
トマト、ナス、ピーマン
サツマイモ
イネ
コスモス
キク
ネギ
ブロッコリー
ニンジン
パンジー
ジャガイモ（秋）
ブロッコリー
コマツナ
キャベツ
タマネギ
ダイコン
アブラナ
スイートピー
エンドウ
チューリップなど（球根）
キャベツ
タマネギ
種まき・苗の植付けの適期が集中

五月の適期作業で夏休み前に収穫できる

作物や草花の種まきや苗の植付けは、五月や九月に集中します。ところが、この時期は、学校行事も重要なものが多く、忙しいために、適期に種まきや苗の植付けができず、栽培を失敗することが多いのです。反対に考えると、これらの作業を適期にできれば、栽培活動に自信のない初歩の教師でも、八割方は成功したのも同然です。

五月は、春まき一年草の種まきの適期。野菜などの作物であれば、すでに苗にまで育ったものを買って植え付けます（上の図を参照）。特に、五月上旬は、種まきや苗の植付けに最適の時期です。ところが、その時期は学校がゴールデンウイークで休みになるので、限られた授業日のなかで、確実に作業をしなくてはなりません。それらの作業をやり損なって、五月下旬から六月に種まきや苗の植付けをすると、開花時期や収穫時期が夏休みになってしまい、子どもたちに栽培活動の醍醐味を味わわせられなくなります。

５月、９月の適期作業で作物は順調に生育　（⇨がポイントになる作業）

月	作物の要求する作業	栽培活動 成功への道	学校の仕事（ ）は３学期制の場合
4月	チューリップなどの花がら摘み ジャガイモの芽かきと土寄せ	順調に育つので失敗が少なくなる	学年はじめ、学級や業務の始動、諸会議 授業参観、登校指導、家庭訪問
5月	⇨ 春まき１年草の種まき、夏野菜の苗の植付け 夏野菜の植付け・世話、イネの育苗		春の遠足、健康診断、運動会
6月	球根の掘上げ、サツマイモの植付け 田植え、タマネギなどの収穫		林間学校、水泳指導、授業参観
7月	⇨ 雑草とり 夏果菜の収穫、追肥		（成績処理）、教育相談 夏季休業
8月	夏野菜の片づけと土づくり イネの水管理など		夏季休業
9月	⇨ 秋まき草花・野菜の種まき、秋冬野菜苗の植付け 夏野菜の収穫		（運動会） 成績処理
10月	イネ、サツマイモ、ダイズなどの収穫 秋まき草花や野菜の育苗作業 エンドウの種まき		秋季休業、授業参観 秋の遠足
11月	球根類の植付け、落葉集め タマネギ植付け		ふれあい祭り、音楽会など
12月	卒業式用草花の定植 冬越し防寒作業		教育相談（成績処理） 冬季休業
1月	ダイコンなどの収穫 腐葉土などを入れて土壌耕作		冬季休業
2月	土づくり		授業参観、年度末反省、成績処理
3月	ジャガイモ植付け キャベツへ追肥 カブ、春ダイコンの種まき		卒業式、各種帳簿整理 学年末休業

九月の適期をはずすと年度内の収穫が困難に

九月前後は、種まき・苗の植付けの二回目の適期です（上の図を参照）。この時期の作業をし損なうと、年度内の収穫が難しくなります。そこまでいかなくても、九月に一週間、種まきや苗の植付けがずれただけで、収穫が一ヵ月ずれてしまいます。

ところが、五月と同様に、九月も学校行事や学校業務が忙しい時期です。学校園で、秋以降に何を栽培するか、春から考えておき、適期の作業を逃さないことが大切です。種まきや苗の植付けの用意、土づくりなど、事前に十分準備して、短時間に適期作業ができるようにします。

作業を教師だけで抱え込まないで、子どもたち自身の手で行なわせることが、忙しい学校の仕事のなかで、種まきや苗の植付けを適期に行なうためのポイントになります。

さて、九月に種まきや苗の植付けを行なう場合、夏の野菜や草花の収穫や片づけが終わっていないことがあります。こういう場合は、プランターや育苗箱を利用して、適期の種まき作業を行なっておき、収穫や片づけが終わってから植え替えるとよいでしょう。

栽培を順調にする3月からの準備

「栽培ごよみ」の例　●＝種まき　○＝苗植付け　開花期　(家)＝家庭での育成

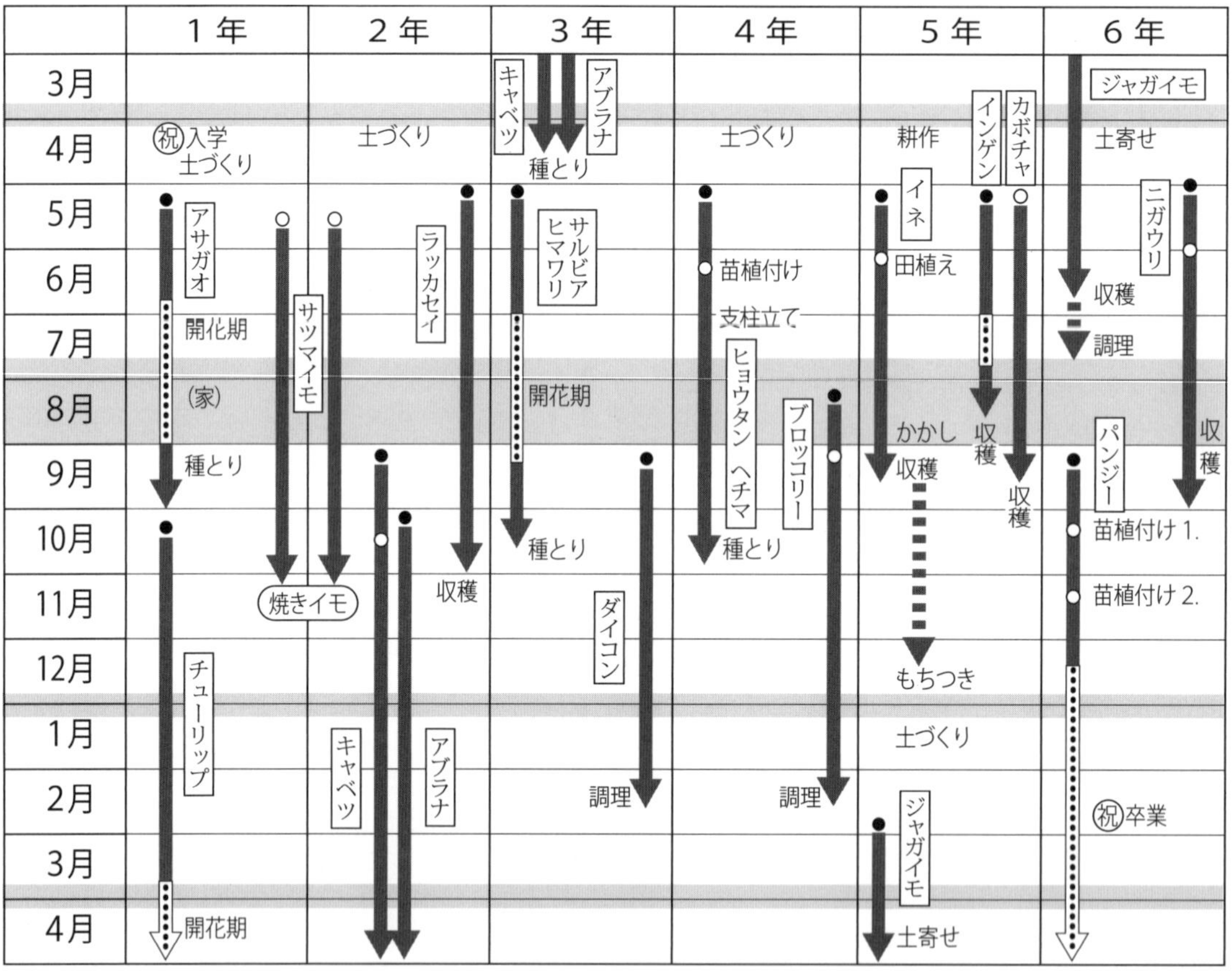
1年
2年
3年
4年
5年
6年
3月
4月
5月
6月
7月
8月
9月
10月
11月
12月
1月
2月
3月
4月
祝入学
土づくり
アサガオ
開化期
(家)
種とり
サツマイモ
焼きイモ
チューリップ
開花期
土づくり
ラッカセイ
収穫
キャベツ
アブラナ
キャベツ
アブラナ
種とり
サルビア
ヒマワリ
開花期
種とり
ダイコン
調理
土づくり
苗植付け
支柱立て
ヒョウタン
ヘチマ
種とり
ブロッコリー
調理
耕作
イネ
田植え
インゲン
カボチャ
かかし
収穫
収穫
収穫
もちつき
土づくり
ジャガイモ
土寄せ
ジャガイモ
土寄せ
ニガウリ
収穫
調理
収穫
パンジー
苗植付け 1.
苗植付け 2.
祝卒業

新学期前からの準備作業で栽培が順調に

新学期から栽培活動の準備に慌てて取りかかるのでは、忙しい学校の仕事のなかで、五月・九月の栽培の適期作業を確実に行なうのは大変です。新学期前の三月から、次のような準備をしておけば、それ以降の栽培活動が順調に進みます。

①学校の生活科、理科のカリキュラムを見直して、学校園で栽培したい作物・草花を絞り込んで選んでおきます。

②並行して、生活科、理科の教科書を見渡して、学年配当とされる作物・草花を確認します。教科書の改訂などに応じて、新しいものが加えられているかどうか、チェックしておきます。

③学校のある地域で、多く栽培されている作物・草花があれば、それもチェックしておき、①②で選んだものと照らし合わせます。それらは、その地域の風土に適したものなので、栽培の成功率が高いからです。

④①②③の手順を経て選んだ作物・草花の「栽培ごよみ」をつくります。これを学校の資料として整理し、教職員の間で共通理解をしておきます。さらに、新学期からの担任や教室配置を決める職員会議で、早め

学校園・学年園の配当

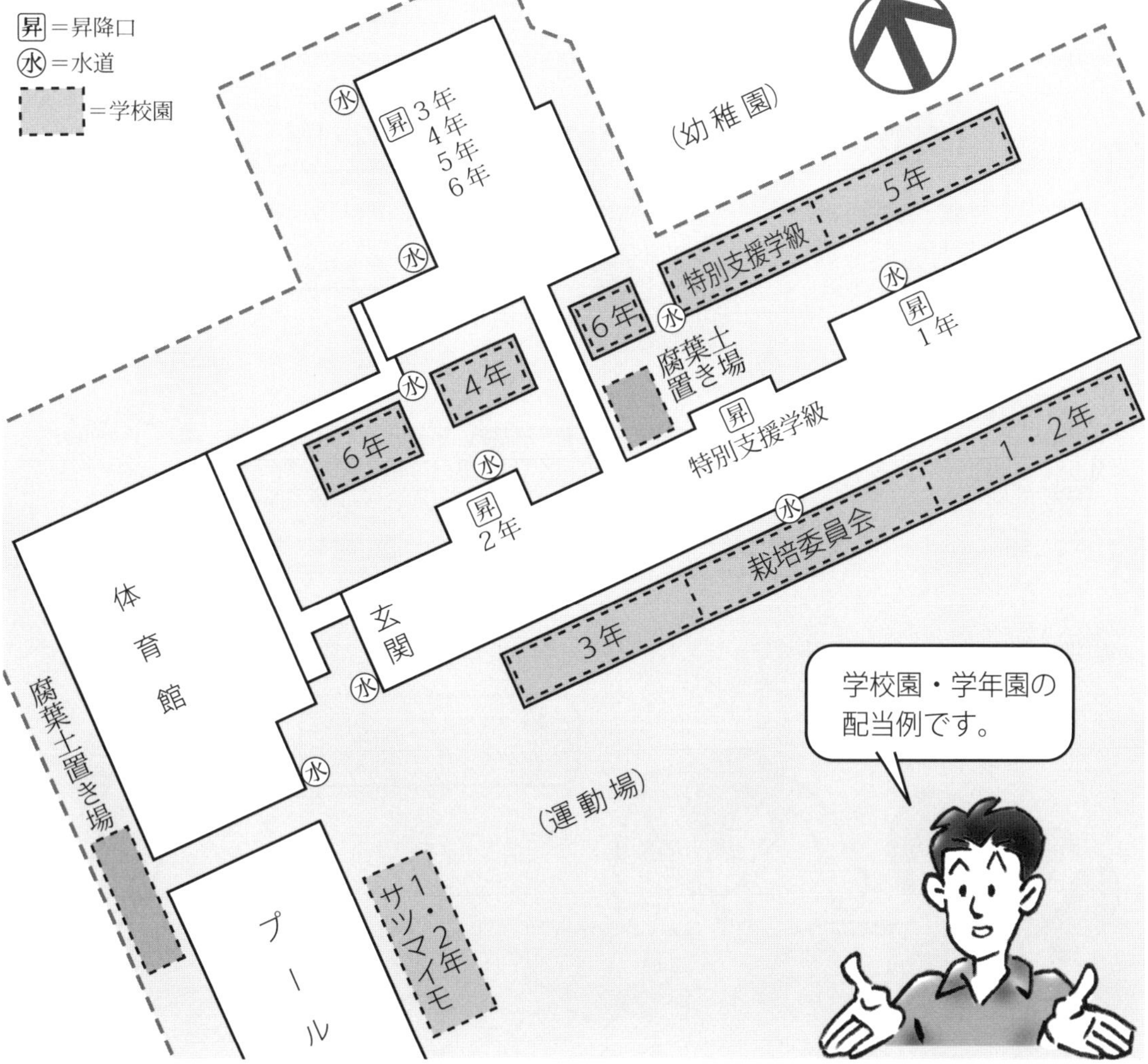

に学校園の学年配当をして、教職員相互で確認しておきます。こうすれば、持ち上がり学年の場合は、三学期から栽培活動の準備ができます。

学校園の配当次第で栽培が楽になる

学校園を配当するとき、次のことに注意します。

①新入生の学級や特別支援学級は、教室や昇降口に近い場所に学校園を配当し、少ない移動で観察・作業などができるようにします。

②二年生以上は、均等な面積で配当し、その区画内を学級単位で区分します。教室や昇降口からの距離が多少あっても、卒業するまで同じ場所で栽培できるように配当すると、連作障害を防いだり（12頁参照）、学年をまたがった栽培活動が行なえたりするからです。

③一定の区画を、全学年共通の土づくりの場として確保します。鉢栽培・プランター栽培が終わったら、この土づくりの場に土を戻し、腐葉土・肥料・古い土を混ぜて再利用するのです。野菜などの多くは、苗の段階までは、ビニールポットなどで栽培するので、そこへ土を供給する土づくりの場が、各学年で必要になるからです。

よくある失敗・連作障害を防ぐ作付け計画

連作せざるを得ないときの障害を防ぐ対策

①学校園に堆肥・腐葉土を
たっぷり入れる。
堆肥
完熟したもの
腐葉土
耕地1㎡あたり
バケツ1〜2杯
を入れます。
②学校園を50cm以上深く耕して、
畑の上下の土を入れ替える（天地返し）。
深く耕すんだったら
シャベルが一番だね。
石はとりのぞく

連作障害を防げば失敗を減らせる

作物は、基本的には、同じ場所に同じ仲間の作物を繰り返して栽培すると、生育が悪くなったり、病害虫が発生しやすくなったりします。これを「連作障害」と呼びます。生育に必要な養分が一年目に吸収されてしまい、翌年のその作物に必要な養分が不足する。また、作物によっては、土の中に特定の病原菌などを残すことがあるので、翌年の栽培のときに、病気になって全滅することがある。「連作障害」は、以上のようなしくみで起こるようです。

学校園は、狭い場所を繰り返して使うことが多いので、栽培活動が失敗した事例のうち、案外、この「連作障害」を原因とすることが多いのです。連作障害を防ぐための第一の方法は、栽培する場所を変えるか、作物の種類を変えることですが、学校が狭くてそのような余裕がない場合は、連作障害を起こしにくくする次のような方法で、ある程度は予防することができます。

①学校園に堆肥や腐葉土をたっぷりと補充する。

②学校園を五〇cm以上深く耕して、畑の上下の土を入れ替える（天地返し）。

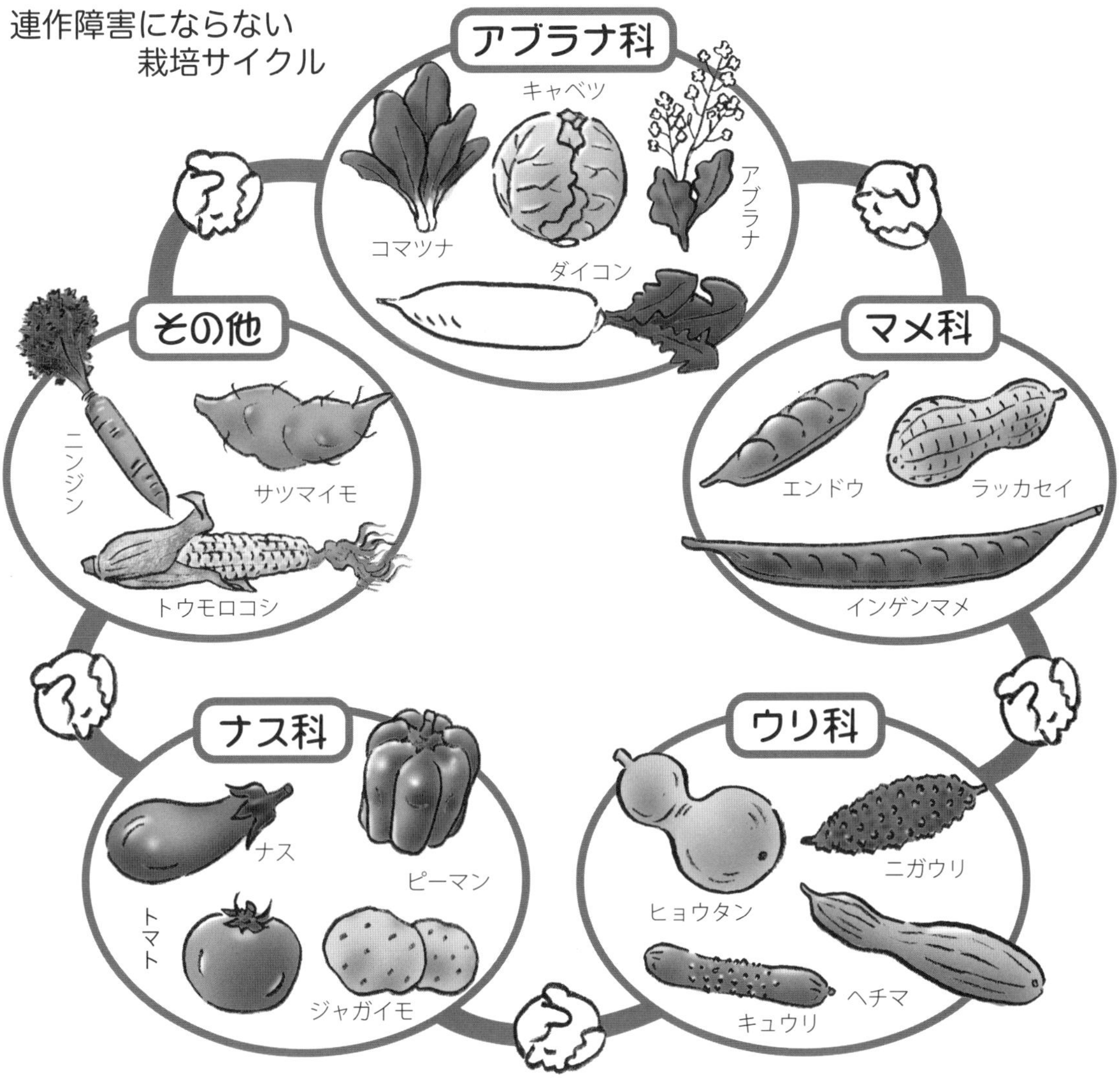

避けたい連作の組合わせ

次にあげる作物の仲間を続けて栽培すると、連作障害を起こしやすいので、三〜四年は同じ場所に栽培するのは避けます。

①ナス科の連作……ナス、トマト、ジャガイモ、ピーマンなど。

②マメ科の連作……ラッカセイ、インゲンマメ、エンドウ、ダイズなど。

③ウリ科の連作……ヘチマ、ヒョウタン、キュウリ、ニガウリ、カボチャなど。

④連作障害ほどではないが相性の悪い組合わせ……キャベツ後のジャガイモ、ジャガイモ後のエンドウ。

＊連作が大丈夫な組合わせ……イネ科（トウモロコシを含む）、ダイコン、ニンジン、サツマイモなど。

＊連作障害を避けるコツ……上の図に例示したように学校園の栽培サイクルをつくり、同じ仲間の作物を続けて栽培せずに、違う仲間の栽培に移行していくことがベスト。したがって、一年生から六年生まで学校園の同じ場所を使い、一年ごとに違う仲間の作物を栽培していくことが理想的です。

【例】アブラナ科↓マメ科↓ウリ科↓ナス科↓その他↓アブラナ科……

時間の余裕を生み出す学習の重点化

栽培活動にいろいろな教科を関連させる学習の重点化の例

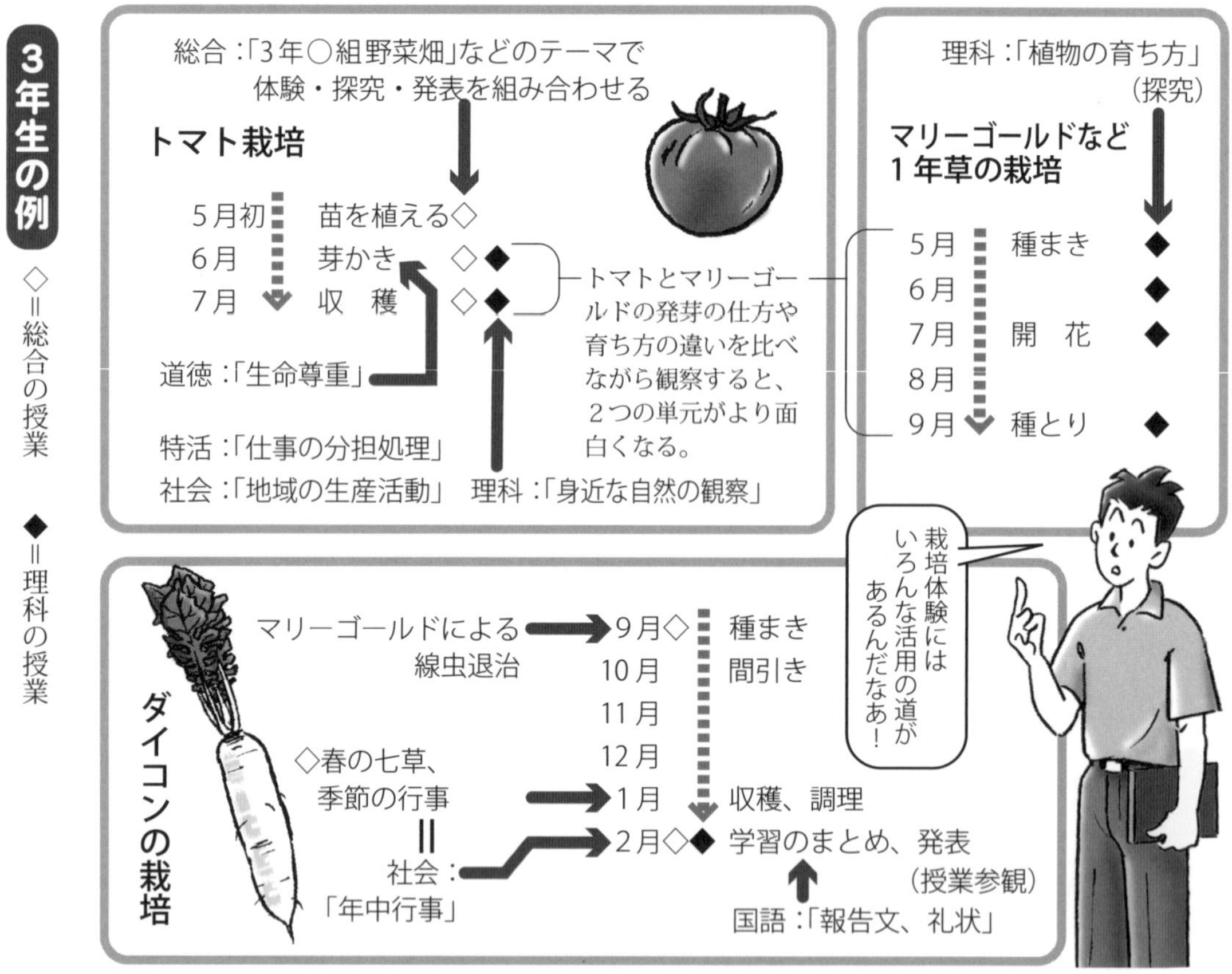

工夫次第で時間は捻出できる

五月、九月に、種まきや苗の植付けなどの作業を適期に行なったり、新学期前に準備作業をしたりすれば、栽培活動の失敗が少なくなるのはわかった。でも、その時期は学校の仕事が本当に忙しくて、作業する時間がとれないと、お考えの方もいることでしょう。そんな方は、どうやって時間を捻出すればよいのでしょうか。

年間の学校園の作業計画、学校の行事計画・学習計画を眺めて、全部満遍なくこなそうと思ったら、それは無理。必要なことに作業・仕事を重点化して、無駄なものを省くことです。

たとえば、学校の事務で無駄なものがないか洗い出す、仕事を一人で抱え込まないで手分けできるものがあれば分担して処理するなど、事務作業の見直しをしてはいかがでしょうか。ずいぶん時間を節約できると思いますが、いまの学校の雰囲気では難しいと思われる方もいるかもしれません。

栽培学習の重点化で余裕を生み出す

では、もっと本質的で効果的な時間節約の方法をお教えしましょう。栽培学習の流れそのものを、重点化（システム化）するのです。

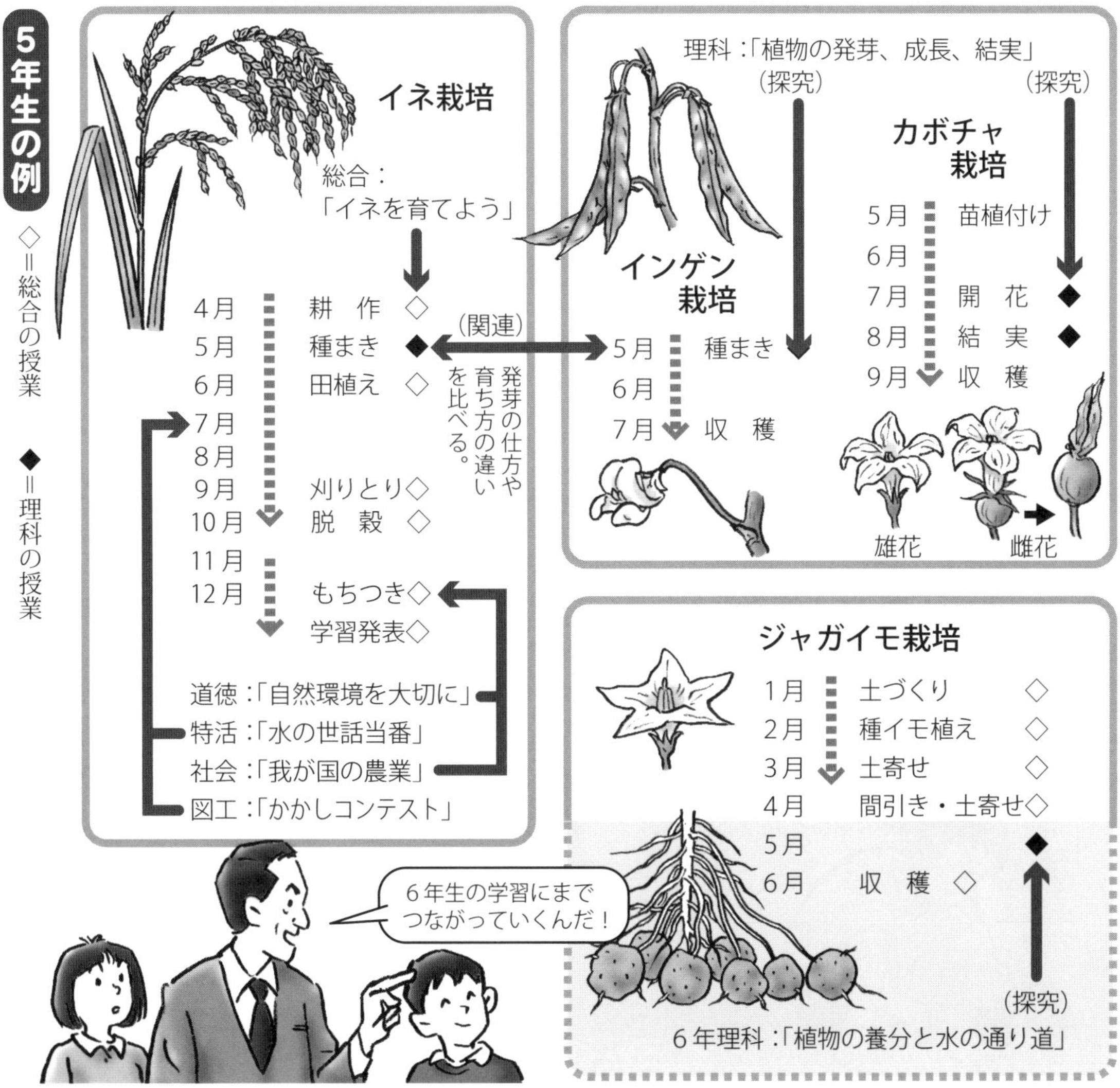

たとえば、五月の種まき・苗の植付けの時期に向けて、何を栽培しようかと計画する場合、子どもの要望だからとあれもこれも栽培するのではなく、トマトとマリーゴールドというように作物を絞り込みます。

そして、選んだ作物に関係する単元を、総合・理科・社会・道徳・特活などの各教科・活動から寄せていきます。年間の授業時間からあふれる単元は、簡略化します。ここでも、教科書の単元を満遍なくこなすのではなく、重点化するのです。（上の図を参照）

こうして栽培活動と教科学習とに関係をもたせることで、子どもたちが授業時間のなかで栽培作業をする必然性が生まれてきます。教師が一人で作業を抱え込むのではなく、子どもたちと分担して作業することになり、授業時間も効果的に配置できるので、時間的な余裕が生まれてくるのです。

学習計画は、本来、基軸になるものに沿って単元を配置することで、教材と子どもとの間に対話的な関係が生まれ、学習がストーリー化し活発になります。だから、上述の栽培学習の重点化（システム化）は、時間節約の方法であると同時に、学習を本質的なところから、楽しく、効果的にする方法なのです。

これだけはそろえたい
栽培道具・資材

道具はこれだけあれば安心

ひとのそばでクワを
振り上げるのは危険！
そばに誰もいないことを
確認して使用させること。
ジョウロ
元気に
育ってね
水やりには
かかせない
ジョウロ。
シャベル
耕地の天地返しなどには
シャベルが便利。
移植ゴテ
植付けなど
使用頻度の多い
移植ゴテ（スコップ）。

この道具があれば学校園の作業はできる

学校園の栽培で使う道具で、最低限、必要なものをあげるとしたら、シャベル、移植ゴテ、ジョウロでしょう。何といっても、一番便利な道具は、人間の手と足です。

一つひとつの作業に適した道具はたくさんあるので、この他にあると便利な道具はキリがありません。クワなどもあれば便利なようですが、狭い学校園で使い方を間違えると、自他を傷つける凶器となることがあるので、十分に気をつけましょう。

シャベル　土を耕したり、ウネをつくったり、土寄せをしたり、肥料を施す穴を掘ったりと、学校園に関わるあらゆる作業に必要な万能選手です。

移植ゴテ　シャベルと同じような作業に使いますが、細かい作業は、シャベルよりも移植ゴテのほうがやりやすいのです。多くの人数に一人一本ずつ用意するには、移植ゴテを持たせるとよいでしょう。

ジョウロ　水やりに使います。たくさんの数

を用意するにこしたことはありませんが、保管場所に困るので、個人用のジョウロをペットボトルなどで製作させ、靴箱などに置いておくと便利です（53頁参照）。

この資材があれば学校園以外でも育てられる

　苗づくりや、土のない学校での栽培に必要な資材です。

ビニールポット　苗づくりをするときには、ビニールポットがあると便利です。草花の苗や作物の苗を購入したときに、苗が入っているのがビニールポット。これを捨てずに再利用すれば、三～五年間利用できます。園芸店などで、まとめて購入してもよいでしょう。

育苗箱・育苗ケース　草花・作物の苗を購入したときに、苗を入れたビニールポットが入っているのが育苗ケース。苗づくりの際には、これがあると管理・持ち運びに便利です。

プランター・栽培用の鉢　園芸店にはさまざまな種類のプランターや鉢があります。低学年用の鉢栽培の見本として学校に教材見本が届くので、それらの中から適当なものを選ぶとよいでしょう。予算との相談次第ですが、あまり低価格のものは破損しやすいので注意しましょう。予備を確保しておくとよいでしょう。

失敗を少なくする土の用意

土団子づくりで土の良しあしをチェックしてみよう！

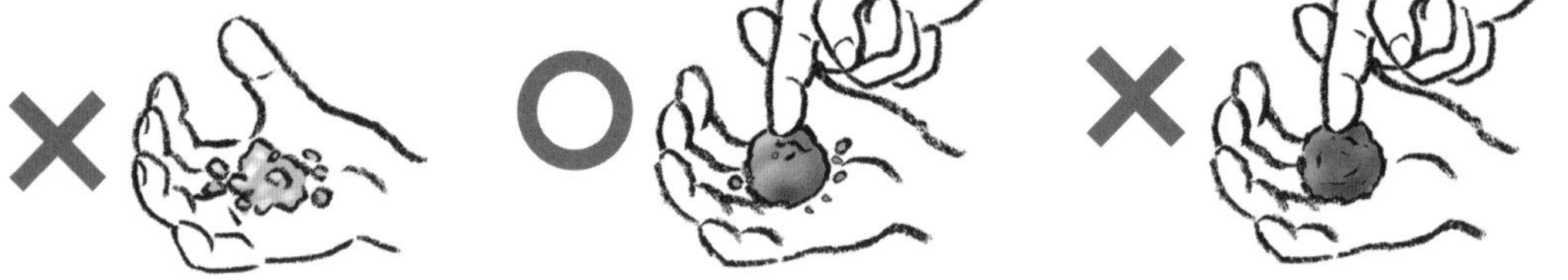

× ピンポン玉くらいの大きさに土を軽く握って、崩れてしまうのは砂質で悪い土。

○ 団子ができて、指先で軽く押すと崩れるのが理想的な土。

× 指先で押しても崩れないのは、粘土質で水はけの悪い土。

雑草の生え具合で土の良しあしをチェック！

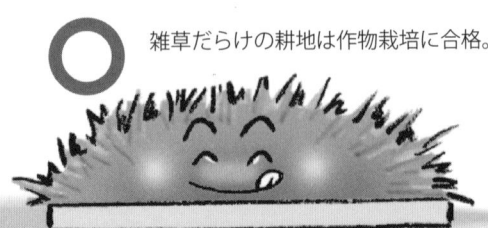

× 雑草がほとんどない耕地は有機質が少ないので腐葉土や堆肥をたっぷりと補給。

○ 雑草だらけの耕地は作物栽培に合格。

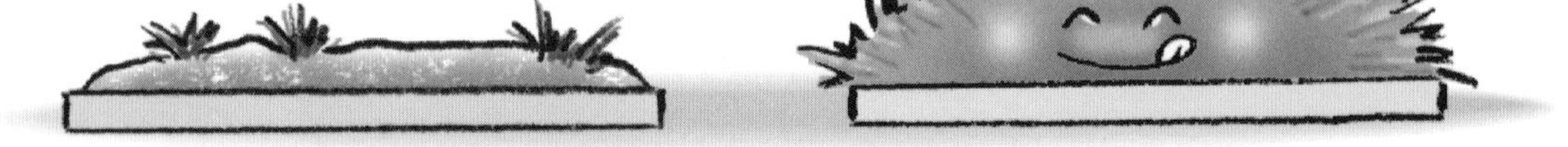

土の団粒構造を知ろう！

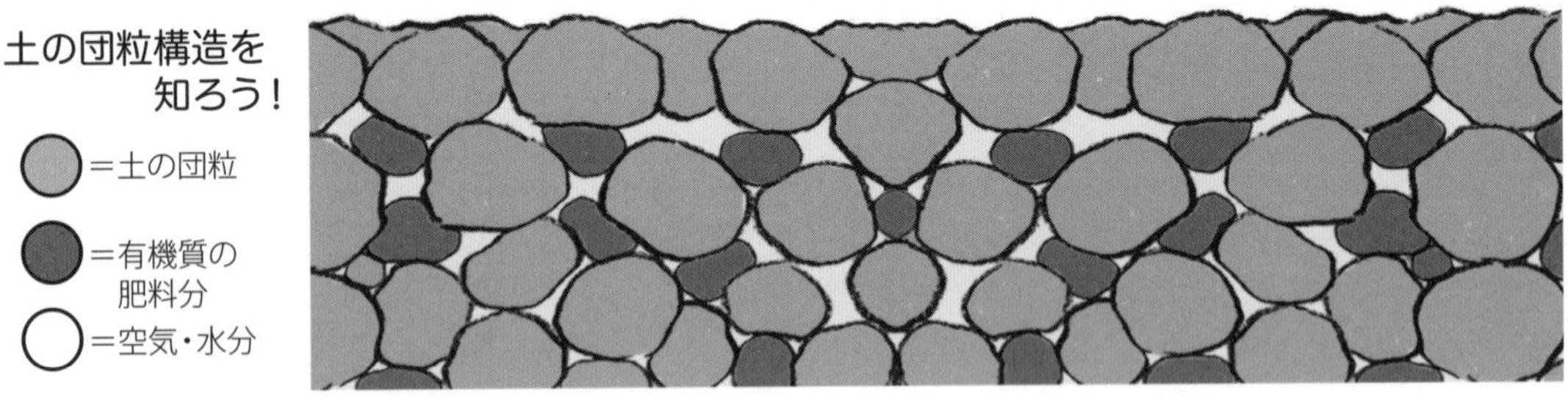

土団子でわかる土の良しあし

学校園の土の良しあしを判断するには、その園の土を手のひらで握って、土団子をつくります。

ピンポン玉か卵ぐらいの大きさにして軽く握って丸めると、団子にならないで崩れてしまう土は、砂質で水や栄養分を保つ力の弱い土です。また、握ると団子状になり、指先で押しても崩れない土は、粘土質で水はけの悪い土です。いずれも、栽培活動をしにくい土です。

それに対して、握ったとき団子状になり、指先で軽く押すと崩れる土は、理想的な団粒構造（38頁参照）の土で、栽培活動をしやすい土です。

雑草の生え具合でわかる土の良しあし

学校園に雑草が生い茂っているとき、その土は作物栽培にも適していると言えます。よく耕せば、たいていの作物がよく生育するでしょう。ただし、雑草が小さいうちに土に埋め込んだり、こまめに雑草をとり除いたりする作業を繰り返して栽培することが必要です。

学校園がよく乾いていて、雑草がほとんどない場合は、土の中の有機質が少ないことが考えられます。このまま作物の栽培をはじめ

園芸店で購入できる土

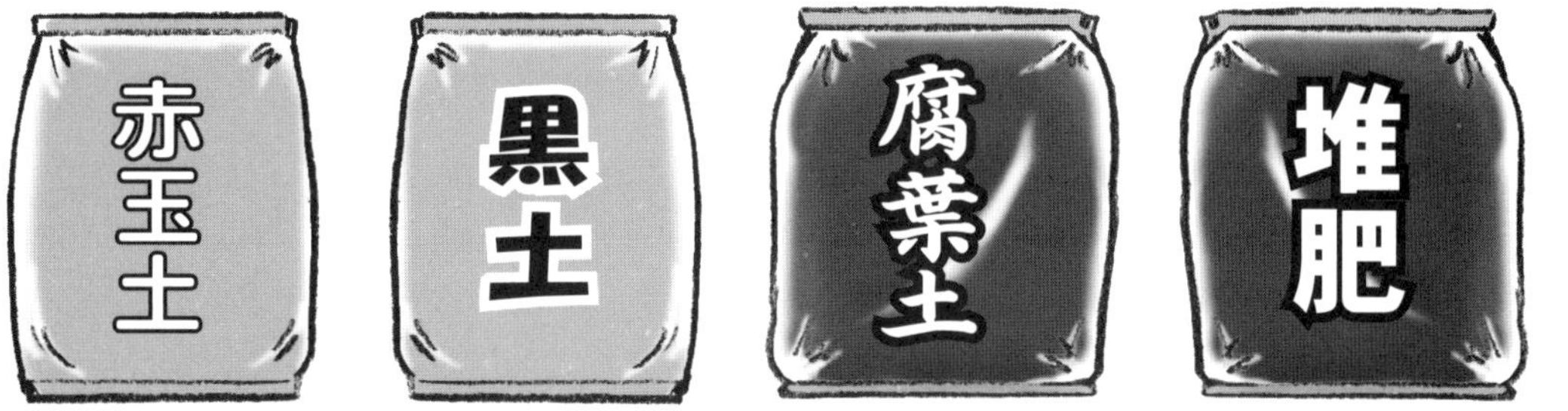
赤玉土
黒土
腐葉土
堆肥

鉢・プランター栽培の土の用意とブレンドのやり方

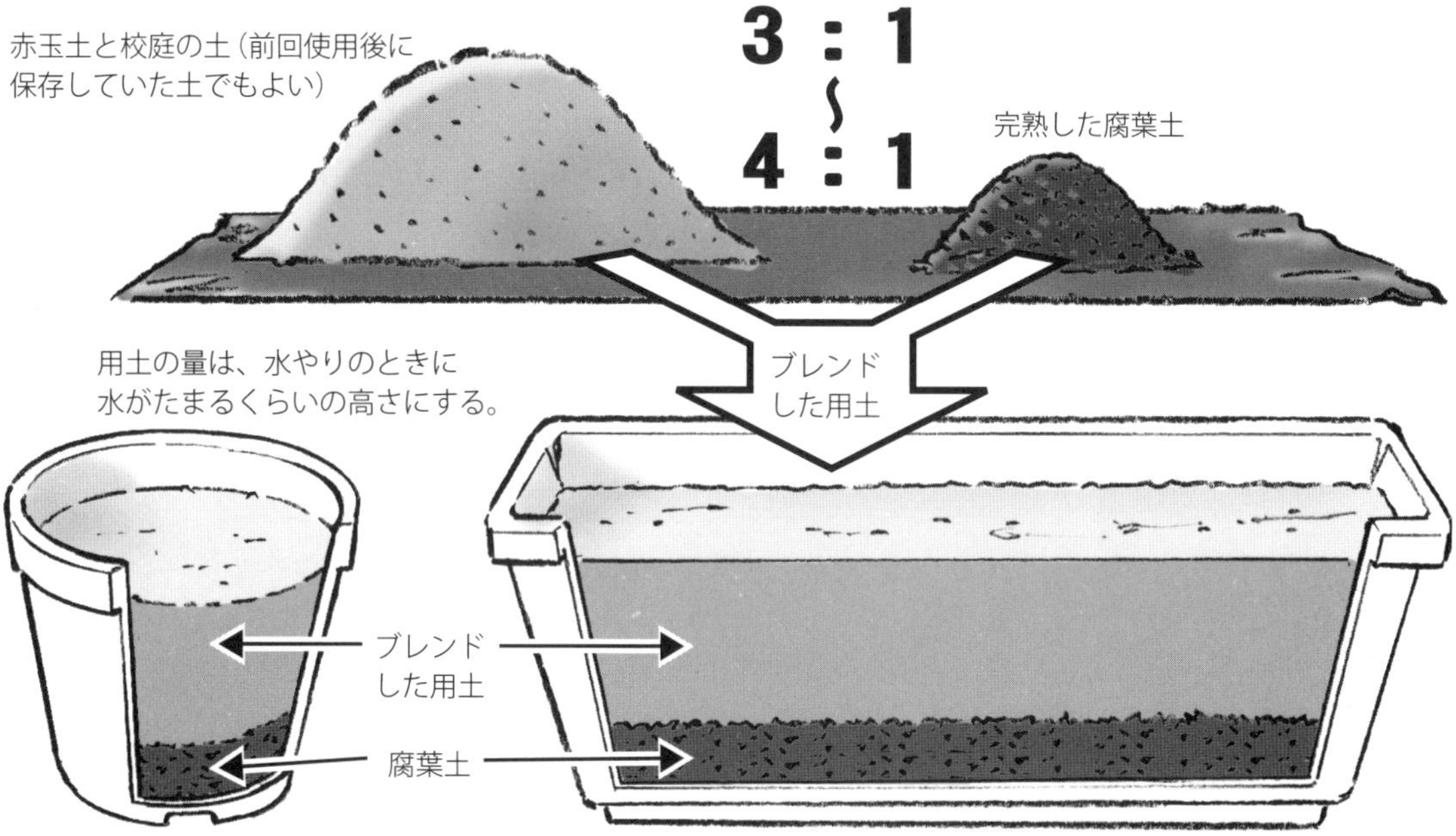
赤玉土と校庭の土（前回使用後に保存していた土でもよい）
3：1
～
4：1
完熟した腐葉土
用土の量は、水やりのときに水がたまるくらいの高さにする。
ブレンドした用土
ブレンドした用土
腐葉土

容器の底に腐葉土を1/4ほど入れ、上記のブレンドした土をつめる。

ても、土の中の水分や栄養分を保てないために、よい生育を期待できません。腐葉土や堆肥をたっぷりと補充して、よく土に混ぜ込んで、土が水分や栄養分を保つ力をつけることが必要です。

有機質を入れれば悪い土も変身できる

土に有機質を絶えず混ぜ込んで、毎年、繰り返して使っていくと、①水はけがよい土、②水もちがよい土、③通気性がよい土、となっていきます。このような土は、柔らかく、作物の生育に適しています。

有機質としては、腐葉土や堆肥などをまき、よく耕して土を混ぜます。有機質を入れた直後に、作物の種まきや苗の植付けをすると、成長を害することがあるので、種まき・苗の植付けの二週間から一ヵ月前に有機質を土に入れるとよいでしょう。

鉢・プランター栽培の土の用意

栽培する作物に適した市販の土を園芸店で相談して購入して使ってもよいですが、前年度に使った土をベースにして、腐葉土や堆肥をブレンドして使うと、費用がかかりません。

鉢やプランターの底に腐葉土を敷きつめておくと、保水力が増して管理がラクになります。次年度の土のブレンドもラクにできます。

化学肥料や農薬は必要か？

不足する栄養分は補ったほうがよい

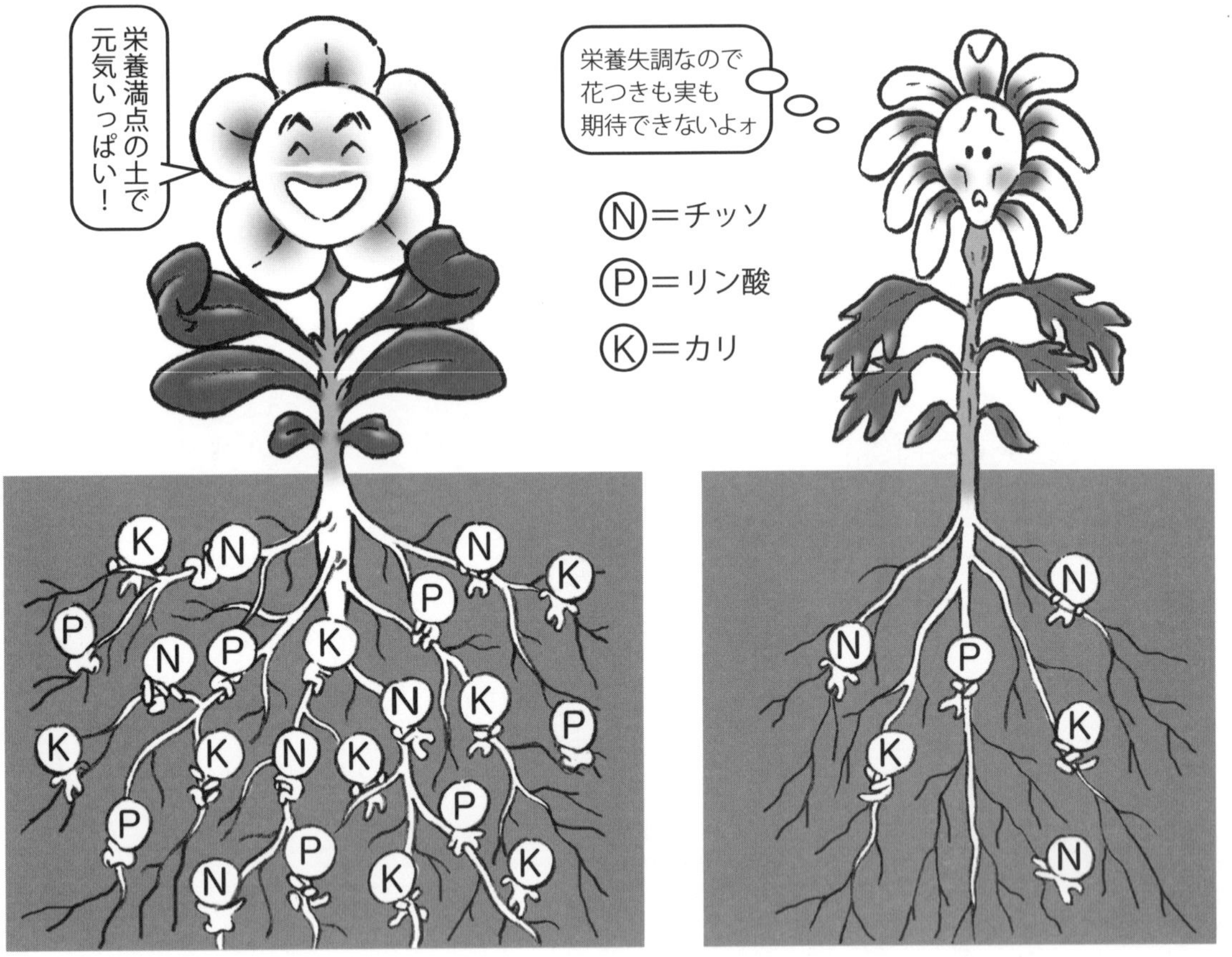
栄養満点の土で
元気いっぱい！
栄養失調なので
花つきも実も
期待できないよォ
Ⓝ＝チッソ
Ⓟ＝リン酸
Ⓚ＝カリ

最低限の化学肥料は必要

最近、化学肥料を使わない有機栽培に取り組む農家が増えているようです。学校園でも化学肥料は使わないほうがよいのでしょうか。作物の種類によって、必要な栄養分はそれぞれ特徴があります。土の中に栄養分が少ない場合、それを補充するのが化学肥料などです。栽培を失敗しないためには、必要最低限の化学肥料は使ったほうがよいでしょう。

化学肥料には、作物の生育に必要なチッソ、リン酸、カリの三要素や微量元素が配合されています。普通は、上記の三要素が均等に配合されている化学肥料（肥料袋の成分表に五―五―五などと書かれている）を、一度に施すのは少量ずつにして、二週間から一ヵ月の間隔をおいて繰り返して使います。購入するときは、園芸店・農協などから一袋（二〇kg）単位で買い、学校・学年で共同して使います。化学肥料は湿りやすいので、使わないときは、肥料袋の口をしっかり閉じます。

有機・化学肥料の併用で成功率アップ

堆肥や腐葉土などの有機物も肥料の役割をします。これらが十分に土に入っている場合は、化学肥料をほとんど施さなくても生育する場合もありますが、広い畑と違って、面積

購入する化学肥料の目安

化成肥料
5-5-5
（チッソ、リン酸、カリの割合）
20kg

・一度に施すのは少量ずつにして、２週間から１ヵ月の間隔をおきながら繰り返して使う。
・プランター１つにつき50～100g（生育状況による。小さいときは少なめに）。

苦土石灰

・種まきや苗の植付けの２週間前から１ヵ月前に土と混ぜてよく耕しておく。
・1㎡当たり100～200g。

どうしても農薬を使うならスプレー式で

トマトのアブラムシをスプレー式の農薬でターゲット撲滅だ！
わぁー!! ねらい撃ちされちゃった！

が限られている学校園の場合は、栄養分が不足することも多いので、有機肥料と化学肥料を併用すると成功の確率が高くなります。どちらも一度に多量を施すのは、生育に害を及ぼすことがあるので注意しましょう。

苦土石灰をまいて栽培しやすい土に

降水量の多い日本では、作物の生育に必要な栄養素などが流れ去り、土が酸性になりやすい特徴があります。酸性の土で生育する作物は限られるので、土の酸性の度合いを中和させ、流失するカルシウムなどを補充するために使用するのが、石灰肥料です。種まきや苗の植付けの二週間から一ヵ月前に、苦土石灰を、一㎡当たり一～二握り（一〇〇～二〇〇g）程度を土に混ぜてよく耕しておきます。

どうしても農薬を使うならスプレー式で

農薬を学校園で使うのはなるべく避けましょう。ただし、アブラムシなどが発生した場合、園芸店などに相談してスプレー式の薬剤を購入し、子どもが在校していない休日などを利用して、最小限に使うこともあります。

どうしても農薬をある程度の量で使う場合は、使用上の注意を守り、農協などに相談して保管と管理を厳重・適正に行ないます。

地域に合った品種を選ぶ

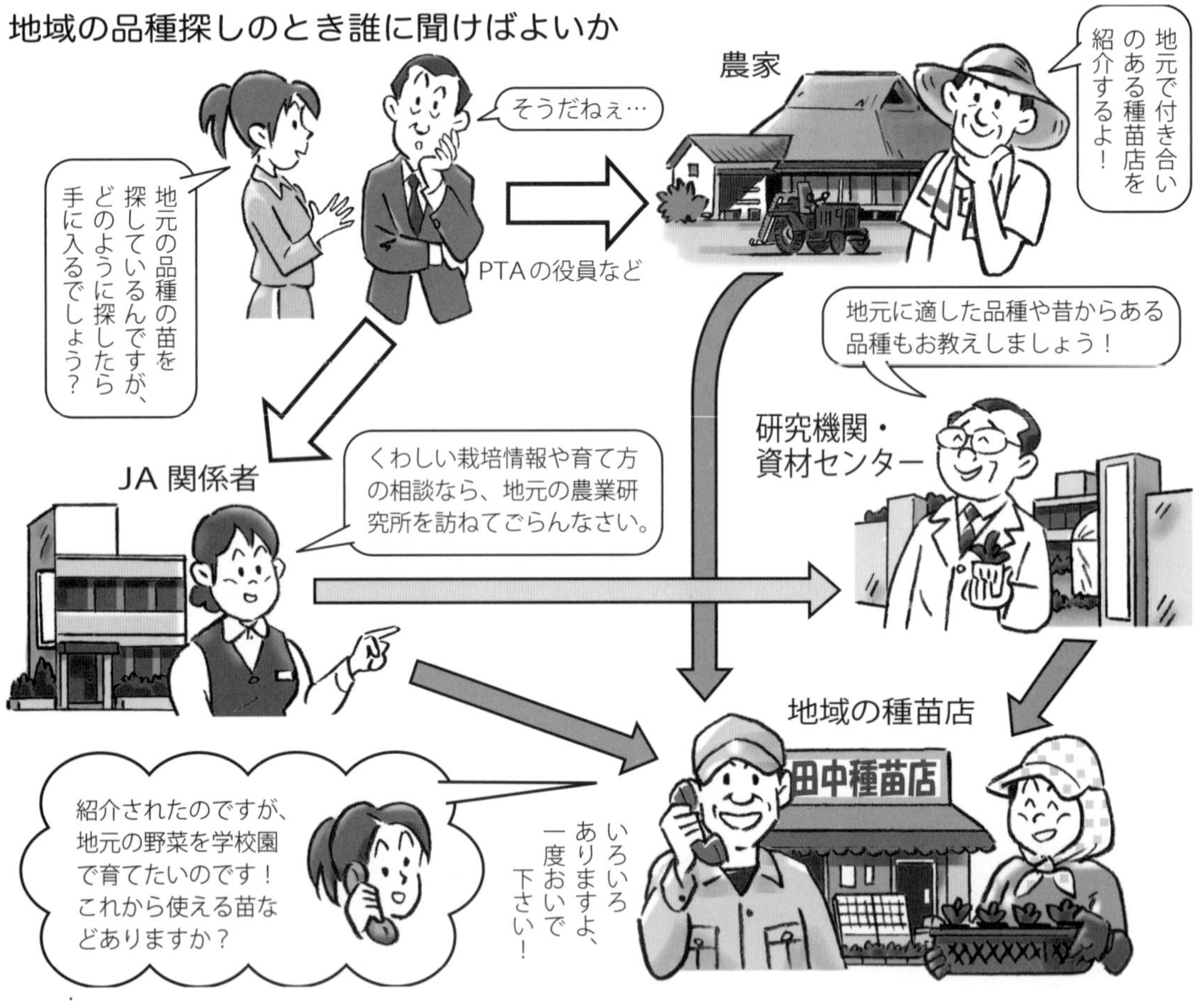

地域に合った品種選びで失敗を避ける

学校園で栽培する作物を、教科書などに例示されているものから選んで、教科書に書いてあるように栽培しようとすると、うまく育たないことがあります。日本はそれぞれの地域によって、気候や風土が大きく違うためです。同じ種類の作物・草花であっても、その地域の気候や風土に合った品種を選び、その品種に合った作期を設定することが、栽培活動を順調に進めるうえで大切です。

たとえば、日本のほとんどの地域で栽培されている稲作をみると、それぞれの地域に適した品種が開発され、栽培されています。味のよい銘柄米の品種でも、違う地域で栽培すると、味も品質も低下してしまうことがあります。気温、降水量、雨の多い時期、晴れの多い期間、日照の強さ、台風の影響、土の性質や肥料分、水管理の時期など、さまざまな要素が複雑に絡み合った条件に合うように品種は開発され、その条件が少しでも違えば品種の能力が発揮されないことがあるからです。

また、学校のダイズ栽培で、北海道の品種を関東地方で栽培して失敗する事例や、夏休み前にエダマメを食べようとして、品種に合った種まき時期ではない時期に種をまいて失敗

日本のダイズの作期

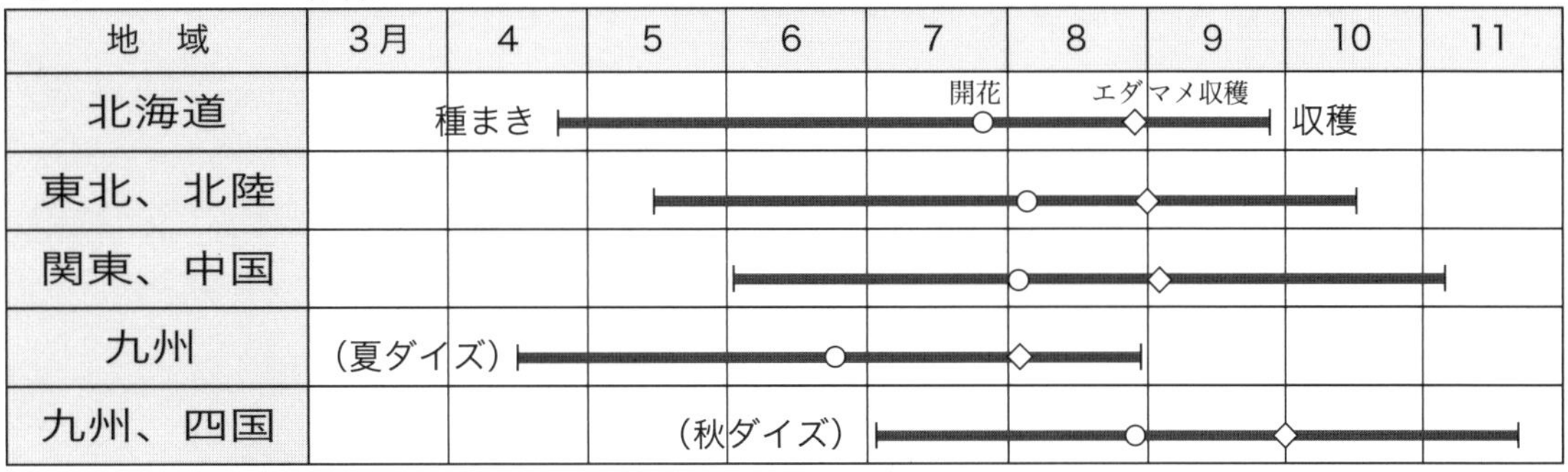

地域
3月
4
5
6
7
8
9
10
11
北海道
東北、北陸
関東、中国
九州
九州、四国
開花
エダマメ収穫
種まき
収穫
（夏ダイズ）
（秋ダイズ）

日本のダイズの地域ごとの品種（北海道を除く）

品種名	用途						栽培地域									
	煮豆	納豆	豆腐	味噌	その他の用途	枝豆・もやし	北海道	東北	関東	東山	北陸	東海	近畿	中国	四国	九州
おおすず	○		◎					○								
リュウホウ	○		◎					○								
スズユタカ			◎					○			○					
タチユタカ		○	◎					○								
たまうらら	○		◎					○	○		○					
ハタユタカ			◎					○	○		○					
あやこがね			◎	○				南	○	○	○					
ナカセンナリ			◎	○					南	○	○					
エンレイ	○		◎	○					○	○	○		○	○		
ギンレイ			◎	○					○	○		○	○	○		
ニシムスメ			◎										○	○		
アキシロメ			◎									○	○	○	○	中山
フクユタカ			◎									○	○		○	○
むらゆたか			◎													○
サチユタカ			◎										○	○		北

〔注〕用途の欄の◎は、主用途であることを示す。栽培地域の欄の南、北、中山は、それぞれ南部、北部、中山間部であることを示す。北海道は多くの品種があるので、スペースの関係で省略。
（『食農教育』2009年3月号102頁より）

する事例がよくあります（上の図表を参照）。

品種のことは誰に聞けばよいのか

それぞれの地域には、農業や園芸を営んでいるプロが必ずいます。そういうプロを支える業者や専門家もいます。学校の関係者が、地域に合った品種を手に入れるには、そういう方々のルートを見つけることです。以下は、そうしたルート探しのポイントです。

①PTAの役員、保護者の中に農家がいたら、その人に聞く。

②PTAの役員、保護者の中にJA（農協）関係者がいたら、その人に聞く。

③地域のJA（農協）支店に出向いて、資材センターなどの種苗を扱っているところや研究機関を聞き、そこに行って相談する。

④その地域や近隣の種苗店を探して、地域に合った品種を聞く。種苗店は、電話帳で探すか農家に問い合わせる。

地域に合った品種を探す手がかりをつかみにくいときは、購入した種の袋に書いてある説明をよく読んで、何回かに分けて種まきするなど、試行錯誤してみて下さい。栽培する地域の園芸店などで種を購入すれば、たいていはその地域に合った品種で、その地域で順調に栽培できると思ってよいでしょう。

タダで手に入るメダケの支柱

自然素材の竹の利点

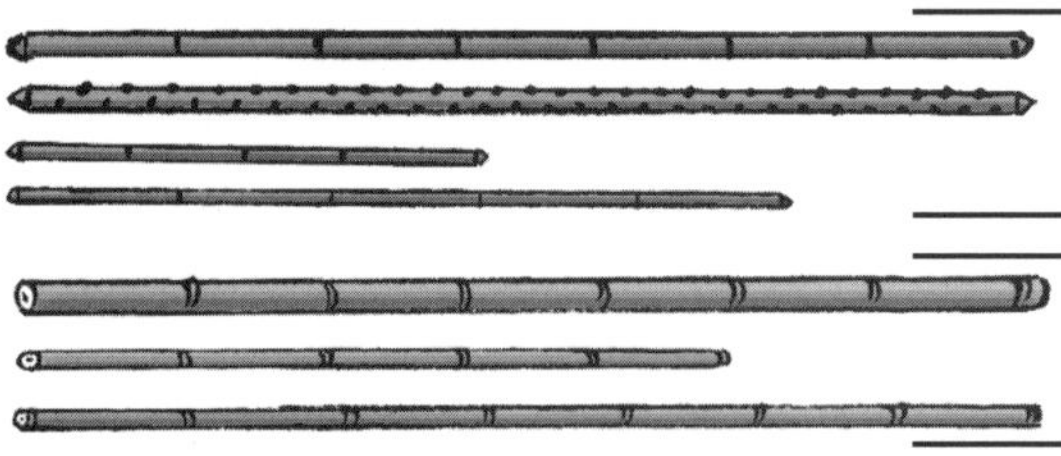

市販の樹脂コーティングの鋼管支柱は、植物の種類・生育に応じて数種の長さのものが必要で、数をそろえると高価につく。

その点、自分たちで採取すれば、自然素材の竹だから長さの調節も自在だし、工夫をしてていねいに使えば耐久性もあって、安上がり！

12〜1月は竹を切る最適期！

この時期の竹は水分が少なく、虫が入りにくくて長持ちする。
（この時期以外のものは、短期使用には耐えるが、数年使うのは難しい）

学校の近くで、川岸や丘陵に群生するメダケがあれば、栽培支柱用に切り集めよう！最近は、農家も使用することが少なくなり、野生状態が多い。

かたくて丈夫だぜっ！
12月のメダケ君にはかなわないや！

鋼管支柱は便利だが値段が高い

学校で栽培する作物には、トマト、ナス、キュウリ、ヒョウタン、ニガウリ、ヒマワリ、インゲン、エンドウなど、支柱を必要とするものが多く、栽培をはじめてから、慌てて余った支柱探しをしたり、購入に走ったりした経験のある方も多いでしょう。

作物の支柱は、一年限りで使い捨てにするのはもったいない。一度、用意しておけば、管理がよければ、数年は使用できます。

その点では、市販の樹脂コーティングされている鋼管支柱は、耐久性があってよいでしょう。鋼管支柱には、植物の種類・生育に応じて数種類の長さのものがあります。予算の都合がつけば、購入しておくと便利なのですが、多くの数を一時期にそろえるとなると、高価につくという難点があります。

タダのメダケで一石二鳥の学習効果

都会の真中では無理かもしれませんが、郊外の学校なら、近くにメダケが群生している川岸や丘陵があるでしょう。そのメダケを栽培支柱用に切り集めれば、タダで支柱を手に入れることができます。野生状態で荒れたままになっているメダケの群生地が多いのです。念のために管理者（個人、自治会、土木

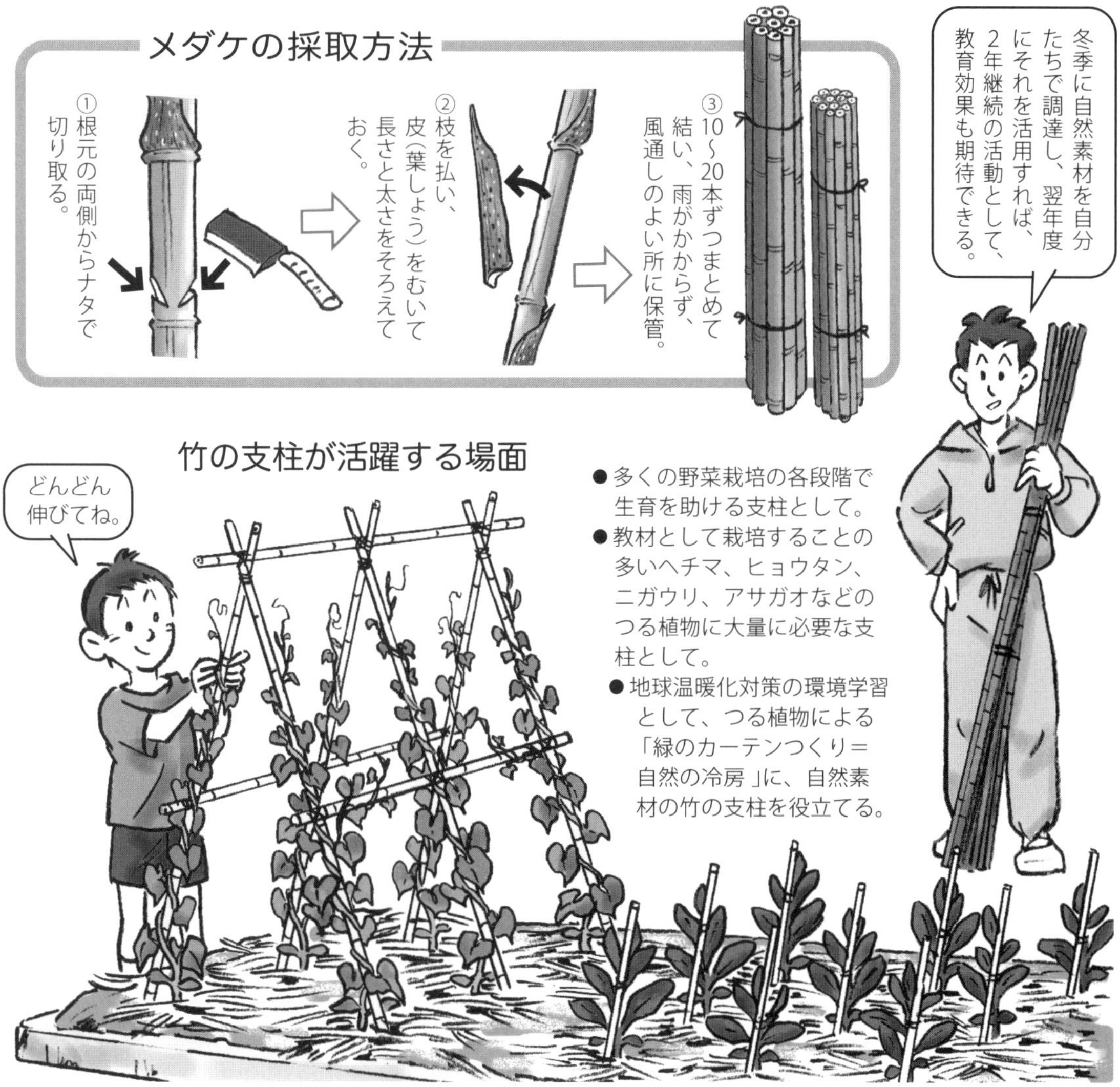

事務所、水利委員会など）の了解を得ておくとよいでしょう。教育活動に使うという趣旨を説明すれば、喜んで提供してくれることが多いと思います。

メダケは、自然素材なので、環境教育の教材としても好都合です。野菜づくりの支柱として使えるだけでなく、つる植物の緑のカーテンをつくるとき、メダケとネットを組み合わせると丈夫なものができます。

①十二月～一月はメダケを切る最適期

十二月～一月のメダケは、水分が少なく、虫が入りにくいので、四～五年は長持ちします。自然のものでありながら、鋼管支柱と同じくらい耐用年数があります。

この時期以外に切っても、その年度の夏頃までは短期の使用に耐えられますが、その後は、虫が入って朽ちてダメになってしまうことが多いのです。

②メダケの採取方法

・根元の両側からナタで切り取る。
・枝を払い、皮（葉しょう）をむいて、長さと太さをそろえておく。
・一〇～二〇本ずつまとめて結わえる。
・雨がかからない風通しのよい場所に保管する。渡り廊下の上部や、プールの下が便利。

教室・職員室を栽培空間にする

教室で育苗する工夫
①プランターや育苗箱は、日中日射しが入る窓際に置く。
②出芽までは容器をビニール袋に包む。
③芽が出てからは、ビニール袋は不要だが、夜間の冷え込み対策に、下校時に新聞紙を広げてかけてやる。
ビニール袋は、乾燥しないよう穴をあけなくてもいいんだって！

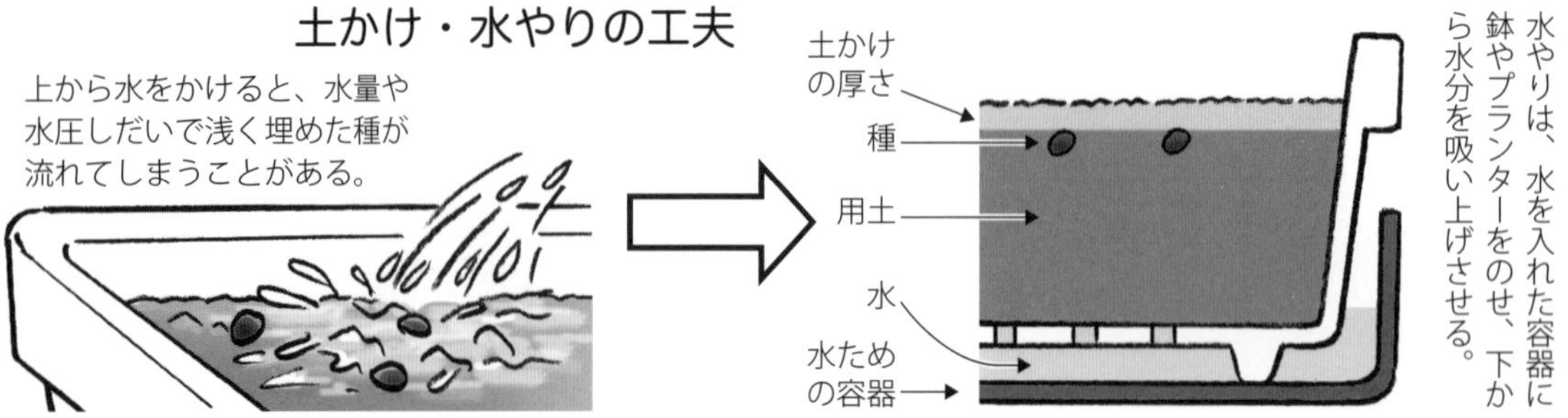
土かけ・水やりの工夫
上から水をかけると、水量や水圧しだいで浅く埋めた種が流れてしまうことがある。
土かけの厚さ
種
用土
水
水ための容器
水やりは、水を入れた容器に鉢やプランターをのせ、下から水分を吸い上げさせる。

学校園だけで、栽培のすべてを行なうのは無理。とはいえ、農業高校のように広い農地や各種の施設が用意できない普通の小中学校では、育苗用地やさまざまな条件の栽培スペースを広くゆったりと確保するのが難しいのです。

しかし、学校の中を見渡すと、意外な場所が栽培に活用できることに気づきます。学校という場を栽培空間という目で見直すと、思わぬ発見があるでしょう。

教室・職員室でも育苗できる

夏の野菜類は、二月頃から種まきをスタートさせ、四～五月の植付け時期までに苗を育てていきます。この寒い時期の発芽に適した場所が、学校にはいくつかあります。

野菜の種の発芽適温は、昼間三〇度、夜間二〇度程度。この温度を確保できるところは、昼間に日射しが入る窓際に、テーブルや棚があり、育苗箱や小さなプランターが置けるところ。室温が二〇～二五度程度あれば、プランターをビニール袋で包んでしまえば大丈夫。昼間は暖房が入っていて、夜間は閉め切って保温できる部屋がよいでしょう。二週間程度の発芽段階を越えられればしめたもの。夜間の多少の低温にも耐えられます。

種を保存する空間
雨がかからず、湿気の少ない
高い位置で通気のよい日陰の
場所を探してみよう。
プールサイドの下の空間
渡り廊下の天井近くの空間
野鳥やネズミなどに
種を食べられない工夫
種名、採取年月を書いた
紙袋に種を入れる。
へちま
採取
2009/10月
通気性のある虫かごに
まとめて、雨のかから
ない場所に保管。
ネットにまとめて入れ、
それを育苗ケース２つに包
んでしばり、天井近くの通
気のよいところにつるす。

そのほかには、職員室、校長室、事務室、保健室などが考えられます。学校職員の理解と協力が得られるかどうかは、担当する先生の日常からの人間関係づくりにかかっています。

室内の育苗では水やりの工夫が大切

種まきから本葉が出そろうまでは、温度管理だけでなく、保湿管理が大切。特に室内で発芽・育苗を行なうときは、乾燥で失敗しないようにしたいものです。小さな種は、上にかける土の深さを種の大きさくらいにするため、上から水をかけると、種が流れてしまうことがあります。小さな種ほど繊細なので、水やりを工夫しなければなりません。

風通しのよい日陰は種の保存に便利

イネやダイズなどを収穫した後、教室や廊下で乾燥させようとして、カビが発生したり腐ってしまったりした苦い経験を持つ方も多いことでしょう。

種の保存などに適した風通しのよい日陰は、渡り廊下の天井近くの空間、プールサイドの下などの場所です。ただし、野鳥やネズミなども種をねらっているので、そのための対策も工夫する必要があります。

栽培の手助けがほしい こんな場面

3 学校だけで抱え込まずに地域の支援を

栽培活動の苦手な先生には手助けが必要

手助けしてくれる人が必要だね！
経験がなくて栽培活動が苦手なんです。
どこから手をつけるか、どうやって進めるか…
3年2組
3年1組

栽培活動の手助けがぜひほしい

最近の学校の教職員は、栽培や生き物の飼育を苦手としている人が多いようです。学校の教職員に限らず、日常生活で、田畑を耕したり、家畜を飼ったりした体験のある人が少なくなっています。このような体験不足から、なかなか一歩を踏みだせないのでしょう。

しかし、学校では、生活科、理科、総合的な学習の時間、特別活動、道徳などの学習で、自然を対象とし、自然と関わりながら学ぶ機会が意外と多いのです。自然（動植物・環境）は、人間形成にとって避けて通れないものであり、人間の成長に大きな影響を及ぼすものです。栽培活動が苦手だからといって、教師にとって避けては通れません。

栽培活動が苦手な先生は、「種まきから収穫まで、栽培活動の手助けがぜひほしい」というのが、切実な願望ではないでしょうか。校区内の農家や農業関係者に、次のような手助けをしてもらえたらいいな、と思う先生方も少なくないと思います。

こんな場面の「お助け人」がいると栽培活動がラクになる

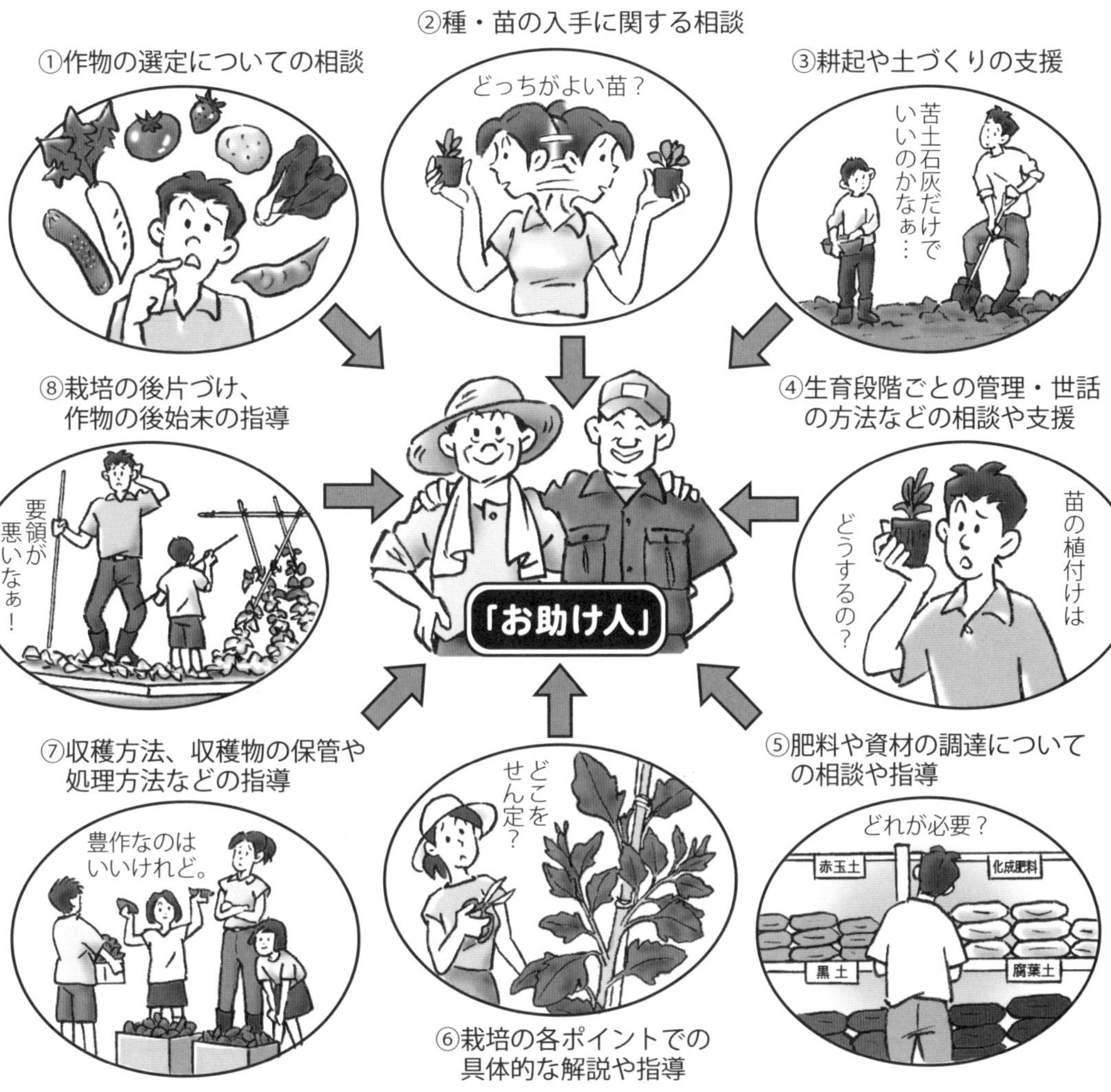

栽培活動「お助け人」は必ずいる

①どんな作物が学校のある地域に適しているか、作物の選定についての相談。
②種や苗の入手に関しての相談。
③学校園の耕起や土づくりの支援。
④作物の生育段階ごとの管理や世話の仕方の相談や支援。
⑤作物の栽培に必要な肥料や資材の調達についての相談や指導。
⑥できることなら、苗の育て方、苗の植え方、世話の仕方のポイントなどの具体的な解説や指導など。
⑦収穫のやり方、収穫物の保管や処理のやり方の指導。
⑧収穫後の学校園の後片づけ、作物の後始末などの指導。

学校のある地域には、栽培活動が苦手だという先生方にとってありがたい「お助け人」が必ずいます。しかし、誰に声をかけ、どのような付き合い方をしていけばよいか、迷われる先生方もいるでしょう。次の頁からは、その方法について考えていきます。そのときに大切なのは、学校の教師の立場をいったん忘れて、地域の住民になったつもりで探していくことです。

栽培「お助け人」の探し方・声のかけ方

まず子どもたちに聞いてみよう

学校の近くに農地があれば、農業をしている人がいます。また、学区内に住んでいても、遠くの農地を所有していたり借りていたりして、そこに通って農業を営んでいる人もいます。そのような地域の農家を探すには、まず担任した子どもたちに聞いてみることです。親、祖父母、親戚などで、農業をしている方、農業の経験がある方がいるか、聞いてみましょう。

学校評議員、ＰＴＡ役員、学校関係者などから、あるいは前年度に、校区を学びの対象とした学年の先生から、学区内の農家の情報を得る方法もあります。近くにＪＡ（農業協同組合）の本所や支店・支所がある場合、直接そこに出向いたり、電話や手紙で問い合わせたりして、栽培活動の「お助け人」を紹介してもらってもよいでしょう。

農家が見つかったら、その農家は種や苗をどの種苗店（園芸店）で購入しているかを聞いてみます。種苗店（園芸店）は、栽培に関しての各種の相談にのってくれることが多いからです。

また、地域によっては、ＪＡや種苗店の研究機関があります。農業高校、農業関係の学

栽培「お助け人」に声をかけるポイント

①教えを請う姿勢を忘れずに！
「なにぶん経験不足ですので、ぜひご指導をお願いしたいのですが…」
②紹介者を通す手順を踏み、まず教師から連絡をする
「初めまして、○○小学校教師の△▽と申します。JAの□□さんからご紹介をいただきましたが、本年度、当学校園での栽培学習のご指導などのご協力のお願いに一度お伺いできないかと、お電話さしあげたのですが！」
③協力者の相手には、その仕事に賛美と敬意を伝え、協力いただくことに感謝を述べる
「みごとな作物を、農薬をほとんど使わずにおつくりと評判をうかがって感服しております！学校にとっても理想的な方にご指導いただけるのは、大変光栄です！」

「お助け人」

できるかぎりお手伝いしましょう！
④協力いただく時間や手順などは、可能な限り相手の都合に合わせて設定し依頼する
「栽培学習のおおよその活動予定表をお渡ししておりますが、お時間をさいていただける日程を、あらかじめお教えくださいますか」

5月
⑤栽培経過の段階に応じて、必要な回数の指導・支援を継続してお願いする
「先月は学校園の耕起の際、大変お世話になりました。ところで、そろそろ種まきや苗の植付けを行ないたいので、今回もご指導お願いしたいのですが」

部を持つ大学、農業技術センターなどの公的機関もあります。栽培に関する各種情報は、このような研究機関・教育機関からも得ることもできます。

依頼の声をかけるポイント

栽培のプロが見つかっても、依頼の声のかけ方次第で、その後の指導・支援などの内容が大きく変わってきます。次は、その場限りで見離されるか、絶大な支援が得られるかを決めるポイントです。

①相手は専門家であることに尊敬の気持ちを持って依頼する。教えを請う姿勢を忘れずに。

②栽培活動やそれに関わる学習に協力してもらうお願いは、手順を踏んで（33頁参照）、まず教師から連絡するようにします。

③協力してもらう相手の仕事の内容の素晴らしさには素直に驚き、協力への感謝を表明し、相手に伝えること。

④できるだけ相手の都合に合わせて、時間を設定して依頼すること。

⑤一度に多くの指導・支援を求めずに、栽培作物の生育に応じて、必要な関わりをお願いします。繰り返して関わりながら子どもたちの意欲を伝えることで、相手の気持ちを動かしていくのです。

手助けしたくなる付き合い方

支援に意味と価値を感じていただく！

実践と成果をとおして、子どもたちとの
コミュニケーションに
支援の喜びを見出して
いただく。
おじさんの畑のキュウリに負けてないね！
わ〜い！どっさりできちゃった。

支援者の作物をほめて、栽培の工夫にも注目する

こんにちは、いつもお世話になってます！みごとな畑ですね！害虫の被害もないようですが、薬を使わないで、どうやって撃退しているんですか？
アブラムシには銀色のマルチ、毛虫にはマリーゴールドとか木酢液を使ってるよ！

支援に意味と価値を感じるように

栽培「お助け人」（主に農家）には、自分の仕事があります。学校園の手助けをすることは、自分の仕事にブレーキがかかり、下手をすると減収さえ覚悟しなければなりません。できれば煩わしいことには関わりたくないと思われても仕方ないでしょう。

しかし、学校園での栽培活動に意味と価値を感じるような付き合い方をすれば、栽培活動に関わることに喜びと充実感を持ってくださるはずです。

作物をほめれば誰でもうれしい

自分がつくっている作物に注目され、感心され、価値を認められ、ほめられたら、誰だってうれしい。支援してくれる農家の人に会ったら、挨拶を重ねるだけでなく、その人が一生懸命つくっている作物を話題にすることが、付き合いの第一歩です。作業の邪魔をしないように注意しながら、何回も声をかけるようにしましょう。

農家の工夫に注目する

農家は、それぞれちょっとした工夫をこらしながら作物を栽培しています。その人なりの特徴やワザがあります。作物をほめれば、裏ワザ（企業秘密）を自慢したくなるのが

農家などで協力いただいたときは実習後、子どもの礼状などを届ける。
できるかぎりお手伝いします。
校内での指導・支援をいただく場合は、管理職からの依頼やお礼を依頼しておく。
本年度は、ご協力を感謝します！
わざわざどうも！
まず教師自身が支援のお願いにうかがい、後日正式な依頼文書を届ける。
よろしくお願いします。
依頼やお礼は手順を踏んで！

3年2組 学級園
さいばい学習のまとめ
トマトの成育記録
トマト
収穫量 35kg
4/25〜9/15
収穫量 27kg
サトイモ
5/15〜9/30
収穫量 38kg
なかなかりっぱなまとめだなぁ…
成果やまとめは必ず伝える！
学習のまとめの発表のときに招待するなど、感謝の気持ちを伝える。

普通です。たいていの人は企業秘密（栽培のちょっとしたコツ）を教えてくれるので、それに驚嘆の声を返していくとよいでしょう。

依頼やお礼は手順を踏んで

指導や支援をしていただく前に、まずは教師から顔を出してお願いに行き、具体的な指導・支援の内容・時期・場所などを打ち合わせておき、後日、正式な依頼文書を届けます。校内での指導・支援であれば、管理職からの依頼やお礼を頼んでおきます。農家などでの指導・支援・観察ならば、終わってから子どもの礼状などを必ず届けるようにします。

成果やまとめは必ず伝える

収穫時に支援してくれた人を招待できればよいのですが、そのような人たちにも都合があります。仕方なく子どもたちで収穫し、その後の処理や調理をした場合でも、成果を手紙にして伝えると、指導・支援した人は、たいそう喜んでくれるはずです。学習のまとめを発表するときなどに招待したら、さらに喜んでくれるでしょう。

このように、いろいろな機会に、感謝の気持ちを素直に伝えていくことが、次年度も指導・支援を継続していただくことにつながっていくのです。

学校園のおすすめレシピ　サツマイモ

あげない大学イモ

●材料（4人分）

・サツマイモ　2本
・黒砂糖(三温糖)　50gくらい
・はちみつ　大さじ3
・酢　大さじ1.5
・ゴマ　少々
・ゴマ油　大さじ2

●つくり方

①サツマイモは、洗って乱切りにする。
②フライパンにゴマ以外の材料を入れ、ふたをしてときどきかき混ぜながら、サツマイモに火が通るまで、弱火で炒める(焼く)。
③できあがったらゴマを振る。

●コツ

サツマイモの皮は柔らかいものならむかず、固いものならむいたほうがよい。

サツマイモのゴマだんご

●材料（4人分）

・サツマイモ　400gくらい
・砂糖　大さじ5　・小麦粉　大さじ4
・卵黄　1個分　・卵白　1個分
・白ゴマ　適量　・油

●つくり方

①サツマイモの皮をむき、2cm厚さの半月切りにしてゆでる。
②①をマッシャーでつぶし、砂糖・小麦粉・卵黄を入れて混ぜ合わせる。
③②を棒状にのばして8等分し、四角く形を整える。
④③に卵白をつけて、全面に白ゴマをまぶす。
⑤フライパンに油を引き、両面をじっくり焼く。

虹色ボール

●材料（4人分）

・サツマイモ　300gくらい
・砂糖　40g　・バター　15g
・卵黄　小1個　・卵白　小1個
・生クリーム（または牛乳）　大さじ1.5
・バニラエッセンス　2、3滴　・カラースプレーチョコ

●つくり方

①サツマイモをラップでくるみ、電子レンジで2分加熱する。上下を返してさらに2分加熱する。
②①の皮をむき、マッシャーでつぶして冷ます。
③②に、砂糖、バター、卵黄を順に入れ、そのつどへらでよく混ぜる。
④生クリームを少しずつ入れて混ぜ、さいごにバニラエッセンスを加える。
⑤ラップなどで軽く包んでボール型にする。
⑥卵白少々を表面に塗り、スプレーチョコをまぶす。

〈協力者〉伊藤美代子（神奈川県平塚市立大野小学校教諭）
棟居手古奈（神奈川県平塚市立大野小学校教諭）

第2章

季節別・初心者でも安心できる学校園の運営法

栽培活動への入口になる「生き物マップ」

1 〔春〕何から手をつければよいのか

学校園の作物が地域の昆虫・鳥・野獣のエサに！

カラス
ハト
スズメ
モンシロチョウ
キャベツ
ダイズの種、イナ穂など
サツマイモなど
キジ
シカ
サル
イノシシ

栽培は地域にすむ生き物と密接に関係

栽培活動は、「学校園のある地域にすむ動物・小動物（昆虫を含む）」と関わりが深いのです。栽培植物をエサとしてねらう昆虫・鳥・野獣は多く、実る前にそれらの食害で栽培を断念せざるを得ないこともあるからです。都会の学校でも、栽培を行なうと、昆虫（害虫）が寄ってきて苗の段階から食べられたり、カラス・ハト・スズメなどの野鳥に種や実を食べられたりすることがあります。少し田舎の学校であれば、サル・イノシシ・シカ・キジなどの動物や大型の野鳥などに栽培植物を食べられることもあります。

「生き物マップ」で動物の害を予想

そこで、栽培活動をはじめる前に、学校のある地域にすむ昆虫・鳥・動物、それらがすむ（食べる）植物を調べて、それを地域の地図に書き込んで「地域の生き物マップ」をつくってみませんか。栽培活動にどのような害が出るかを予想すると同時に、生活科・理科・総合的な学習の時間の学習素材にもなります。

生き物マップ 学校周辺の地図をつくり、生き物を描いたステッカーをすんでいる場所にはり込もう！

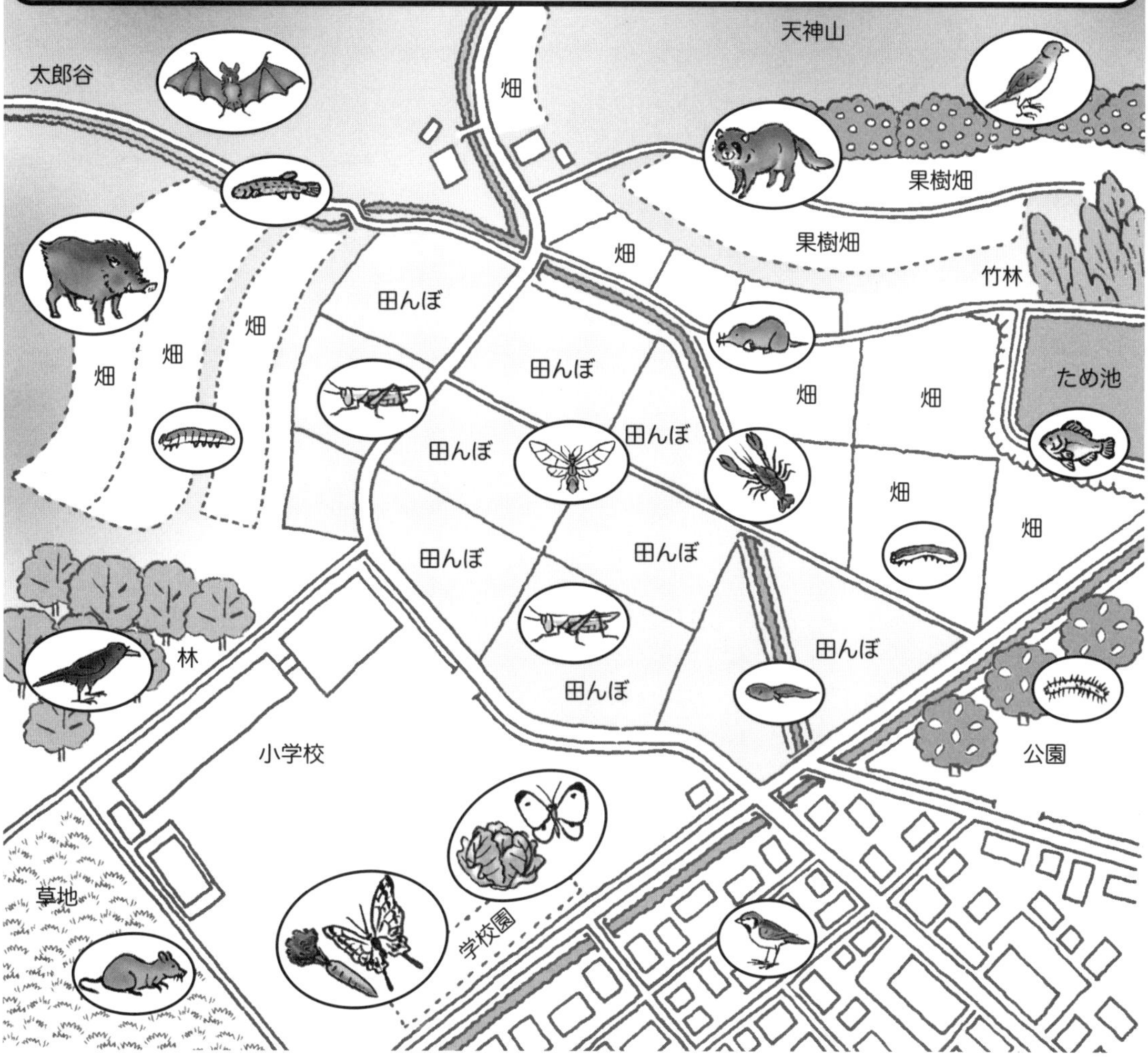

教科学習と関連させるには、「生き物マップ」づくりと並行して、学年ごとに、教科書に出てくる生き物（植物と動物）をチェックしてみることが大切です。どの時期に、どんな動物や植物（特にエサになる植物）が教科書の学びの対象になっているかを調べて、「生き物マップ」の動物と対応させると、食害の出そうな作物を予想できます。

また、総合的な学習の時間の場合は、教科書がないので、学びの主体である子どもの視点から、学校周辺の自然そのもの（生き物）を、図鑑などを駆使して観察していきます。地域の気候・土壌などの風土に適した植物・動物が、子どもの通学路沿い、地域の人びとが集まる公園や公共施設の周辺、社寺の境内、川や土手、野原・里山、森林や林、田んぼ・あぜ道などに見られます。子どもの生活に身近な動物・植物が、「いつ頃」「どうなっているか」を把握すると、そこから地域ならではの動物と植物（エサ）の関係がわかってきます。

「生き物マップ」づくりで、地域の自然の中の植物（エサ）と動物の関係を把握することは、教科などの学習の教材探しや学校園での栽培を進めるうえで、大切なポイントです。

栽培をラクにする基本は土を耕すこと

なぜ土を耕すのか？

理由 その１

前年度の栽培が終わったままの農園は、土の中の空気が不足していて、次に栽培する作物の生育が悪くなる。

●土中の団粒構造と根の状態

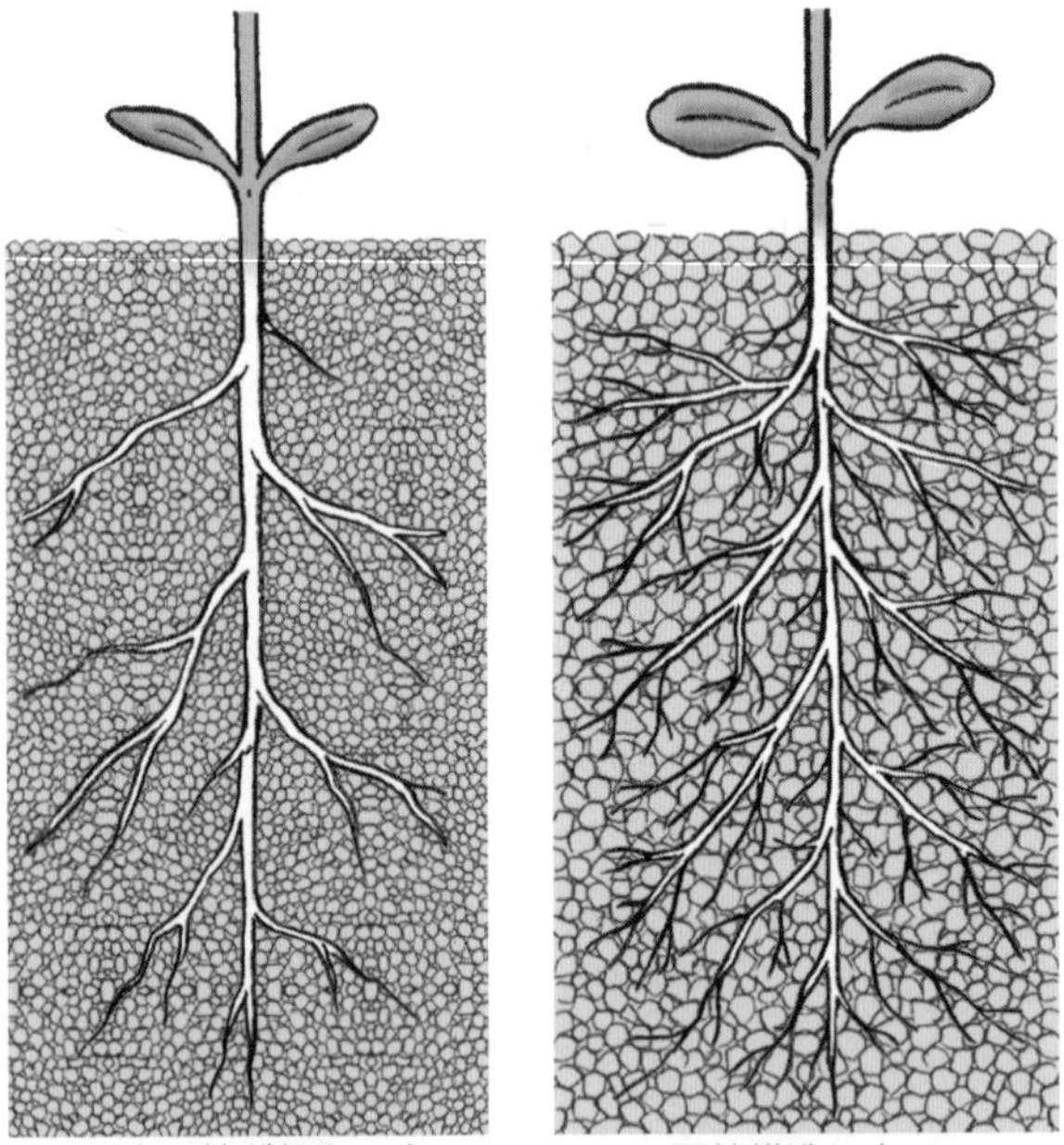

土の粒が細かいと、根の生育が不良に

団粒構造の土で根の生育も快調

●春先の雑草、作物の残骸、モミガラ、落ち葉などをすき込んで、土中の空気・水分を保つようにする。

※生ものを混入すると根腐れするので、数ヵ月前に行なう。

●すぐ栽培をはじめる場合は、耕した土に熟成した腐葉土を混入する。（1㎡当たりバケツ1杯を入れる）

1年ものの腐葉土は、空気と水分を保つ作用をする。

2年ものでは、分解して土になり、チッソ肥料として植物に吸収される。

なぜ「土の耕作」が必要なのか

学校園の配当が決まったら、まず、学年の教師で土の状態などを観察します。前年度に配当された学年の教師に確かめて、前年度はどういう作物をどこに栽培したか、その作物の生育状況や雑草の程度はどうだったかをチェックしておきます。

今年度に何を栽培するにしても、必ずやっておかなくてはいけない作業が「土の耕作」を中心とした土づくり（土の調整）です。

昨年度の栽培の後、栽培活動をしばらく休んでいる場所の土は、次のような状態であることが多いようです。

①土の中の空気が不足していて、固くしまっている。
②栽培した作物の残骸が放置されていたり、雑草がはびこったり、害虫の卵が混じったりしている。
③次の栽培活動に必要な肥料分を使い果たし、土地がやせている。
④雨水の影響などで、学校園の土が酸性になっていて、作物によっては生育に適さない土になっている。

これらの悪条件を改良する作業が、土を耕すことです。腐葉土や苦土石灰をまいて、土

理由 その2

前年度の栽培活動や雨水の影響で、農園の土が酸性になっているので、植物の生育に適すように、土を中和させる作業が必要。

種まき・苗の植付けの１ヵ月前までに、農園全体に苦土石灰や草木灰をまいて、掘り起こしながら全体になじませ、土を中和させる。

1㎡当たり
1～２握り
(100～200g)
がまく目安！

理由 その3

耕すことで、日光や寒さに当て、乾燥させて、土を殺菌消毒できる。また、寒中では害虫の一部も死滅する。そのためにも、秋から春の時期に２回くらい行なうとよい。

新学期には、４月のできるだけ早い時期に耕作しておこう！
日光
寒風／乾燥
まいった！
これじゃ、生きのびれないよぉ～

寒中だと雑菌や線虫などの害虫が死滅する。

を掘り起こしながら全体になじませます。こうすることで、水はけと同時に水もちがよく、土の粒子の隙間に空気が入り込んで、作物の生育に適した土（団粒構造）となります。苦土石灰をまくことは、酸性の土を中和させ、また、作物に必要な微量栄養素を補充することにもなります。作物に必要な栄養分は、種まき・苗の植付け前の元肥、その後の追肥から取り入れられることが多いので、土を耕すときは、腐葉土や堆肥以外の肥料を施さなくてもよいでしょう。

新学期前に土を耕すと害を減らせる

新学期前の冬の時期に土を耕し、日光や寒さに当てて乾燥させると、土の殺菌消毒ができます。また、寒中に耕せば、害虫の一部も死滅します。新学期になってから土地を耕すのでは、土の殺菌消毒の効果はあまり期待できませんが、土を上述の団粒構造にする効果はあるので、耕さないよりは耕したほうがよいのは、言うまでもありません。

腐葉土は、土の中に水分や養分を保持するために必要なものです。堆肥は、腐葉土と同じような有機質と栄養分を含むので、それらが作物の生育に長期間の効果を発揮します。そこで、元肥として施すこともあります。た

土を耕す手順

① 雑草や栽培後の作物の
残骸を取り除く。
② 腐葉土や苦土石灰を
均一にまく。
③ 隅から順に、シャベルで土を掘り起こす。
（このとき、石やビニールなどのゴミを取り除く）
掘り起こしながら
後ろへ進んで、
ゴミひろいの仲間と
連携しよう！
①
②
③
④
⑤
⑥
⑦
⑧

※前年度と同じ種類の作物を栽培する場合
シャベルの深さで溝を２回掘り起こしながら、深部と表層部の土を入れ替えていく（連作障害防止になる）。

だし、春、暖かくなってから堆肥を多く使用すると、害虫の発生を助長することがあるので、新学期以前に施し、四月以降に施すのは控えたほうがよいでしょう。どうしても新学期前に作業する時間がとれない場合は、腐葉土を一㎡当たりバケツ一杯の目安で施します。

生ゴミ堆肥も完熟したものでないと、発酵の際に熱が出て、作物の生育の害となるので注意します。これも四月以降の使用は控え、秋以降の土づくりの際に施すほうがよいでしょう。

苦土石灰は、上述のように、主に酸性の土を中和する目的で使いますが、種まき・苗の植付けの一ヵ月前までに施して、よく耕しておきます。苦土石灰を施す目安は、一㎡当たり一～二握り（一〇〇～二〇〇g）くらいです。種まき・苗の植付け直前に苦土石灰を施すと、作物の生育に害となることがあるので注意します。

こうするとよい土を耕す手順

土を耕すときの手順は、次の通りです。

①雑草や栽培後の作物の残骸を取り除く。
②腐葉土や苦土石灰を均一にまく。
③隅から順に、シャベルで土を掘り起こす。そのとき、石やビニールなどのゴミを取り

鉢・プランター栽培の土の用意

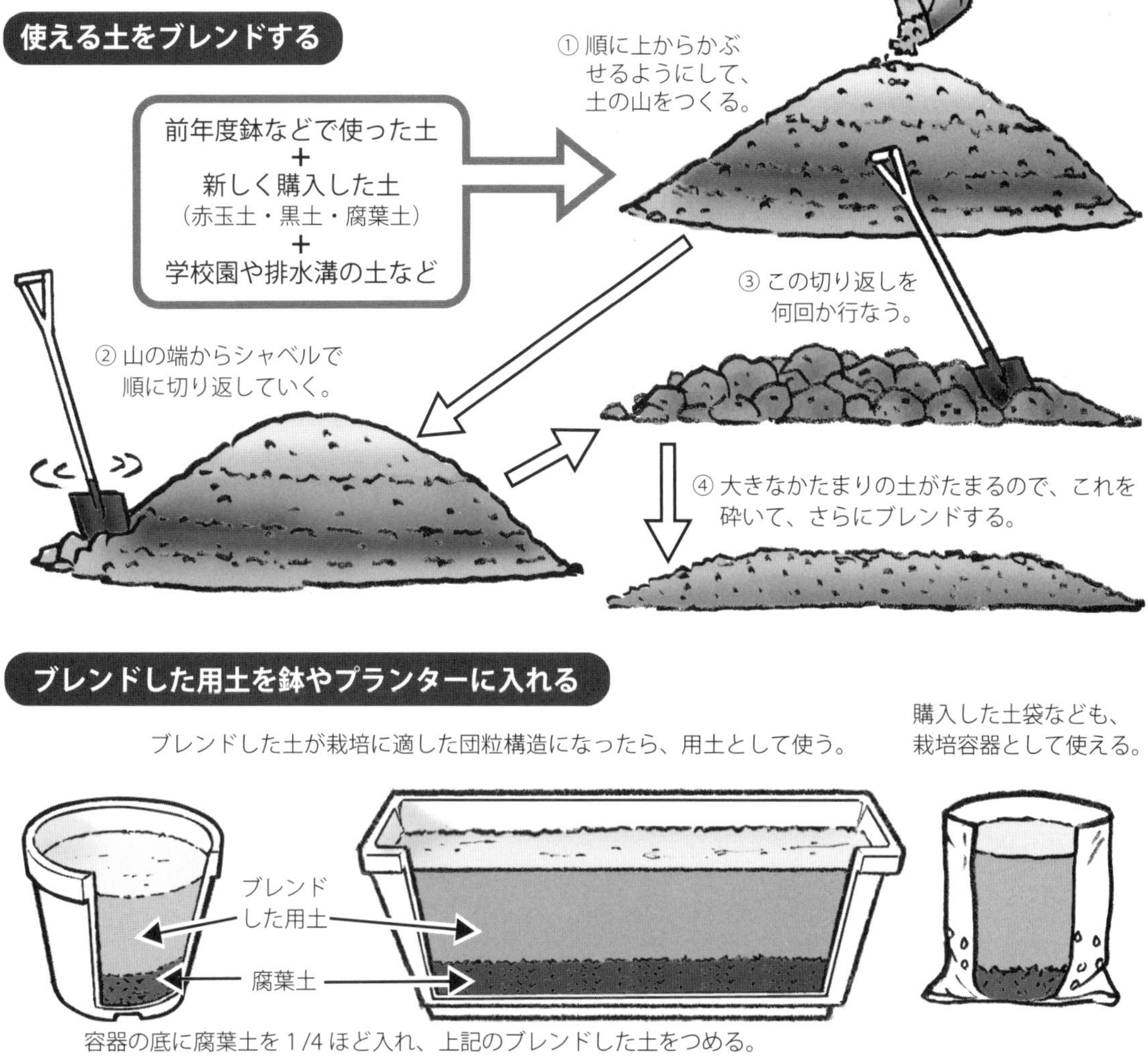
使える土をブレンドする
前年度鉢などで使った土
＋
新しく購入した土
（赤玉土・黒土・腐葉土）
＋
学校園や排水溝の土など
① 順に上からかぶせるようにして、土の山をつくる。
② 山の端からシャベルで順に切り返していく。
③ この切り返しを何回か行なう。
④ 大きなかたまりの土がたまるので、これを砕いて、さらにブレンドする。
ブレンドした用土を鉢やプランターに入れる
ブレンドした土が栽培に適した団粒構造になったら、用土として使う。
購入した土袋なども、栽培容器として使える。
ブレンドした用土
腐葉土
容器の底に腐葉土を1/4ほど入れ、上記のブレンドした土をつめる。

除く。

④前年度と同じ種類の作物の栽培を予定する場合は、深部と表層部の土を入れ替えるようになるべく深く耕す（12頁参照）。

鉢・プランター栽培の土の用意

鉢やプランターを使って栽培活動を行なう学校も多いでしょう。この場合に使う土は、子どもたちの作業前に、教師がブレンドして用意しておく必要があります（19頁参照）。

前年の鉢栽培やプランター栽培で使った土、新しく購入した黒土や赤玉土、腐葉土、不足する場合は学校園などの土や排水溝にたまった校庭の土などをブレンドします。ブレンドするものを上からかぶせるようにして土の山をつくり、この土の山の端から、順にシャベルで切り返していきます。この作業を何回か行なうと、大きなかたまりの土が山のふもとにたまるので、これを砕いて、さらにブレンドします。

土をブレンドして栽培に適した団粒構造になったら、鉢やプランターの底に腐葉土を敷き、その上にブレンドした土を入れます。

鉢栽培・プランター栽培の土は、毎年繰り返して使うことで、中の腐葉土が肥料分として植物に吸収されていきます。

あわててウネをつくると失敗する

ウネは低くするのがコツ

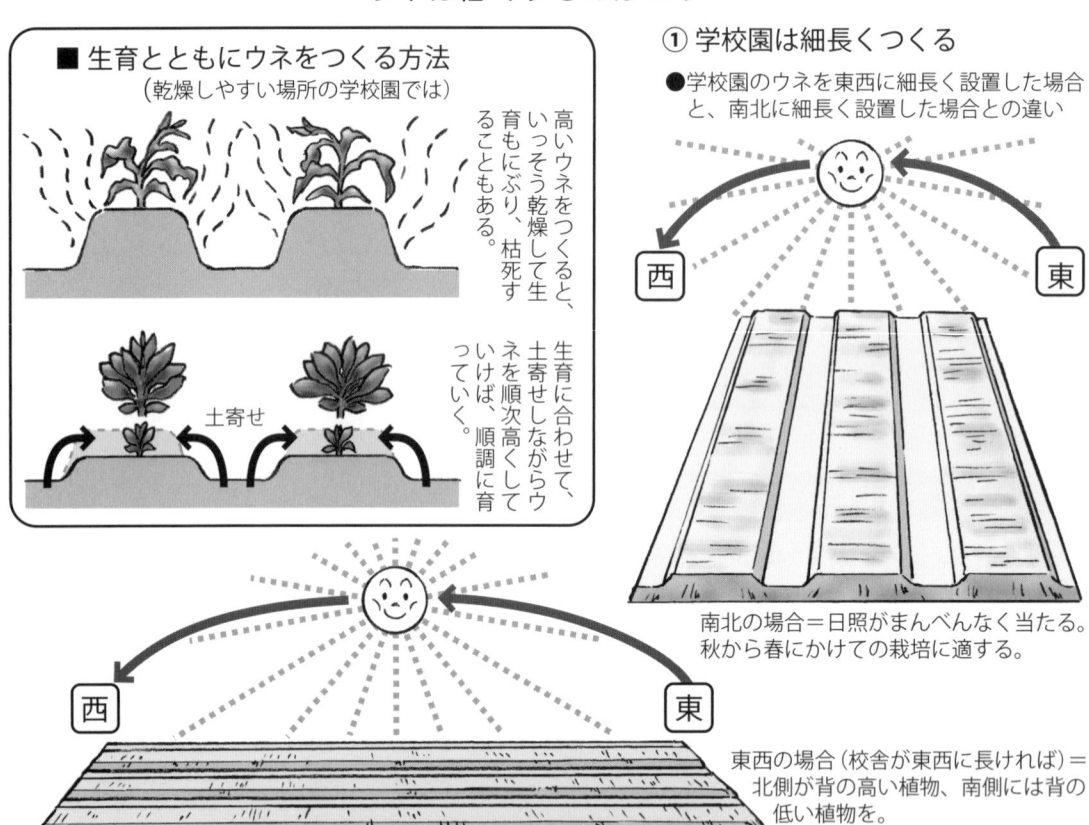

■ 生育とともにウネをつくる方法
（乾燥しやすい場所の学校園では）

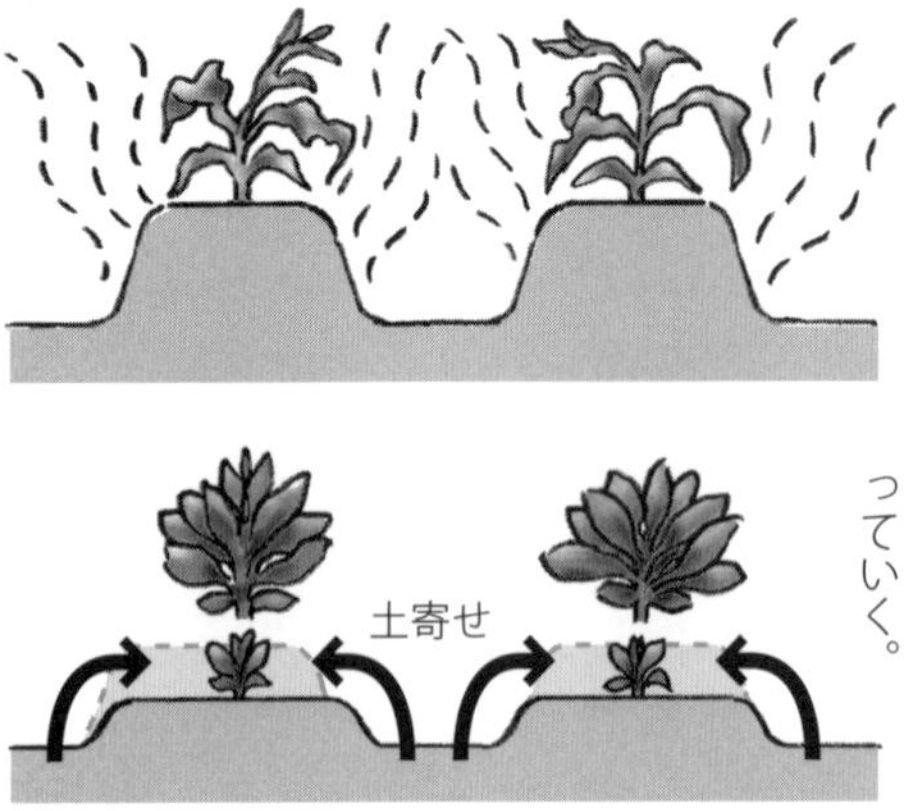

高いウネをつくると、いっそう乾燥して生育もにぶり、枯死することもある。

生育に合わせて、土寄せしながらウネを順次高くしていけば、順調に育っていく。

① 学校園は細長くつくる

●学校園のウネを東西に細長く設置した場合と、南北に細長く設置した場合との違い

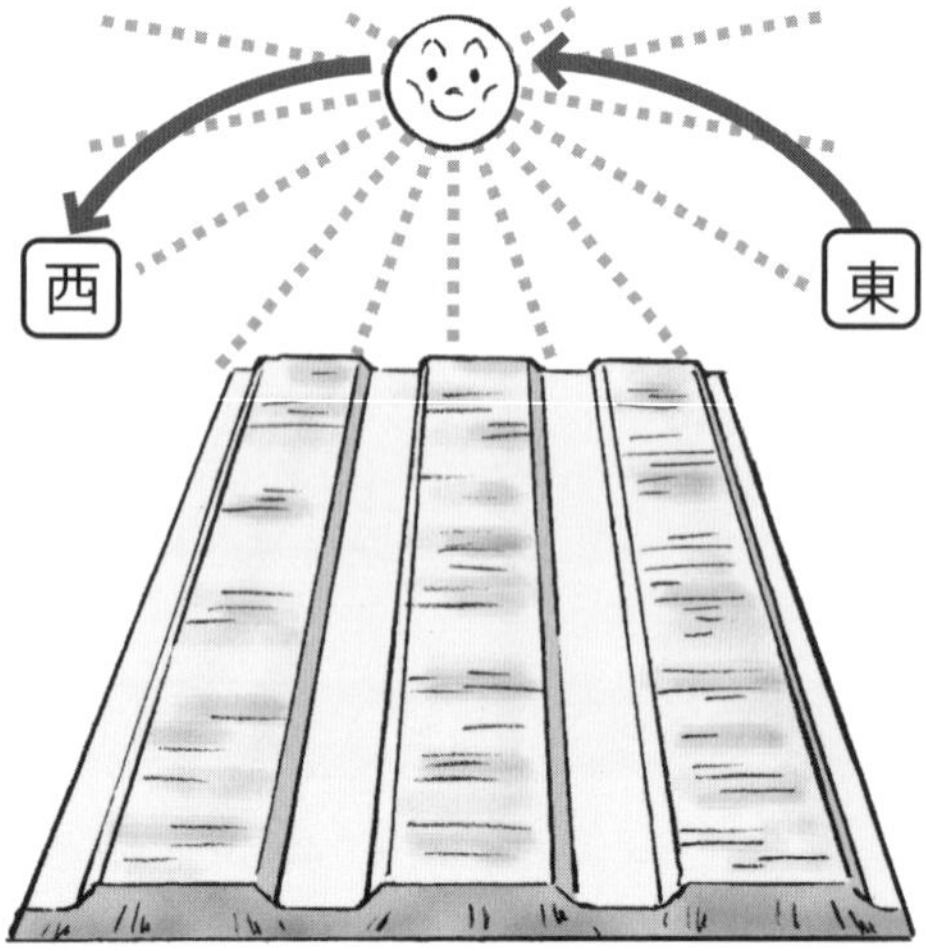

南北の場合＝日照がまんべんなく当たる。秋から春にかけての栽培に適する。

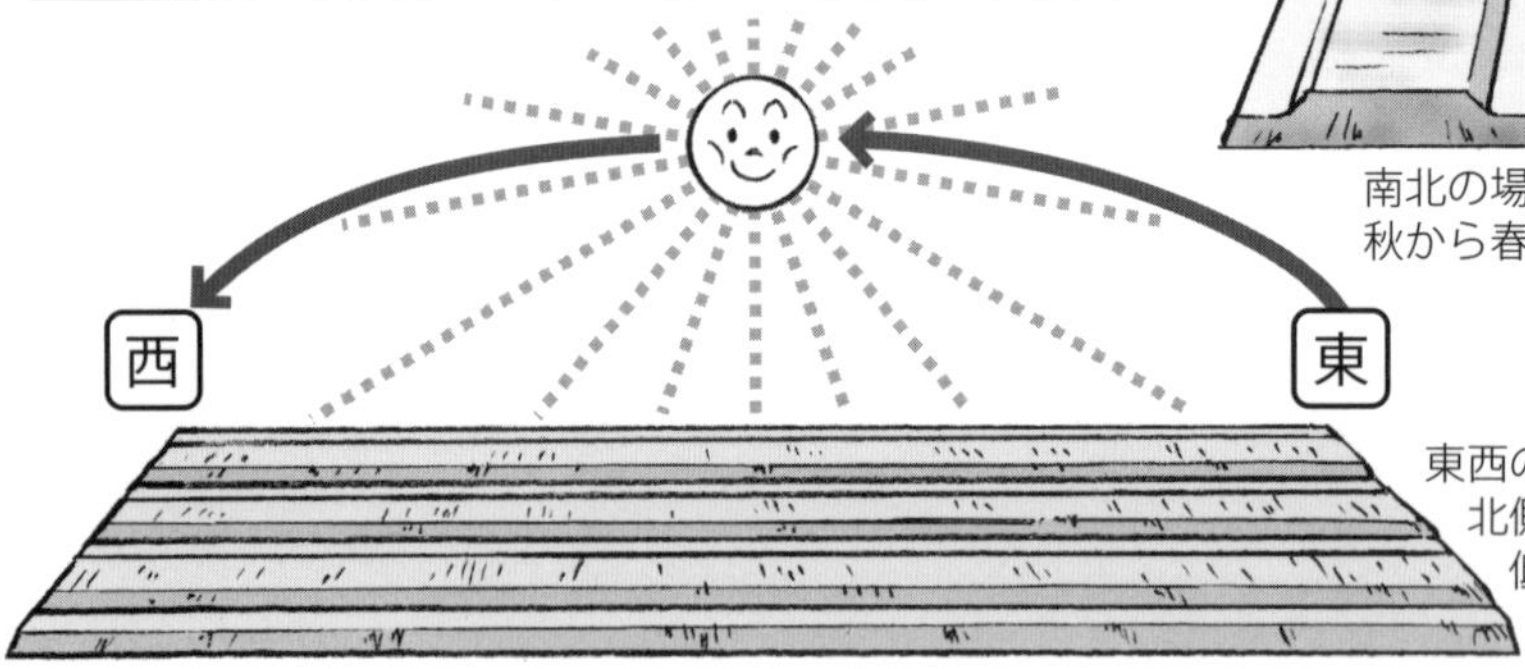

東西の場合（校舎が東西に長ければ）＝北側が背の高い植物、南側には背の低い植物を。春先の強い西風などに強い。

ウネは低くするのが成功のもと

学校園の土を耕し終えると、種まきや苗の植付けをするために、すぐにウネをつくることを考える人が多いのですが、これは失敗のもとになることが多いのです。

水はけのあまりよくない畑であれば、作物の作付け前に、ウネをつくって水はけをよくする必要がありますが、学校園は、たいてい水はけがよすぎて乾燥しやすい場所のことが多いので、ウネをつくることによって、乾燥をいっそう促進させて、作物の生育を悪くしてしまうのです。

農家の畑で作物を作付けする様子を、ていねいに観察してみましょう。ウネをつくる場合であっても、その高さは低く、通路と区別できる程度の簡単なものです。よくよく観察してみると、ジャガイモ、ネギなどの栽培で高いウネはつくらず、植え付ける場所は低いところです。作物が育っていくにしたがって、その根元に土寄せをすると、今まで高かったところの土が寄せられるので、生育とともに高低が逆転します。ウネは、このように生育とともにつくっていく場合があるのです。

水はけのよい学校園の場合は、ウネの高さは低くするか、周囲とほとんど変わらない平

② 区画がすでにできている場合

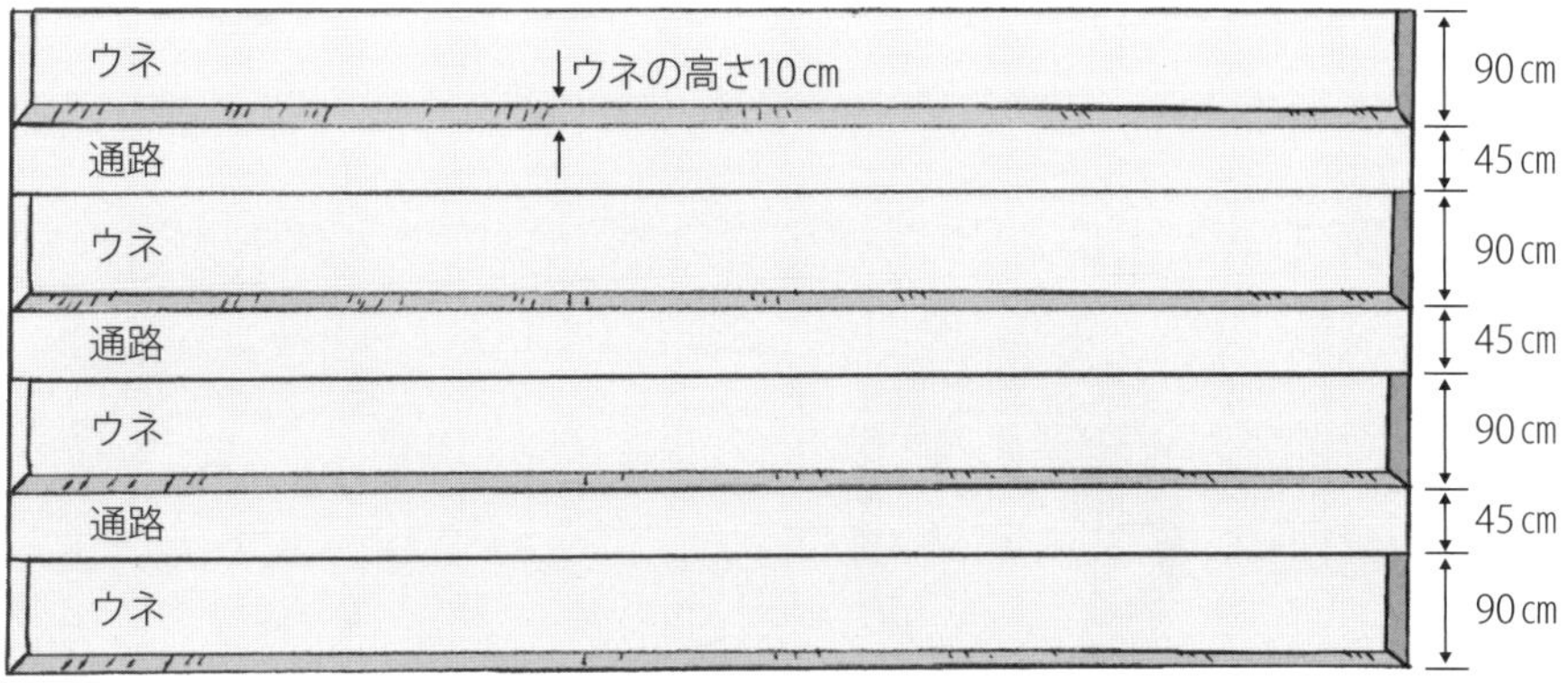
ウネ
ウネの高さ10㎝
通路
ウネ
通路
ウネ
通路
ウネ
90㎝
45㎝
90㎝
45㎝
90㎝
45㎝
90㎝

細長くつくった学校園に、高さ10㎝くらいで90㎝幅のウネ、45㎝幅の通路の繰り返しでつくる。このくらいの通路の幅だと、ウネ内に踏み込んでしまうこともなく、雑草もはびこりにくい。

③ 通路との境にプランターを利用

ほかの小物栽培をするプランターを通路とウネの境として設置。複数の植物を同時に並行して栽培できる。

通路
10㎝
ウネ
通路

④ 学校園以外の校地にプランターを並べる場合

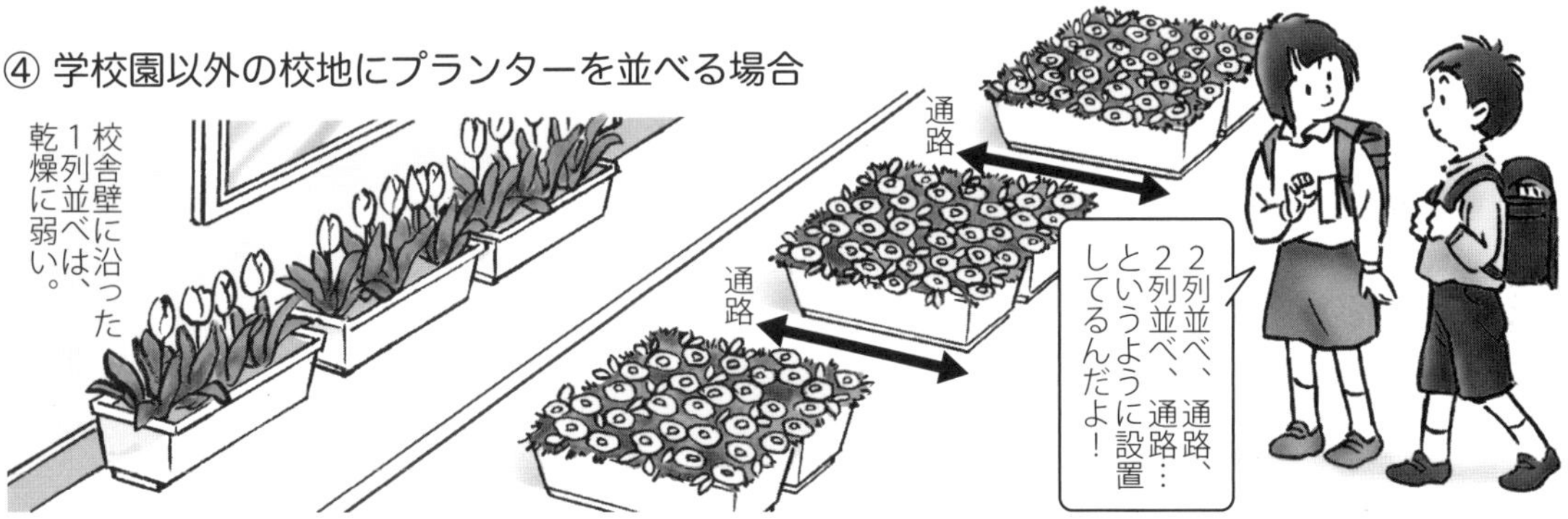
校舎壁に沿った1列並べは、乾燥に弱い。
通路
通路
2列並べ、通路、2列並べ、通路…というように設置してるんだよ！

地にしておくことが成功のもとです。

子どもの通路があれば作物を傷つけない

学校園の場合、子どもたちが観察や作業で、作物を踏みつけたり、作物にぶつかって傷つけてしまったりすることが多いものです。これを防ぐために、子どもたちが歩くところを、通路としてしっかり確保します。通路づくりを考えて、ウネをつくりましょう。

学校園内の通路がわかるようにするには、通路部分を五cmくらい低くし、通路の土を栽培スペースに乗せるようにします。栽培スペースは、九〇cmくらいの幅にし、通路はその半分の四五cm程度にしておくとよいでしょう。

平坦な学校園で通路を確保するには、四五cm幅にひもを張って、ところどころ止め具で固定しておきます。止め具は、市販の止めピンもありますが、太い針金をV字に曲げてつくったもので大丈夫です。割り箸にひもを結んで土に差し込んでもよいでしょう。

栽培スペースの両サイドに通路が確保されていれば、子どもたちが観察するときに近づけるし、手をのばして作物の世話ができます。水やり、雑草とり、つるの誘引、追肥、支柱立てなど、後からの世話が容易にできて、しかも作物を傷つけることが少なくなります。

種から育てるか、苗から育てるか

種から育てるとよいこと

苗を買わなくても、自分たちでたくさんできそうだね！
いっぱい出たね！
混みあったところは、間引くのよ！
おっ、芽がこんなに出てきた、出てきた！

種から育てると栽培に愛着がわいてくる

草花や作物を、種から育てるか、苗から育てるかは、担当される方の経験と意欲次第です。

苗から育てる場合、夏休み前に、草花の花を観賞したり、作物を収穫したりするには、新学期前から育苗しておくか、新学期早々に苗を購入して、五月上旬に集中する植付け適期に備える必要があります。

ただし学校では、草花・作物が発芽して成長する姿を観察することで、子どもたちに、愛着をもたせたいので、種から育てることをおすすめします。そのほうが、苗を買うより安上がりでもあります。

五月上旬は、種をまいて発芽する条件が自然に備わっている時期なので、その時期からの栽培に相応しい草花・作物を選んで栽培するとよいでしょう。

春まきの草花では、五月上旬の種まきに適しているものは、サルビア、マリーゴールドなど多くの種類があります。作物で、五月上旬の種まきに適しているのは、キュウリ、ヘチマ、ヒョウタン、ニガウリなどの野菜類、ダイズ、インゲンなどのマメ類、イネ、ムギ、トウモロコシなどの穀類などがあります。

●5月上旬の種まきに適している草花・作物

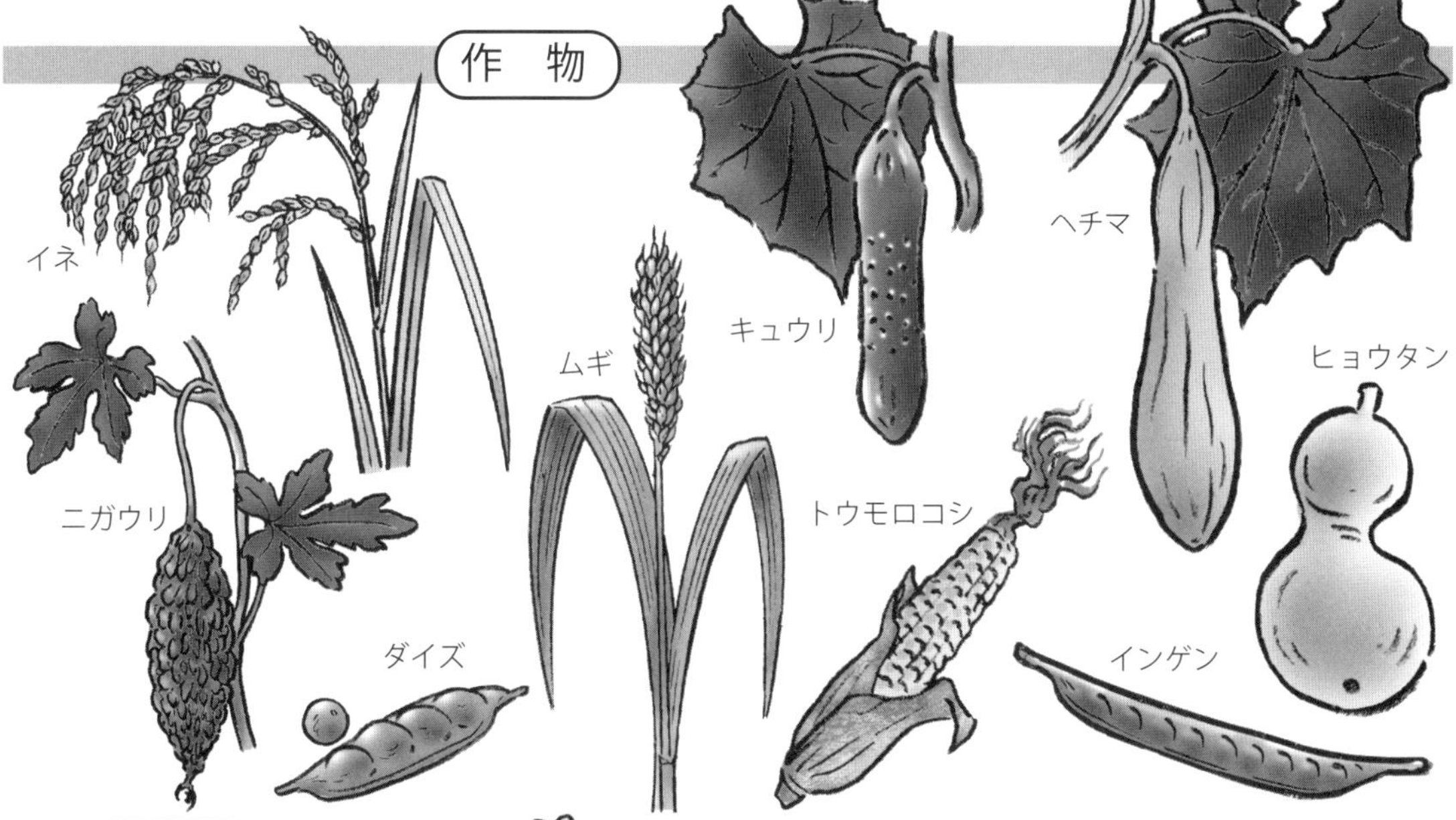
作物
イネ
ニガウリ
ダイズ
ムギ
キュウリ
トウモロコシ
ヘチマ
ヒョウタン
インゲン

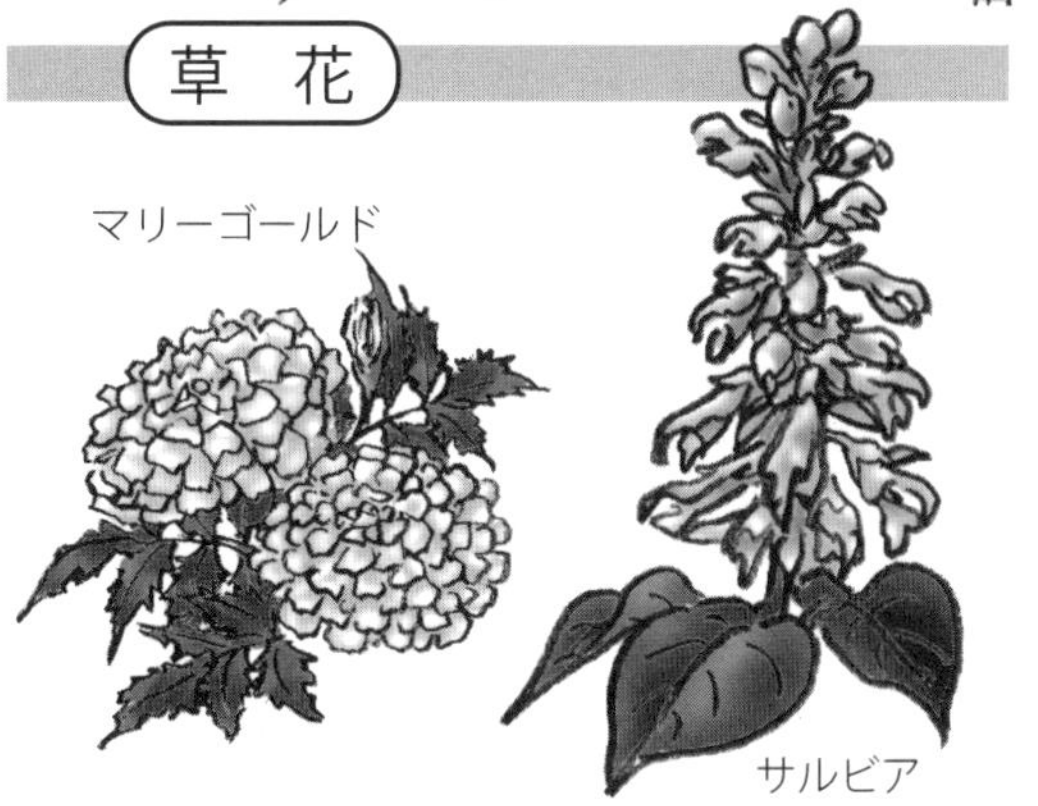
草花
マリーゴールド
サルビア

●種を保存する方法

使い古しの紙封筒などに種の種類・採取年月日を表書きする。

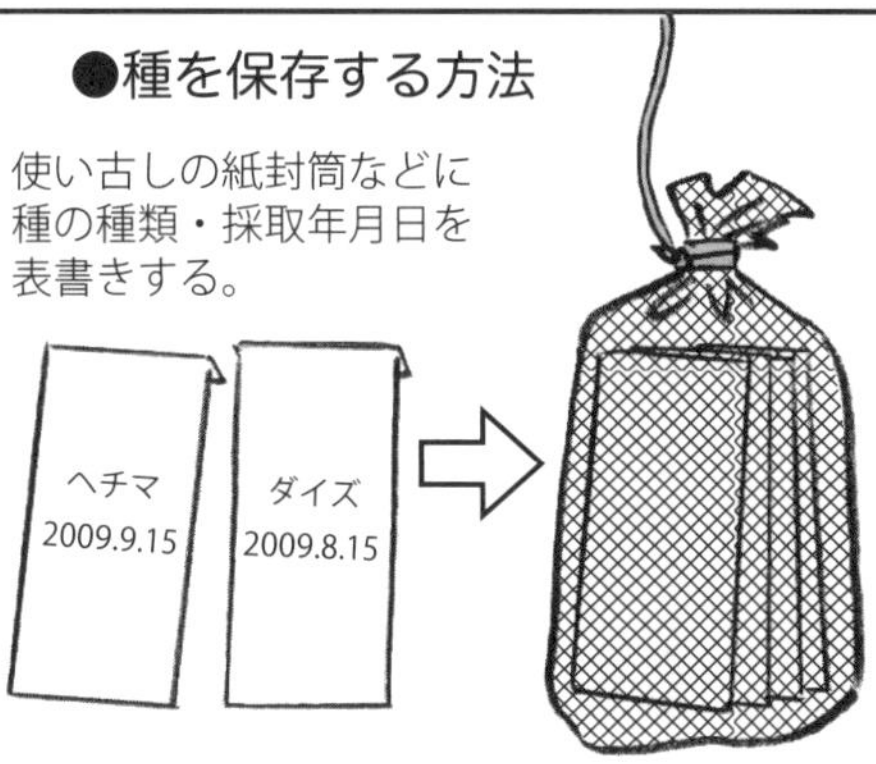
ヘチマ
2009.9.15
ダイズ
2009.8.15

タマネギやミカンのネットに入れて口をしばり、冷暗所につるして保存。

花の観察や収穫を夏休み明けにしたい場合は、種まきの時期を少し遅らせて、夏休み後も、成長や変化を観察できるようにします。

前年度に採取した種で学ぶ命の循環

種苗店で販売されている種は、一般に、育てやすいように品種交配されていたり、病気などにかからないように薬品処理されていたりします。だから、買った種のほうが失敗は少ないのですが、育てた草花や作物も種を結び、その種をまけば、また育つという命の循環を、子どもたちに実感させるには、前年度に栽培した草花・作物の種を、次年度もふたたび栽培活動に使うという方法もあります。

種を引き継いで栽培しやすいものには、次のようなものがあります。

【草花】

マリーゴールド、コスモス、ヒマワリ、スイートピー、アサガオ、ヒャクニチソウ、サルビア、ケイトウ

【作物】

ニガウリ、ヘチマ、エンドウ、ラッカセイ、アブラナ、カボチャ

採取した種は、よく乾燥させて、種の種類・採取年月日を表書きした封筒に入れて、風通しのよい冷暗所に保管しておきます。

5月の適期作業をめざして発芽に失敗

2 〔初夏〕やる気をくじく発芽の失敗を防ぐ

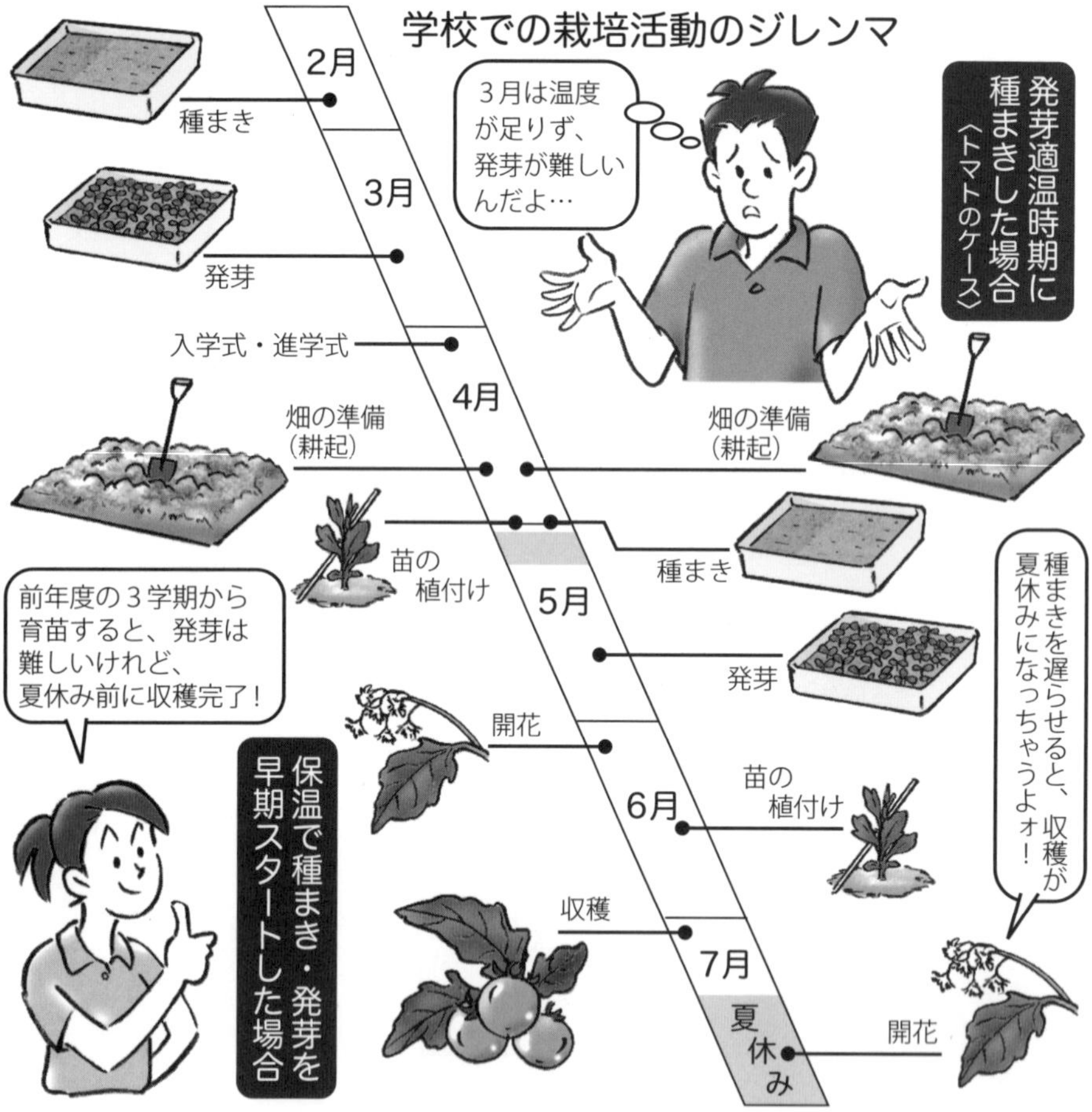
学校での栽培活動のジレンマ
2月
3月
4月
5月
6月
7月
夏休み
種まき
発芽
入学式・進学式
畑の準備（耕起）
苗の植付け
開花
収穫
前年度の３学期から育苗すると、発芽は難しいけれど、夏休み前に収穫完了！
保温で種まき・発芽を早期スタートした場合
3月は温度が足りず、発芽が難しいんだよ…
発芽適温時期に種まきした場合〈トマトのケース〉
畑の準備（耕起）
種まき
発芽
苗の植付け
開花
種まきを遅らせると、収穫が夏休みになっちゃうよォ！

適期に間に合わせようとして発芽に失敗

五月上旬の種まき・苗の植付けをめざして、失敗することがあります。新学期早々、あるいはそれより前に種まきして、育苗する場合です。発芽に必要な温度が足りずに、発芽しないことがあるからです。

草花や作物の種の発芽適温は、種類によって異なりますが、おおよそ二〇度くらいです。発芽を促すスイッチは、湿り気（水分）だけでなく、温度変化も必要な場合が多いのです。サルビア、ニガウリ、ヘチマなど、ものによっては二〇～二五度の温度を必要とする種もあります。新学期早々、あるいはその前の気温は、まだまだ冷涼な日が多く、発芽適温には届かないことが多いのです。

種まきを遅らせれば発芽率は高まりますが、それでは夏休み前に、開花を観察し、収穫を楽しむことができなくなるのです。ここに学校で栽培活動をする場合のジレンマがあります。無理をせず、苗を購入すれば確実ではあります。

育苗箱・プランターを保温して育苗する工夫

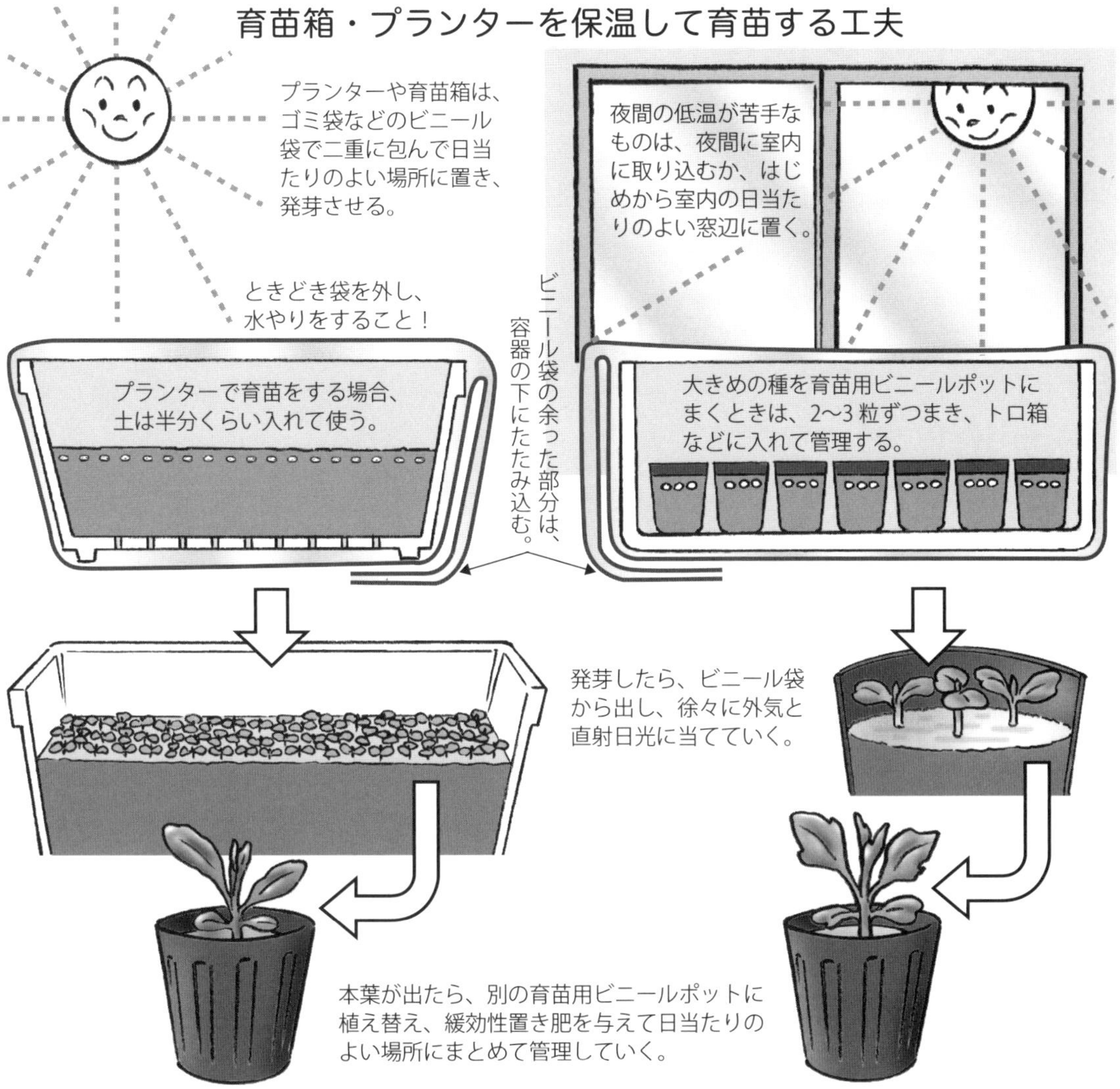

プランターや育苗箱は、ゴミ袋などのビニール袋で二重に包んで日当たりのよい場所に置き、発芽させる。

夜間の低温が苦手なものは、夜間に室内に取り込むか、はじめから室内の日当たりのよい窓辺に置く。

ときどき袋を外し、水やりをすること！

ビニール袋の余った部分は、容器の下にたたみ込む。

プランターで育苗をする場合、土は半分くらい入れて使う。

大きめの種を育苗用ビニールポットにまくときは、2〜3粒ずつまき、トロ箱などに入れて管理する。

発芽したら、ビニール袋から出し、徐々に外気と直射日光に当てていく。

本葉が出たら、別の育苗用ビニールポットに植え替え、緩効性置き肥を与えて日当たりのよい場所にまとめて管理していく。

保温の工夫で発芽率が格段にアップ

しかし、この時期に、種から苗を育てても、発芽の失敗を少なくする工夫があります。

種まきから苗を育てる場合、育苗箱やプランター（土を半分くらい入れて使う）を使うことが多いのですが、これらを透明のビニール袋（ゴミ袋など）で包んで、日当たりのよい場所に置いて、保温して発芽させるのです。二重に包めば、夜間の保温効果もあります。昼間の日照で種まきした土の温度は、適温かそれ以上の温度になります。たいていの種ならば、この方法で発芽率が格段にアップするはずです。ときどき袋を外して水やりをします。袋の上から小さな穴をいくつかあけて通気をよくしておけば、袋の上からでも水やりができます。

種によって、夜間も温度管理が必要なものは、夜間だけ室内に取り込むか、はじめから室内の日当たりのよい窓際などに置きます。

発芽したら、徐々に外気と日光に当て、追肥をして丈夫な苗に育てていきます。このまま育苗箱で密植させたままにしておくと、苗はモヤシ状態になってしまうので、本葉が出たら別の育苗用のビニールポットに植え替えて管理するようにします。

よくある種にかける土の厚さの勘違い

種にかける土の厚さの目安

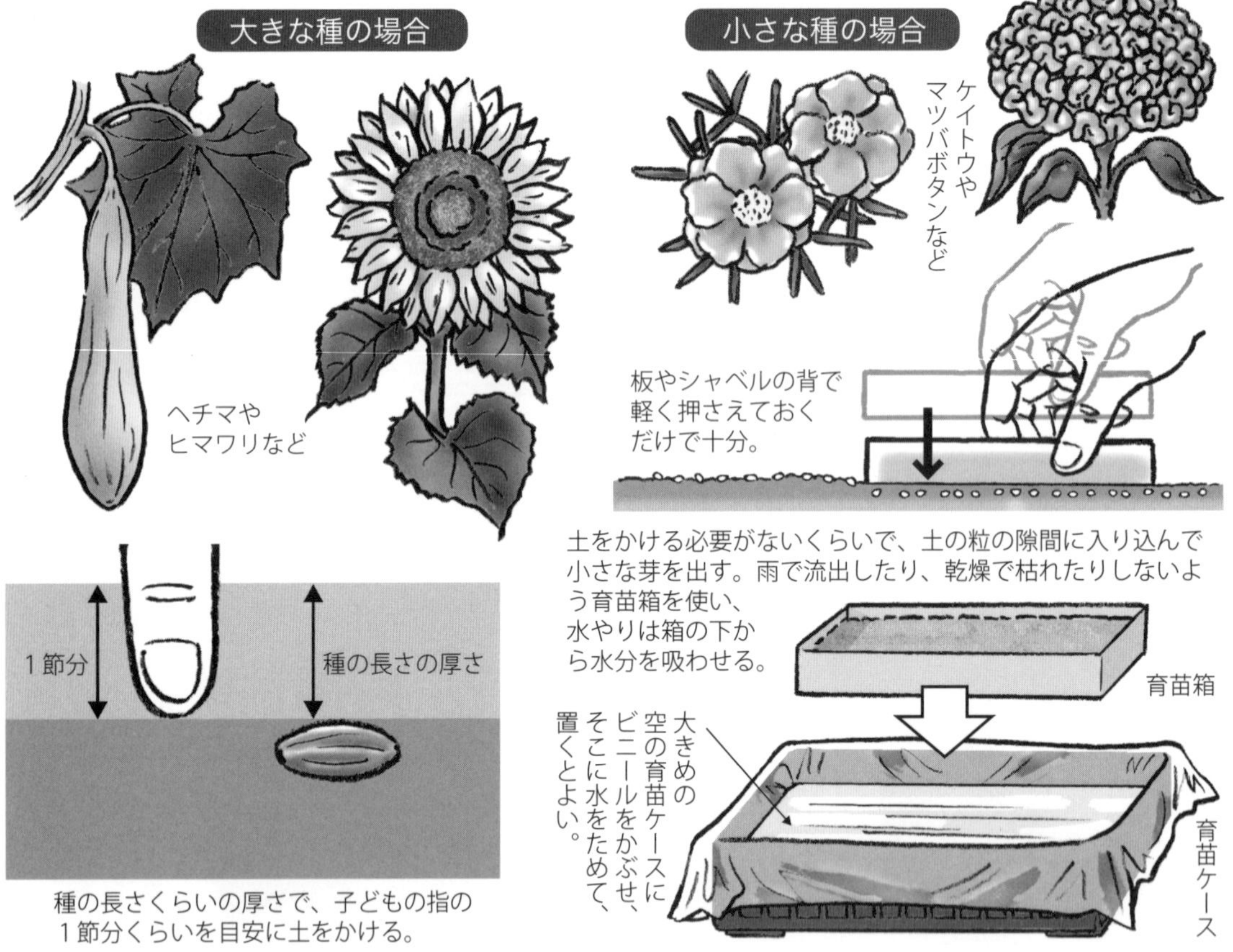

大きな種の場合
ヘチマやヒマワリなど
1節分
種の長さの厚さ
種の長さくらいの厚さで、子どもの指の1節分くらいを目安に土をかける。
小さな種の場合
ケイトウやマツバボタンなど
板やシャベルの背で軽く押さえておくだけで十分。
土をかける必要がないくらいで、土の粒の隙間に入り込んで小さな芽を出す。雨で流出したり、乾燥で枯れたりしないよう育苗箱を使い、水やりは箱の下から水分を吸わせる。
育苗箱
大きめの空の育苗ケースにビニールをかぶせ、そこに水をためて、置くとよい。
育苗ケース

深すぎても浅すぎてもいけない土の厚さ

よくある発芽の失敗として、種にかける土の厚さが適当でない場合があります。

雑草と違って、栽培植物はひ弱な性質をもっているものが多いので、土をかけて、発芽条件（空気・水分・温度など）をよくしておく必要があります。しかし、土をかけるとき、その厚さが適当でないと、芽を出そうとしても地表に届かずにダウンしてしまったり、地表に出過ぎて乾燥のため枯れてしまったりすることがあります。

種の上にかける適当な土の厚さは、基本的には「種の長さと同じ厚さの土をかける」ことです。深すぎても浅すぎてもいけません。

種にかける土の厚さの目安

【大きな種の場合】　ヒマワリ、ヘチマなどの大きな種は、種の長さくらいの厚さの土をかぶせます。目安としては、子どもの指の一節分くらいの厚さです。

【小さな種の場合】　土をかける必要がないくらいで、種まき後に表面をシャベルの背中や板などで軽くたたき、押さえておくだけで十分です。土の粒子の隙間に小さな種が入り込んで、そこから発芽してきます。

種まき直後に土を押さえつけるのは、土の

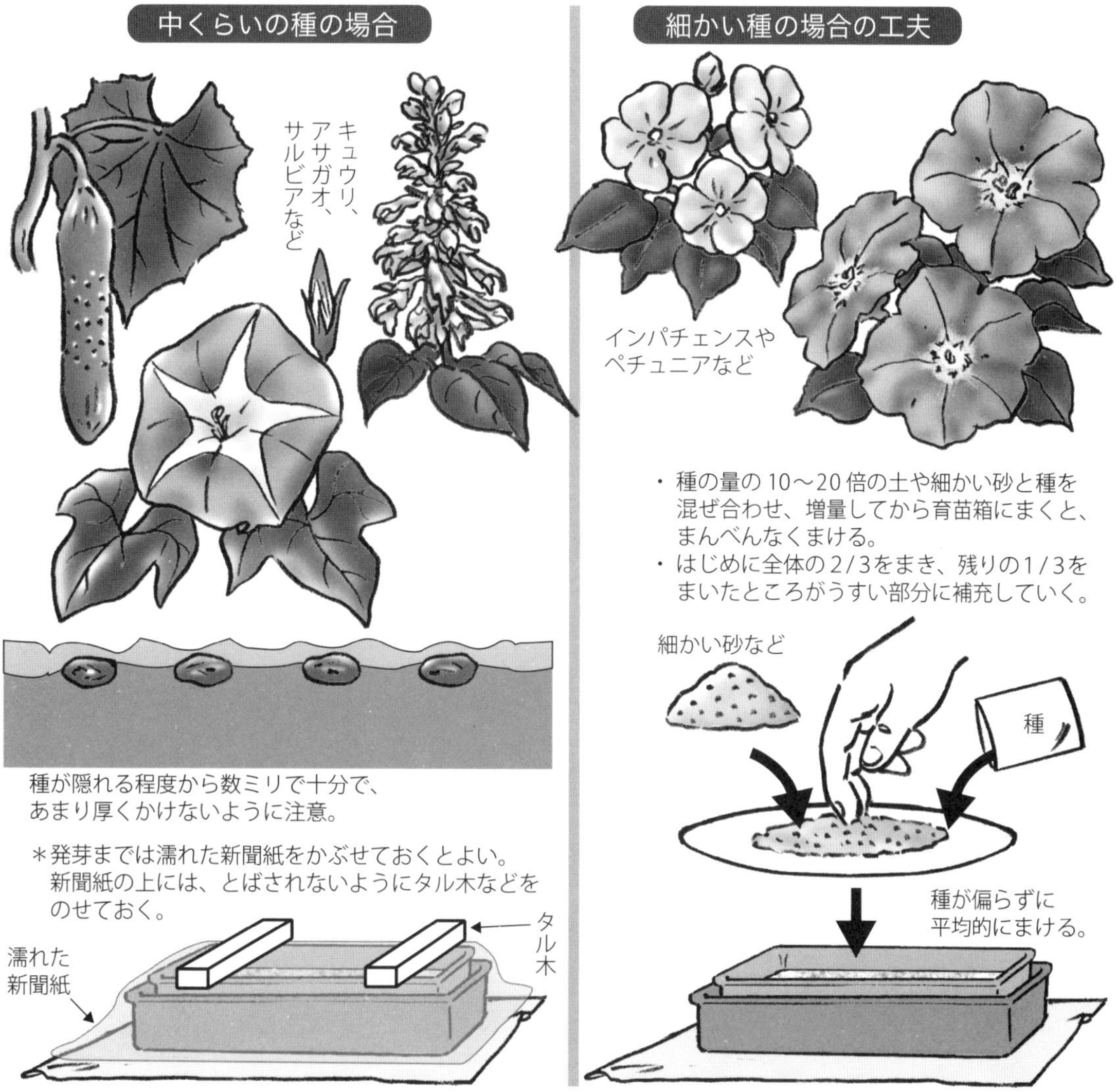
中くらいの種の場合
キュウリ、アサガオ、サルビアなど
種が隠れる程度から数ミリで十分で、
あまり厚くかけないように注意。
＊発芽までは濡れた新聞紙をかぶせておくとよい。
新聞紙の上には、とばされないようにタル木などをのせておく。
濡れた新聞紙
タル木
細かい種の場合の工夫
インパチェンスやペチュニアなど
・種の量の10～20倍の土や細かい砂と種を混ぜ合わせ、増量してから育苗箱にまくと、まんべんなくまける。
・はじめに全体の2/3をまき、残りの1/3をまいたところがうすい部分に補充していく。
細かい砂など
種
種が偏らずに平均的にまける。

表面の乾燥を防ぐだけでなく、雨などによって種が流れ去るのを防ぐ効果があります。

育苗箱で育苗する場合、土の表面が乾くので、濡れた新聞紙をかぶせるか、空の育苗箱を逆さにかぶせて、発芽まで待ちます。

ニンジンなどで、夏の乾燥する時期に畑に直接種をまく場合は、敷きワラを薄くかけておくと、保水ができます。

【中ぐらいの大きさの種、もっと細かい種】

「種の長さと同じ厚さの土をかける」という原則を、中ぐらいの大きさの種（キュウリ、アサガオ、サルビアなど）に当てはめると、かぶせる土は種が隠れる程度から数ミリで十分です。あまり厚くかけないように注意。

ペチュニア、インパチェンスなど、大変細かい種は、上に土をかけると発芽できなくなります。種が細かすぎるので、いくら気をつけて均一にまこうとしても、偏ったり一部に固まってこぼれたりして、密植状態になってしまいます。このように細かい種の場合は、種まきのときに、あらかじめ種の量の一〇～二〇倍の土や細かい砂と種とをよくかき混ぜて、増量してから育苗箱にまくと、箱の中で細かい種が偏らずに、平均に分散させてまくことができます。

発芽に失敗する意外な落とし穴

種の表皮が固くて発芽に失敗

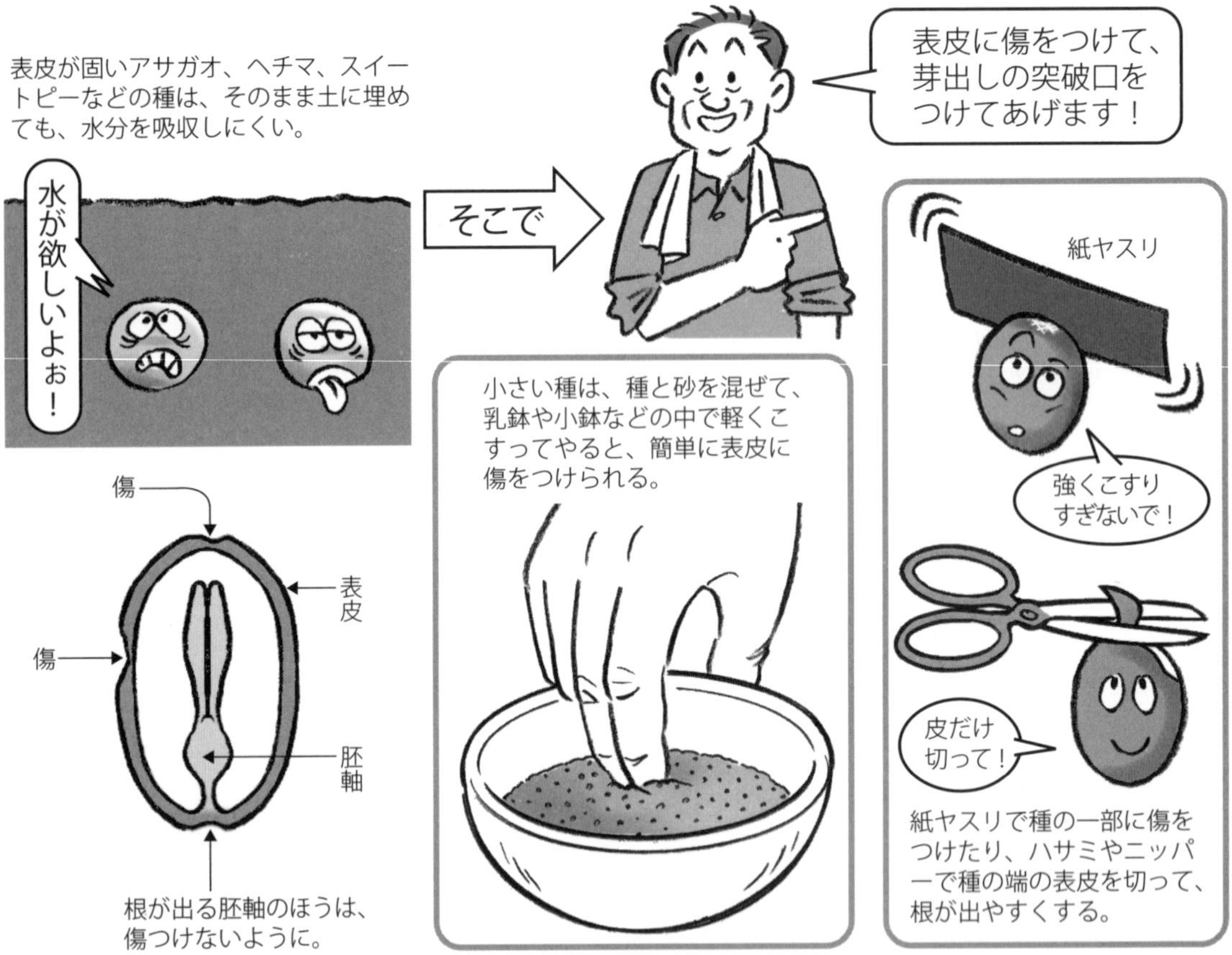

表皮が固いアサガオ、ヘチマ、スイートピーなどの種は、そのまま土に埋めても、水分を吸収しにくい。
水が欲しいよぉ！
そこで
表皮に傷をつけて、芽出しの突破口をつけてあげます！
傷
表皮
傷
胚軸
根が出る胚軸のほうは、傷つけないように。
小さい種は、種と砂を混ぜて、乳鉢や小鉢などの中で軽くこすってやると、簡単に表皮に傷をつけられる。
紙ヤスリ
強くこすりすぎないで！
皮だけ切って！
紙ヤスリで種の一部に傷をつけたり、ハサミやニッパーで種の端の表皮を切って、根が出やすくする。

表皮に傷をつけて芽出しの突破口に

種が発芽しない第二の原因は、種の表皮が固く、水分の吸収が思うようにいかなくて、発芽できないことも考えられます。

時間をかければ、土の中で表皮が柔らかくなって発芽するのですが、これでは適期の栽培に間に合わないことがあります。

アサガオ、ヘチマ、スイートピーなど、固い表皮の種が発芽しにくいことがあるので、これらの種まきの際には、ちょっとした工夫が発芽率を高めることになります。

表皮に傷をつけて、芽出しの突破口をつけてあげるのです。大きい種の場合は、根が出る胚軸のほうに傷をつけないようにし、胚軸の反対側を傷つけるように気をつけます。紙ヤスリで種の一部に傷をつける、ハサミやニッパーで種の端の表皮を少し切って根が出やすくする、などの方法があります。

小さい種は、種と砂を混ぜて、乳鉢や小鉢などの中で軽くこすってあげると、簡単に表皮に傷をつけられます。

スイートピーなどの大きな種は、表皮を傷つけた後、平皿などにティッシュペーパーや脱脂綿を敷き、その上に種を並べ、種の直径の半分まで水を入れ、種の上部を空気に触れ

土をかけてしまって発芽に失敗！

土をかけると発芽しない種もあるので注意！
（トレニア、秋まきパンジーなど）
これらの種は、水分、温度の条件が整い、さらに土の粒の隙間からの弱い光に当たってから芽が出る。

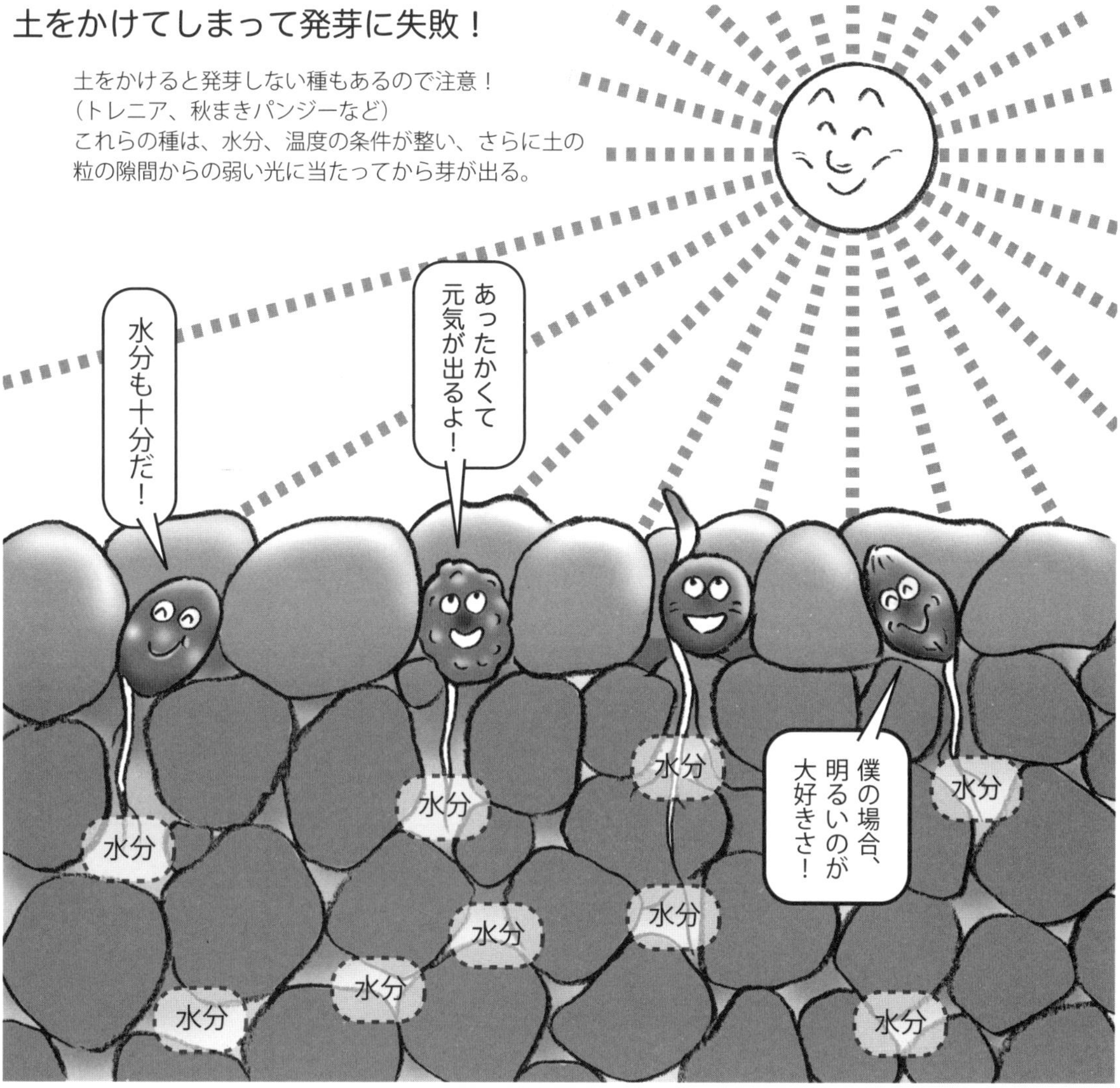
僕の場合、明るいのが大好きさ！
あったかくて元気が出るよ！
水分も十分だ！
水分
水分
水分
水分
水分
水分
水分
水分
水分

させておきます。種は表皮の隙間から水分を吸い込み、一晩程度で急速にふくらみます。このふくらんだ種をビニールポットなどにまけば、確実に発芽させることができます。

発芽に光が必要なものもある

種が発芽しない第三の原因は、種に土をかけたことである場合があります。種によっては、土をかけると発芽しないものがあります。つまり、この場合、種の発芽には光が必要で、光に当たることが発芽条件となっています。

「えっ、そんな条件は教科書で教えないよ」とおっしゃる方、もっともです。光に当たることは、全ての種に共通の条件ではなく、そういう特殊な種類もあるということなのです。

自然界の植物をよくみると、人間が種まきをしなくても自然のまま放置しておけばよく発芽するという種が、ものすごくたくさんあります。雑草類は、みなそうです。自然界の樹木の種もそうです。種が飛び散った後、土の粒子の隙間に隠れて発芽適期が来るのをじっと待っていたり、弱い光が当たり適当な水分が保持されているほかの植物の根元などで芽を出したりする植物がほとんどです。土をかぶせなければいけないという種は、むしろ例外ともいえるのです。

水やりの失敗で発芽しないこともある

プール育苗のやり方

ブロックの囲いにビニールをかぶせ、くぼみに水をはってプールをつくる。その中に種まきした育苗箱を置いて水分を吸い上げさせる。

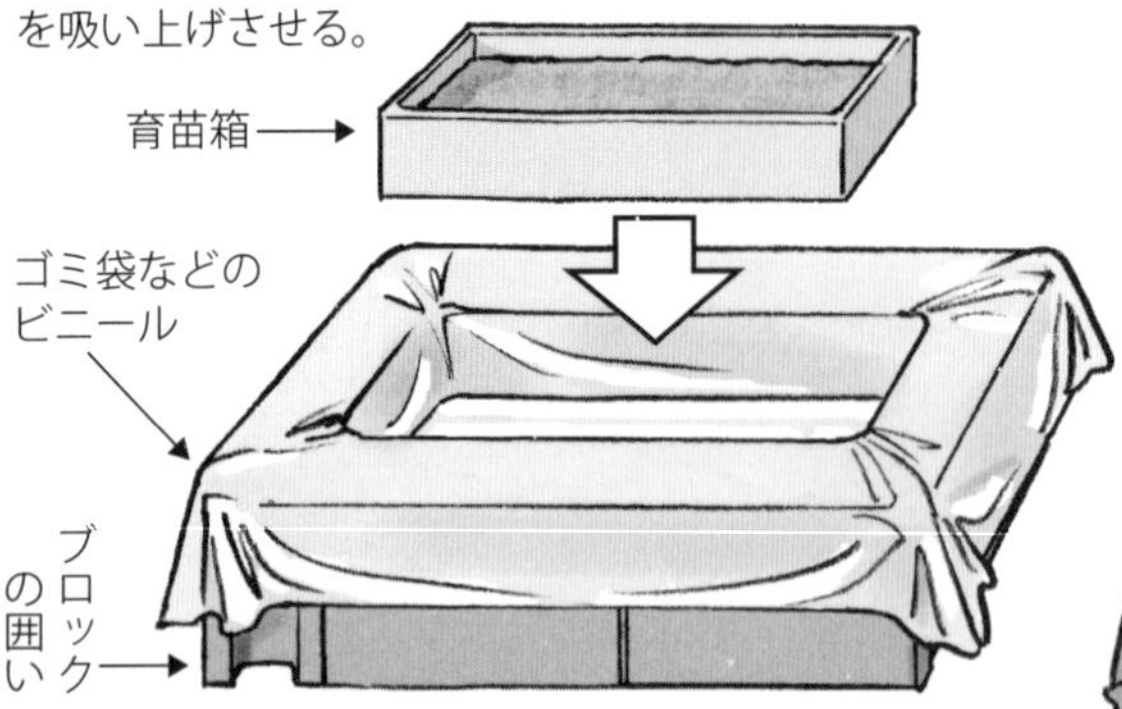

育苗箱
ゴミ袋などのビニール
ブロックの囲い

プロの種まきワザ

農家の人たちは、種まき後、クワや板などで土を押さえたり、上からたたいて、雨による種の流出や表土の乾燥を防いで種の水分吸収を助けている。
＊学校園では、シャベルを使ってみよう！

直まきの種が雨で流失しないよう工夫されてきたんだよ！

種まき後の強い雨や乾燥は禁物

学校園では苗を別の所で育ててから、植え替えたほうが確実。

強い雨で、学校園に直まきした種や、芽が出た苗が流れる。
育苗箱で芽出ししてから丈夫に育て、学校園に植え替えた苗は雨に流されにくい。

種が発芽しないのは、種まき後に強い雨に打たれたり、水を強くかけすぎたりして、せっかく芽を出そうとした種が、流れてしまったことも考えられます。

また、反対に、水やりを忘れたり、水やりの間隔が長時間あいたりして、種が発芽しようとしたときに水分が不足すると、発芽直後の種は枯れてしまいます。その後は、いくら水をあげても、新たに発芽しません。

プール状態で水やりすれば種は流れない

育苗箱で育苗する場合、激しい水やりをしたりすることは禁物です。特に、細かい種の場合は、育苗箱の上から水をかけるのではなく、育苗箱の下から水を吸わせます。

空の育苗箱か苗のケースにビニール（ゴミ袋など）を敷き、水を張ってプール状態にします。その上に、種まきをした育苗箱を、静かに浮かべれば、ゆっくりと下から水分がしみ込んでいき、種が流失することはありません。発芽した後は、下の育苗箱を外さないと、通気性が悪くなるので注意します。

シャベルで土を押さえて流失を防ぐ

学校園に直接種まきをするのは、大きな種、丈夫な種に限ったほうが賢明です。どうしても、直接、種まきをする場合は、種まきをし

種まきした育苗箱への水やりは毎日かかさずに！

各自の鉢栽培では、子どもたち自身に水やりの管理をさせるため、手づくりのペットボトル・ジョウロを靴箱内に置かせて、栽培の意識を持たせるとよい。

つくり方は、ペットボトルのふたに、数ヵ所穴をあけて、ボトルにつけるだけで完成！

千枚通しやキリで穴をあける。

せっかく芽が出ても、水やりを忘れては苗も息絶え絶えとなり、乾燥で枯れてしまう。

育苗箱や学校園への水やりは、子どもたちの水やり当番を決め、学級用ジョウロを昇降口の靴箱の上などに用意しておくとよい。

たっぷりお水をあげなくちゃ！

昨日は日曜日だったしね！

4-1
4-2
4-1

たウネの表面をシャベル（クワ）の背中や板などでたたき、土を押さえつけておきます。こうすることで、雨による種の流失や乾燥を防ぎ、種が発芽するまでの水分吸収を助けることができます。

発芽するまでの一週間くらい、種まきをしたウネに薄く敷きワラをのせておくと、さらに乾燥防止効果があります。発芽後は、日光に当てるため、敷きワラを外してあげます。

子どもが水やりを忘れない工夫

種まき後は、毎日、定期的に水やりをする必要があります。この時期の乾燥は、種にとって命取りです。発芽したら、徐々に水やりのインターバルをあけていきますが、生育の様子を見ながら水やりします。

子どもの個人用の鉢栽培では、各自に責任を持たせて水やりを行なわせます。そのため、手づくりのペットボトル・ジョウロを靴箱内に置き、登校したらすぐに水やりを行なうよう、習慣をつけましょう。

育苗箱や学校園への水やりは、子どもたちの水やり当番を決めて、交代で行なわせるとよいでしょう。学級用のジョウロを、昇降口の靴箱の上などに用意しておくと便利です。

発芽に失敗してもとり戻す方法

1・2年生　生活科

夏咲き草花のほとんどは、6月上旬でも種まきができる。
7月から種まき可能なものは、夏休み明けから開花する。

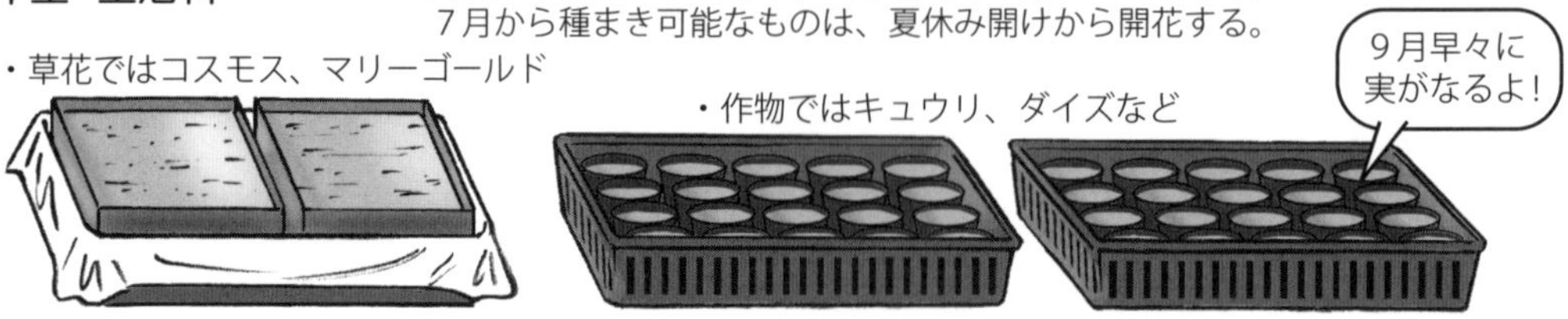
・草花ではコスモス、マリーゴールド
・作物ではキュウリ、ダイズなど
9月早々に実がなるよ!

3年生　理科「身近な自然の観察」

6月以降では、身近な動植物の観察などを。

春キャベツっておいしいんだ!

4年生　理科「季節と生物」

6月以降の季節の変化に伴う教材は、種まきからスタートできるものを選ぶが、苗を購入してすぐに植え付けるのも一手。

キュウリとヘチマは種まきできたけれど、ニガウリとヒョウタンは苗を買ったの。
先生、準備バッチリだね!

六月からのスタートも可能

五月にまいた種がどうしても発芽しない場合、六月から栽培活動をスタートすることも可能です。ただし、作物の種類を変更したり、学習活動の内容や方法を工夫したりするなど、変化に対応することが必要です。

適期に合わせた種類を選定し直す

【一・二年生　生活科】　開花は少し遅れますが、たいていの夏咲き草花は、六月上旬の種まきからの栽培でも十分間に合います。七月になってからでも種まきが可能なものは、夏休み以降に開花するコスモス、マリーゴールドなど、いくつかの種類があります。作物でも、キュウリ、ダイズなど、六月以降から栽培をはじめるものは多いのです。

【三年生　理科「身近な自然の観察」】　六月以降の季節に応じた自然の観察ならば、教科書の例示とは違っても、学習指導要領の内容を扱える教材がたくさんあります。身近な植物教材や動物教材を探せば、この単元も学習には困りません。

【四年生　理科「季節と生物」】　六月以降の季節の変化に伴う教材を扱えばよいのです。ヘチマ、ヒョウタン、キュウリなど、これからの時期であっても、種からの生育が可能で

5年生　理科「植物の発芽、成長、結実」

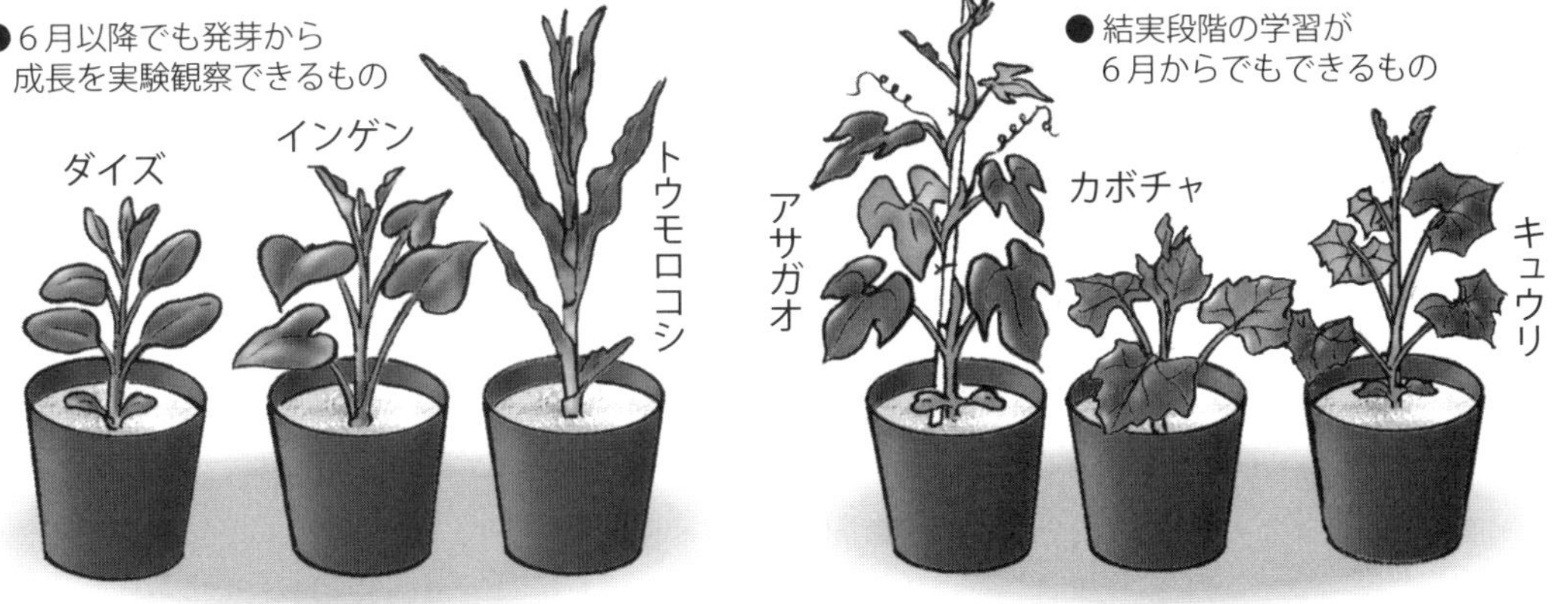
●６月以降でも発芽から
成長を実験観察できるもの
ダイズ
インゲン
トウモロコシ
●結実段階の学習が
６月からでもできるもの
アサガオ
カボチャ
キュウリ

6年生　理科「植物の養分と水の通り道」

●校庭の植物や野草を教材に、観察学習をする
６月はミズキもアジサイもたっぷり水を吸い上げて、ぐんぐん伸びたり、花をたくさん咲かせてるんだね！
ヤマイモのつるがあったぞ！きっと長い根っこにデンプンを集めているはず…

あり、成長の様子の観察時期は、夏休み以降となるので、ちょうどよいのです。種からの栽培が心配なら、近くの園芸店に残っているヘチマ、ヒョウタン、ニガウリなどの苗を購入して、すぐに植付けするとよいでしょう。

【五年生　理科「植物の発芽、成長、結実」】

ダイズやインゲンでの発芽から成長までの実験・観察の学習は、六月以降でも大丈夫。トウモロコシも可能。結実の段階での学習のために、一般にアサガオやカボチャが利用されていますが、六月からでも何とか可能です。しかし、学習時期が少し遅れるので、学校カリキュラムで予定していた時期に扱うのならば、種類を変更してキュウリにするとよいでしょう。六月以降の種まきでも、成長が早く、大量の花や実が確保されるので、実験・観察に向いているからです。

【六年生　理科「植物の養分と水の通り道」】

ジャガイモ栽培の場合、九月初旬の植付けでも栽培が可能な地域は多いのです。ただし、六月の学習には間に合わないので、その時期の教材は、野草や校庭の各種植物を活用します。植物体内の水の行方の観察や、日光によりデンプンができることの観察に向いている植物はたくさんあるからです。

夏休みの雑草とり・水やりの手間を省くための知恵

夏休み前の雑草とり　雑草がまだ増えてなく、伸びてもいないので、作業がラクに行なえる。

雑草が小さいから、簡単にとれるよ！
残暑
まだまだ暑いし、はかどらないし、きついなぁ！
雑草まで大株になっちゃって…

夏休み明けの雑草とり　雑草は次から次に発生して、はびこっている。

雑草が少なくなる夏休み前の雑草とり

雑草は、夏休み中に旺盛に生育して、多くの種をつけ、学校園にその種をまき散らします。夏休み前は忙しいので、二学期になってから雑草とりをする学校が多いようですが、これでは夏休み中に土にまかれた雑草の種が次々に発芽して、雑草とりの効果が上がりません。

種まき・苗の植付けの適期が、五月・九月だとすれば、雑草とりの適期は、雑草が生育する前の、夏休み前です。多少忙しくても、この時期に雑草とりをすれば、その後の手間をだいぶ省くことができます。

夏休み前の雑草とりを根気強く継続していくと、土の中の雑草の種が少なくなっていくので、学校園が雑草園になるようなことは、目に見えて少なくなるでしょう。

もちろん、とり忘れた雑草の種をこぼさないように、夏休み中に成長して目立ってくる雑草は、気がついたらとるように注意する必要があります。

常緑樹の落ち葉を作物の株元に敷く

カシ、サンゴジュ、モチノキ、キンモクセイなど、常緑樹の落ち葉を敷くと、株元の日射しをやわらげ、その下の水分の蒸散も防ぐだけでなく、雑草の種の発芽も抑えてくれる。

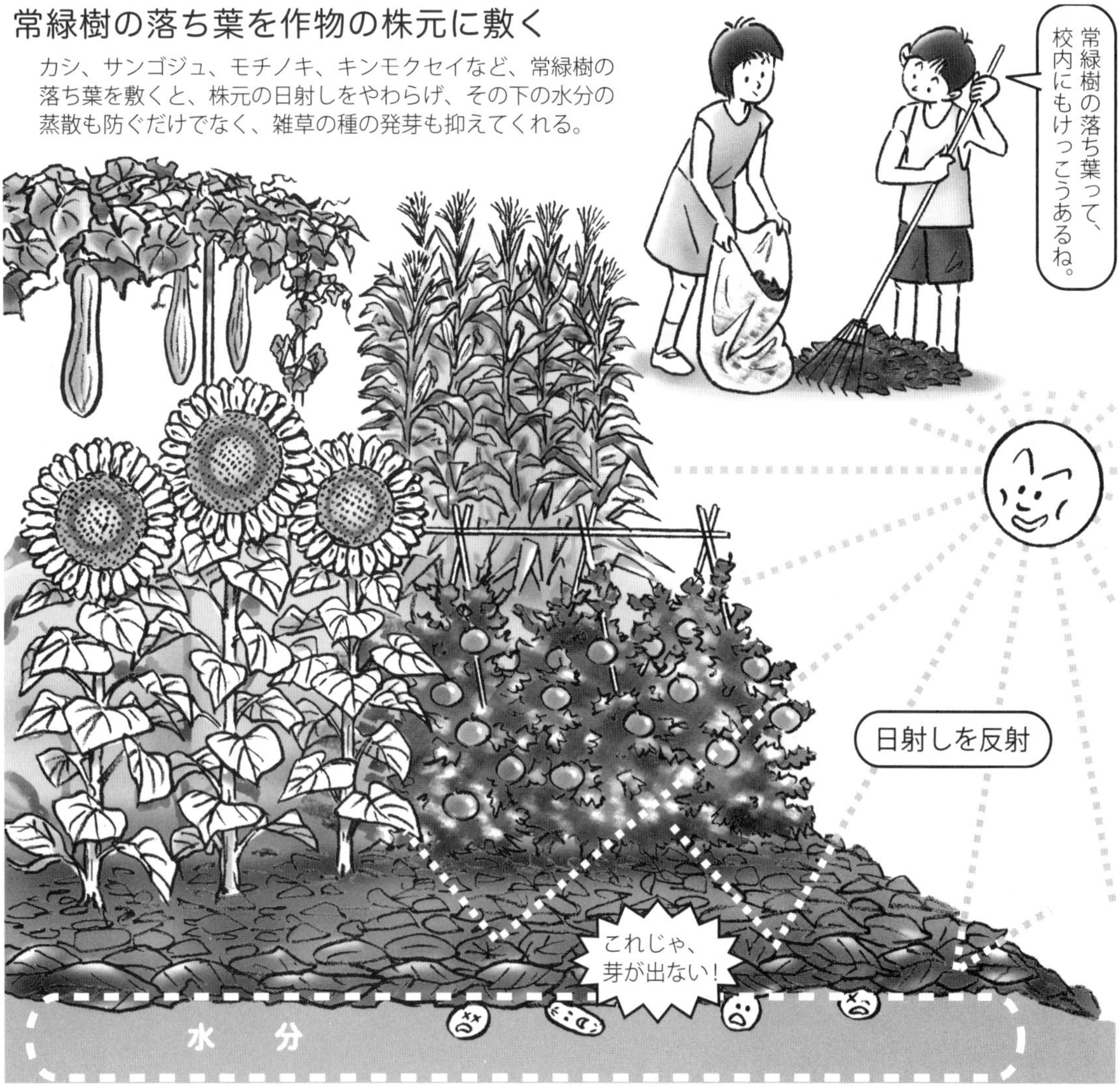
常緑樹の落ち葉って、校内にもけっこうあるね。
日射しを反射
これじゃ、芽が出ない！
水　分

「常緑樹の落ち葉マルチ」で一石三鳥

夏休み中の学校園が乾燥すると、作物の生育が悪くなります。最近の夏休みは、何かと忙しいので、つい学校園への水やりを忘れがちではないでしょうか。

この夏休み中の乾燥から作物を守ってくれる助っ人が、「常緑樹の落ち葉マルチ」です。学校や公園などには、冬の間も緑が絶えないように、常緑樹がかなり多く植えられていますが、この常緑樹の落ち葉を夏休み前に集めて、作物の株元やウネの隙間に敷きつめておくのです。

落ち葉の季節は、梅雨と晩秋の年二回あります。晩秋の落ち葉は、落葉樹の落ち葉ですが、梅雨には、常緑樹が古い葉を落とします。この常緑樹の落ち葉を集めて、夏休みに入るまでに、落ち葉マルチとして学校園を覆えば、夏休み中の強い日射しによる乾燥から作物を守ることができるのです。

夏休み後も、この落ち葉マルチをそのままにしておけば、腐葉土となります。次の栽培の前に土に混ぜ込んで使います。常緑樹の落ち葉マルチは、乾燥から守る、腐葉土となる、さらに、日光をさえぎって雑草の芽が出るのを防ぐという、三つの効果があるのです。

夏休みを乗り切るための体制づくり

夏休み前に栽培活動を終えられる作物・草花

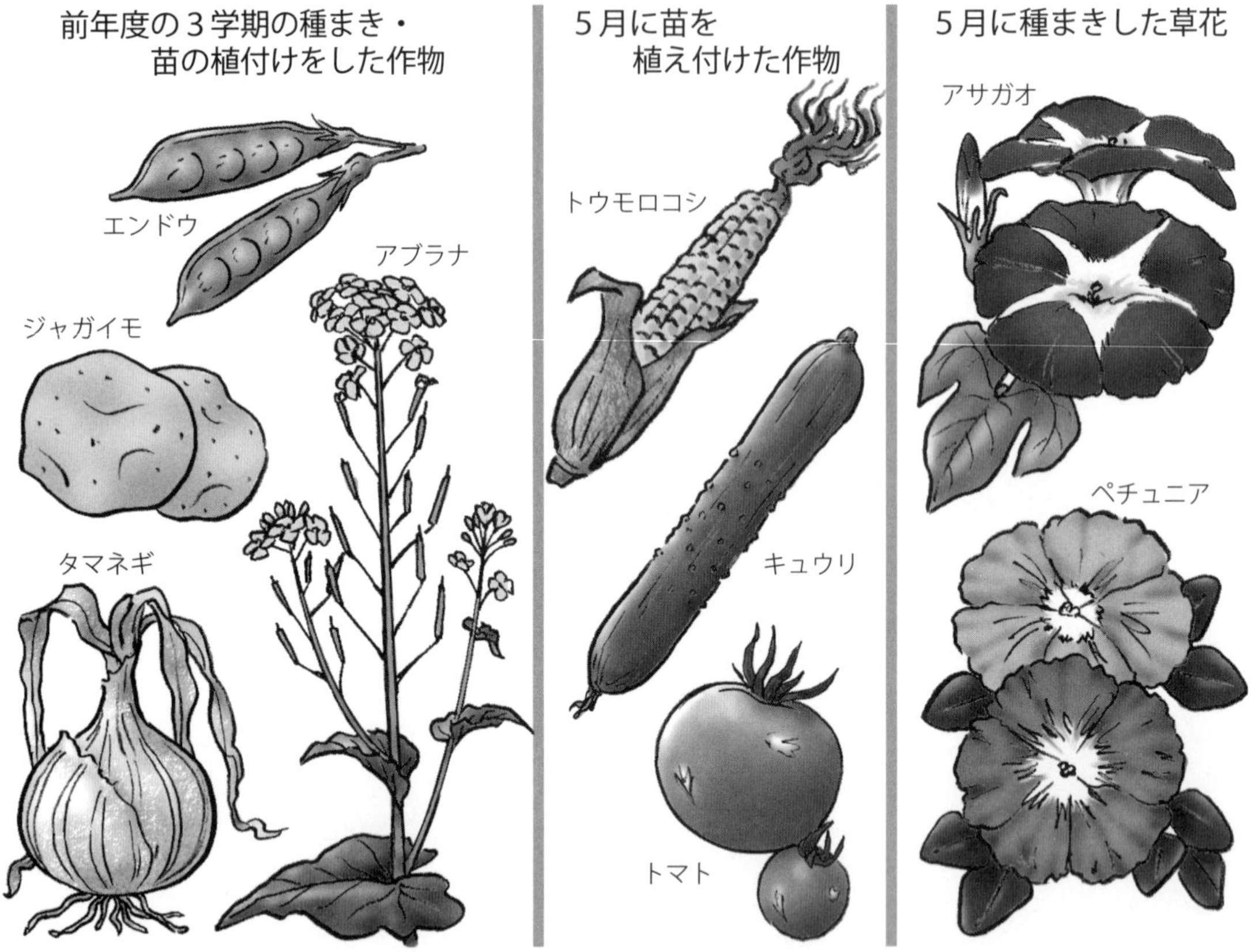
前年度の３学期の種まき・
苗の植付けをした作物
エンドウ
アブラナ
ジャガイモ
タマネギ
５月に苗を
植え付けた作物
トウモロコシ
キュウリ
トマト
５月に種まきした草花
アサガオ
ペチュニア

夏休みまでに栽培を終わらせるのが一番

難しい夏休みの栽培活動を乗り切るには、当たり前と思うかもしれませんが、夏休みまでに、収穫や観察・観賞を終わらせ、栽培活動と並行して進めている学習もしめくくりまで進めておくことが一番です。

ジャガイモ、タマネギ、エンドウ、アブラナなどは、前年度の三学期に種まき・植付けをしておけば、夏休み前に収穫を終わらせることが可能です。五月に苗を植え付けた作物も、世話がよければ、トマト、キュウリなどは、夏休み前に収穫の最盛期を迎えることができます。

草花類もアサガオ、ペチュニアなど、成長が早いものは、夏休み前までに花を見ることができます。

夏休みを乗り切るための休み前の手配

栽培活動が夏休みに掛ってしまう場合、プランターや鉢を子どもたちに持ち帰らせ、夏休み中の観察や世話を宿題にすることはよくあるでしょう。しかし、家に持ち帰らせれば大丈夫と思ってはいけません。どういう世話が必要で、どのような点で家の人の協力が必要かを、学級通信などで、子どもと保護者にていねいに伝えておく必要があります。

夏休みの栽培活動を乗り切るこんな工夫

●プールで水泳の後に学校園の世話を！
練習終わったから すぐ行くよ！
●親子で学校園の世話を提案！
お父さんが手伝ってくれれば、雑草とりも楽勝だね！
これも夏休みのいい思い出になるね。
●地域のボランティアの方々に協力を依頼！
朝夕の涼しい間にやるからラクだよ。
夏休みの間水やりしてくれて、おじさん、ありがとう！

学級園での栽培活動は、以上のような家への持ち帰りができません。サツマイモ、ニガウリ、ラッカセイなどや、夏休みに入るまでにしっかりと成長した草花などは、あまり手がかからず、自然のまま放置しておいても大丈夫ですが、夏休み中に手がかからない作物は、ほとんどないと言ってもよいでしょう。

そこで、56頁に書いたように作業を工夫して、雑草とり・水やりの手間を省くほかに、夏休みを乗り切るための次のような手配をしておくとよいでしょう。

①観察や世話のため登校できる子どもを事前に確認し、仕事内容を書いた当番表をつくる。

②プール開放の日は、帰りに学級園の作物を世話するように、子どもと約束しておく。

③夏休み中、一～二回は、子どもが保護者と一緒に登校し、学校園の作物を世話し観察するように、計画を立てておく。

④学級のPTA役員、地域のボランティアさんなどにお願いし、早朝に、夏休み中の作物への水やりができるようにしておく。

⑤学年の職員による世話の当番を決めておく。学校園の作物をチームの連携力で世話していくわけです。

夏の栽培活動をやる気にさせる工夫

子どもたちの収穫が
プラス効果を生む
わが子の手づくり…
お店で買うのよりも、
おいしく感じちゃう！
持ち帰って
家庭で賞味
わたしたちがつくったの！
なかなかおいしいでしょ。
おねえちゃん
すごいねぇ！
収穫物のお礼で、
ボランティアの方々
の協力意欲が倍増！
子どもたちの
つくった野菜です！
こりゃあ
どうも！
親子での栽培参加も
大いに期待できる
なんだか
家庭菜園
みたいね！

収穫を持ち帰れば世話が楽しみに

夏休みには、子どもにとって楽しいことがいっぱいあるので、学校園の作物への関心は二の次になって当たり前。暑いなかをわざわざ登校するのは、誰だって嫌になってしまうものです。

ところが、学校園の作物の世話を、教師も子どもも待ち望むようになる工夫があるのです。それは、学校園で収穫した作物を持ち帰ることです。新鮮な夏野菜などを、タダで手に入れることができるのですから、誰もが喜んで作物の世話に来るようになること請け合いです。

収穫の分け前はルールを決めて

ただし、学校園の収穫物は、八百屋の店先のように豊富にあるわけではありません。大勢の人が殺到すると、すぐになくなってしまいます。そこで、持ち帰ってよい作物の数量を作業とセットにするなどのルールづくりが必要になってきます。

たとえば、「学校園の全ての作物に水やりをしたらミニトマトを五個まで持ち帰ることができる」「学校園の雑草を三〇本抜いたら、キュウリまたはナスを一個持ち帰ることができる」というようなルールを決めておくとよ

子どもたちの登校日が集中しないように！

夏休み中の登校日に、子どもたちがまんべんなく来るように、カレンダーの日程表に記入しておく。

早めに登校しちゃおう！
8月
日 月 火 水 木 金 土
1 2 3 4 5 6 7
中村 山下
8 9 10 11 12 13 14
清水
15 16 17 18 19 20 21
土井 川本
22 23 24 25 26 27 28
伊東
29 30 31
さっちゃんと同じ日にしてね！

収穫の分配ルールを決めておく！（例）

学校園の全ての作物に水やりをすると…
ミニトマト５個を
持ち帰ってもよい――など

いでしょう。

学校職員や地域のボランティアさんに、水やりなどの協力をお願いする場合は、ニガウリ、キュウリ、ピーマンなど、夏野菜を一～二本味わっていただくというおまけを用意すると喜ばれます。収穫物がたまたま成長していなかったとしても、早く収穫できるようにという思いをこめて、水をやってくださる方もいることでしょう。

学級の子どもたちが、夏休み中に一斉に登校したのでは、収穫物の分配も少なくなり、作物の世話を夏休み中にまんべんなく行なえなくなります。そこで、学級共通の夏休みカレンダーに、登校して作物の世話や観察を行なう日を二回程度、自分で決めて記入させるとよいでしょう。一日当たり二人くらいに調整すると、収穫物の分け前も広く行き渡るようになります。

残念ながら、夏休みに収穫できる作物がない場合は、秋の収穫時期に、世話をした日数だけ余分に持ち帰れるように約束しておく方法もあります。

こうすれば、学校園は市民農園のようになり、当番の日には、親子で世話に来る風景も見られるようになるでしょう。

鉢栽培・プランター栽培の手間を省く水やり術

背の高い植物を北側、低いものを南側に置く
北
4～5列で配置
鉢やプランターの隙間をつめて、配置し直しを！
南

夏休み中は乾燥するので、作物への水やりが大切な管理作業になります。学校園ならば、常緑樹の落ち葉マルチ（57頁参照）のような工夫をすれば、多少の手抜きも可能ですが、鉢栽培やプランター栽培の場合は、家庭に持ち帰らせないなら、学校で、毎日、朝夕二回の水やりをしなくてはなりません。この水やり作業を、どう乗り切ればよいでしょうか。

日直当番が水やりしやすいように配置する

校内のあちこちに置いてある鉢やプランターを、職員室近くか職員玄関の近くに、来校者のじゃまにならないように、配置し直します。鉢やプランターの隙間をつめてまとめておくのです。そして、日直当番の仕事として、これらの作物への水やりを決めておきます。夏休み中の日直日誌の業務項目に「水やり」を入れておくと、忘れずに行なえるようになるでしょう。

手間を省く鉢やプランターの置き方

夏休み前、子どもたちが作業や観察をしやすいように、鉢やプランターを一列に並べて置いたり、活動しやすいように間をあけて置いたりしていませんか。この状態で夏休みを迎えると、乾燥がいっそう進み、植物がダメージを受けることがあります。そこで、夏休み

鉢やプランターを夏の乾燥から防ぐ救急処方
（夏休み中、長期に水やりができない場合／根腐れに注意！）

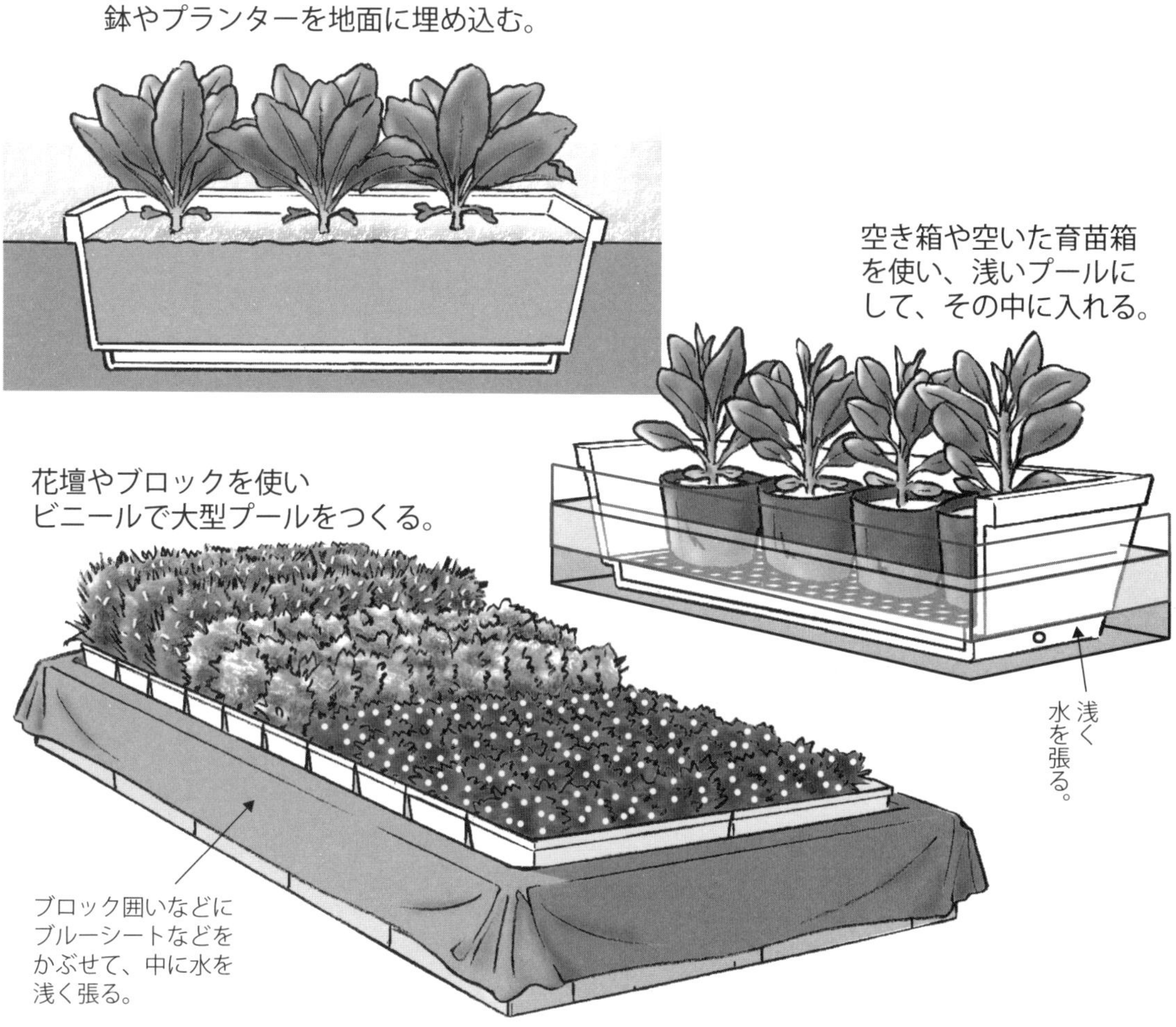
鉢やプランターを地面に埋め込む。
空き箱や空いた育苗箱を使い、浅いプールにして、その中に入れる。
浅く水を張る。
花壇やブロックを使いビニールで大型プールをつくる。
ブロック囲いなどにブルーシートなどをかぶせて、中に水を浅く張る。

中は、鉢やプランターの隙間をなるべくつめておくように配置し直すのも、水やりの手間を省き、効果を上げる一つの方法です。

土に埋め込めば乾燥を防げる

鉢やプランターの底にたっぷりと腐葉土が入っていても、夏の暑さのなかでは、水分保持が難しく、空気に触れて激しく乾燥しやすくなります。そこで、鉢やプランターの土の上部と地面とが同じ高さになるように地面に埋め込んでおけば、乾燥を防ぐことができます。空いている学校園を耕して、鉢やプランターを埋め込むようにすれば、雑草を防ぐことにもなります。

長期に留守をするときの管理のコツ

長期に留守にする場合は、空いた鉢やプランターの底の穴をガムテープでふさぎ、その中に鉢を入れて、水を張っておくとよいでしょう。一週間程度は、こうして水やりの代用をすることができます。花壇の枠やブロックなどを利用して、浅いプールをつくり、プランターなどを敷き詰めてもよいでしょう。

ただし、あまり長期間にわたってこの方法をとると、植物の根に空気が行き渡らず、根腐れを起こすことがあるので注意しましょう。

病虫害が大発生!! やむを得ず農薬を使う場合は？

農薬にはいろいろな効用とタイプがある
粒状の殺虫剤（根から浸透させる）
緩効性顆粒
殺虫剤
アブラムシ、アオムシなど
手軽なスプレー式の殺虫剤・殺菌剤
スプレー式
殺虫
殺菌
うすめる農薬を使うときは展着剤も必要
展着剤
液体の殺虫剤・殺菌剤（規定倍率でうすめる）
殺虫
殺菌
粉末の殺虫剤・殺菌剤（規定倍率でうすめる）
粉末
殺虫・殺菌
発生した害虫の種類に合った殺虫剤が必要だ！
害虫用の殺虫剤と病気用の殺菌剤は、併用できる組合せと、できない組合せもあるので、ご注意を！
混ぜて使えますか？

農薬を使わずに病虫害を防ぐのが原則

子どもたちが多様な活動を行なう学校では、農薬類を使うことはできるだけ避けたいものです。まずは、農薬を使わずに病虫害を防ぐための次のような工夫が必要でしょう。

①ネギ、ニラ、トウガラシなど、害虫が嫌う植物を作物の間や学校園の隅に植えておく。

②作物のウネの間をたっぷりととって、通風をよくし、病気にならないようにする。

③冬のうちに土地を深く耕して、土を日光にさらして消毒をし、虫や病気のもとになる細菌を殺しておく。

しかし、どんなに注意や工夫をしても、いつの間にか病気や害虫が作物に忍び寄り、大量に発生してしまうことがあります。特に夏休み中は、病虫害が大発生することがよくあります。学校園の作物全滅の危機に面して、農薬をどうしても使わなくてはならない場合は、次のような点に注意しましょう。

やむを得ず農薬を使う場合の注意点

①農薬使用から一定の期間は、作物に触れないようにさせます。農薬散布の前に、そのことを校内に知らせるとともに、散布した場所に「農薬を使いました。○月○日までさわらないで下さい」などの掲示をしておきます。

農薬使用の注意点

どうしても使用する場合は、夏休みなど子どもがいない期間中、子どもの行動が少ない場所に限定しましょう。

農薬を使いました。
○月○日まで学校園内の
ものにさわらないように！
ごくろうさんですね！

学校で使う農薬は、できるかぎり劇物を避け、使う農薬も鍵のかかる冷暗所で、通気のよい場所に保管しましょう。

農薬散布は、朝の風のない涼しい時間帯を選びましょう。
散布した場所には、子どもが近寄らないよう「農薬散布注意」などの立て札や表示をしておきましょう。

②農薬散布のときは、薬剤使用上の注意事項（薬剤の説明書き）をよく読んで、指示通りの散布方法に従います。必ずマスクや手袋を使用し、使用後は器具をよく洗います。

③農薬は、薬剤によって、また作物の種類によって、定められた使用量や使える回数、収穫前のいつ頃までが使用可能か、などが細かく決まっています。上述の薬剤使用上の注意事項にこのことも書いてあるので、その注意を守るようにします。

④使用した後の残った農薬の管理は、特に重要です。鍵のかかる倉庫などに厳重に保管しておく必要があります。学校の場合は、理科室の薬品庫が安全です。灯油の屋外貯蔵庫や階段下などに設置されているポンプ室などに、一時的に保管することも考えられますが、校内の了解が必要でしょう。子どもたちがふだん立ち入らない場所で、通風がよい日陰の倉庫に、「農薬」と表示した容器に入れて厳重に保管することです。

一般的に、学校や家庭園芸で使う農薬は、害虫を防除する「殺虫剤」と、病気のもとなる細菌を防除する「殺菌剤」があります。園芸資材センター、種苗店、ＪＡ（農協）の購買部などで入手できます。

夏休みにはこんな体験をさせたい

地域の農業に触れてみよう

トウモロコシのふしぎ トウモロコシは、なぜ２列に植えられているの？

トウモロコシは２列に植えると、花粉がつきやすくなり、実がそろってできるようになるよ！
学校園では、列を無視しちゃったんですが…

夏休みは、自然体験の絶好のチャンス。学校の周辺や近隣の地域で、野外の自然に触れるよい機会です。栽培活動に関連する自然体験のポイントや注意点を考えてみましょう。

農家へ出かけてふしぎ発見！

あえて農業体験まで深入りしなくても、近隣の農家が作業をしている様子を見せていただき、インタビューすることでも、楽しい学びができることが多いものです。

夏休みの頃は、学校で栽培している作物と同じものが、近隣の農家の畑でどのように生育しているかを観察できます。そういう畑に出かけてみると、子どもたちが見ても学校園との違いがわかるので、そうした違いの秘密をインタビューして聞きたくなります。今後の学校園での栽培活動のヒントになる発見があることでしょう。インタビューする前に、学校で栽培している作物の生育状況をメモしたり写真にとったりして、比較する材料を持っていくと、具体的なヒントが得られます。

農家の畑は私有地であり、収入を得るために栽培している大切な場所ですから、無断で中に立ち入らないように注意します。必ず畑の外から観察するか、農家の了解を得て、歩くことができる場所を確認して、近寄って観

田んぼのふしぎ
水の入っていない田んぼがあるけど、イネは大丈夫？
夏に水を切って雑草を退治する薬を使うんだ。水を切ると土が固くなるので、収穫のとき大型機械が使えるようになるよ。
・田んぼのあぜの一部にある排水口から水を抜く。
・残った水は、イネが吸い上げ、蒸発していく。
今は白い部分が短いけれど、深いところに植えて、少しずつ土を寄せていくと、白い部分が長くなるんだよ！

ラッカセイは、花のあとの部分がのびて地面にもぐっていくので、よく耕して、土をやわらかくしておくんだよ！
ラッカセイのふしぎ
ラッカセイのウネの間を、農家が耕しているのはなぜ？
花のあとが地中にもぐる。

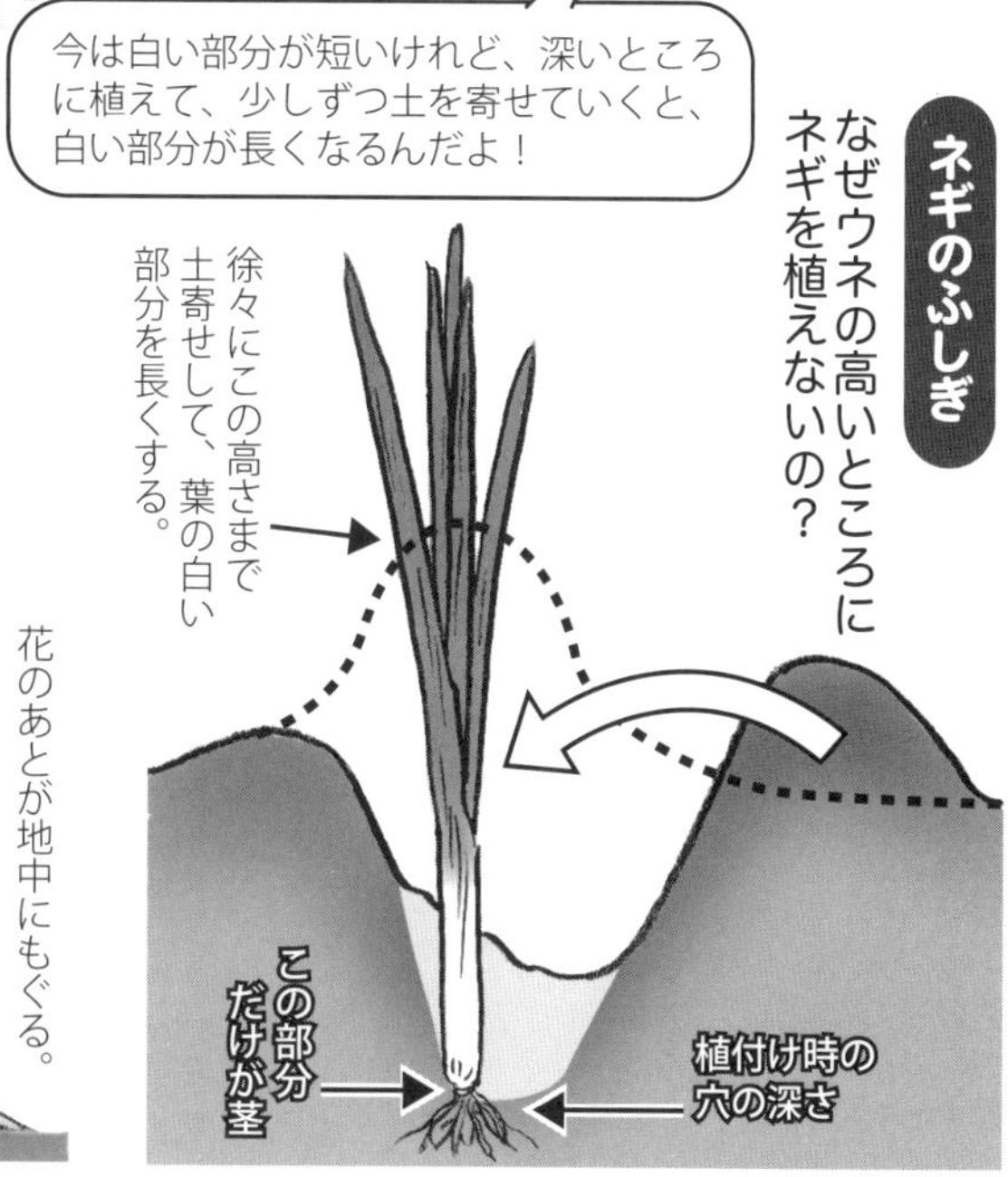
ネギのふしぎ
なぜウネの高いところにネギを植えないの？
徐々にこの高さまで土寄せして、葉の白い部分を長くする。
この部分だけが茎
植付け時の穴の深さ

察させていただくようにしましょう。

また、農家は、夏の暑い時期は、日中は作業をしないことが多いものです。農家に出会うチャンスは、早朝か夕方です。そういう時間をねらってインタビューすると、次のようないろいろな秘密がわかってきます。

①トウモロコシは、なぜ二列に植えられているのか？

②ラッカセイのウネの間を、農家が耕している理由は何か？

③ネギを植えるとき、ずいぶん深い穴を掘って、低いところに植えているが、ウネの高いところに植えないのはなぜか？

④田んぼには絶えず水が入っていると思ったが、水が少なくなった田んぼやほとんど水がない田んぼがある。これでイネは大丈夫なのか？　どうして水を入れない時期があるのか？

出かけるときの服装の注意点

農地は、多くの農薬を使っていることが多いので、近くのあぜ道に立ち入っただけで、思わぬアレルギー反応に悩まされることがあります。暑くても、必ず長ズボン・靴下を着用して出かけるようにしましょう。敏感な方は、長靴姿が無難です。

4 〔晩夏〕二学期の失敗をとり戻せる九月からの栽培

9月の種まき・苗の植付け 適期を逃すとどうなる？

秋まきの僕らは、15〜20℃前後でよく育つんだよ。
9月初旬から9月中旬ごろ、つまりお彼岸前後がベストシーズンさ！
だから、寒くなる前に、しっかりした苗に育てておくのがポイントだよ！
9月の種まきは、1週間のずれで、収穫や花の時期が1ヵ月ずつ遅れてしまうんだよ！
丈夫に育たなかったり、死んでしまうことも…
でも、成長の適温時期を待ってると、十分成長しないうちに寒さがやってきて…
北風
9月
日月火水木金土

種まき時期による収穫期のずれ　○＝種まき時期　●―●＝収穫時期

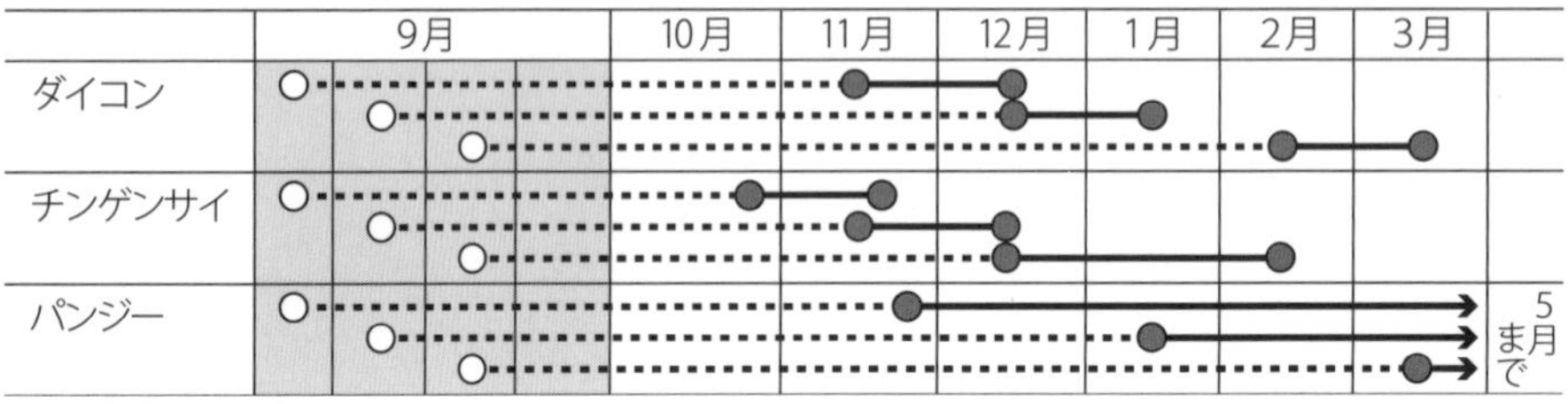
9月
10月
11月
12月
1月
2月
3月
ダイコン
チンゲンサイ
パンジー
5月まで

九月は栽培活動を再起するチャンス

「夏休み前から生育が悪く、夏休みの間に作物がダメになってしまった。今年度の栽培活動は失敗かなあ？」……そんな不安を抱いて、九月を迎える先生もいることでしょう。

でも、「失敗は成功のもと」。これまでの失敗経験が、すべてが無駄になるわけではありません。失敗で得られた貴重な経験を生かしながら、新たな気持ちで、夏休み明けからの栽培活動に取り組みましょう。

九月の声を聞いたら、栽培活動を再起するチャンスです。運動会の練習や成績処理の時期と重なる学校では、やりくりが大変でしょうが、九月のちょっとした時間をみつけて、栽培活動の準備や種まきをしておく必要があります。

短い九月の適期を乗り切るコツ

気温が二〇度前後になる九月半ばから下旬が、冬野菜や春先に咲く草花の種まきの適期ですが、年度内の収穫や観賞をめざすためには、九月初旬から九月中旬には種まきをした

前作の収穫の前に栽培活動をはじめるには

キャベツとハクサイの苗も
だんだん大きくなったし、
そろそろ植え付けなくちゃ！
サツマイモの収穫
までもう少しだね。
4-2
4-3
●苗は、畑とは別の場所で育苗をしよう。

ほうがよいでしょう（8頁参照）。

冬野菜の場合、九月の種まきが一週間ずれると、収穫時期は一ヵ月遅れてしまいます。たとえば、ダイコンの種を九月の第一週にまくと、収穫は十一月からですが、九月の第二週にまくと、収穫は十二月から一月になります。九月の第三週以降の種まきとなると、収穫時期はさらに二〜三月となってしまいます（管理の仕方や地域によっても異なる）。春先に観賞する草花も同様で、卒業式をめざす栽培活動は、九月のはじめからスタートします。

そうはいっても、「サツマイモやラッカセイの収穫がまだ終わっていない。それらの収穫の後で、秋から冬の栽培ができないかな?」という事情を抱えている学校も多いことでしょう。このように前作の収穫が十月に掛り、それからの種まきでは、年度内の収穫が期待できそうもない場合は、別の場所で育苗して、並行して栽培活動を行なう方法があります。

この場合、九月のうちにビニールポットなどに種をまき育苗して、前作の収穫後に苗を植え付けます。ダイコン・ニンジンのように苗の植付けを嫌う作物の場合は、ビニールポットの土を十分湿らせ、根の周囲の土が動かないようにして、そっと植え替えます。

9月の種まきが遅れたときの対策

冬野菜などの苗を購入してスタート

種をまき損ねたら苗を買えばよい

九月の学校は大変忙しいので、栽培活動の計画が頭にあっても時間がとれず、種まきが遅れてしまうこともあるでしょう。

そういう人たちが出てくることを想定して、園芸店や資材センターは商売をしています。それらをのぞいてみると、立派な野菜などの苗がずらりと並んでいます。この苗を購入し、学校園などに植え付ければ、種をまき損ねても大丈夫。ブロッコリー、キャベツ、ハクサイなど、九月下旬が苗の植付け適期なので、しっかり育った苗が販売されています。

このように九月初旬までの種まきを忘れたとき、あるいは育苗していた苗が害虫に食べられてしまったとき、苗を購入して栽培をはじめましょう。この場合は、種から育てるよりも高価につきますが、やむを得ません。

十月になると、これらの苗も売れなくなるので、お店の苗は品薄になり、わずかにキャベツの苗が残っていることがあります。年度内の収穫ではなく、春からの三年生のモンシロチョウの学習のために、キャベツの苗だけは購入して栽培しておきましょう。

十月まで忙しく、キャベツの苗も売り切れてしまった、どうしよう？　そういう場合

種まきが遅れてしまったときは

●短期で成長する種類を選んでみる

秋からの栽培活動を年度末までに終わらせたい場合は、ハツカダイコン、コマツナなど短期で生育するものを選ぶ。

でも、苗の植え替え、植付けは11月までにすませること！
12月の寒さで成長がほとんどとまるんだ！

●11月が植付け適期のタマネギの場合、翌年度春の栽培スタートも考慮しておく

収穫が6月なので、新学期スタートの栽培は育苗箱とポットで別に並行栽培し、タマネギ収穫後の学校園に植え付ける。

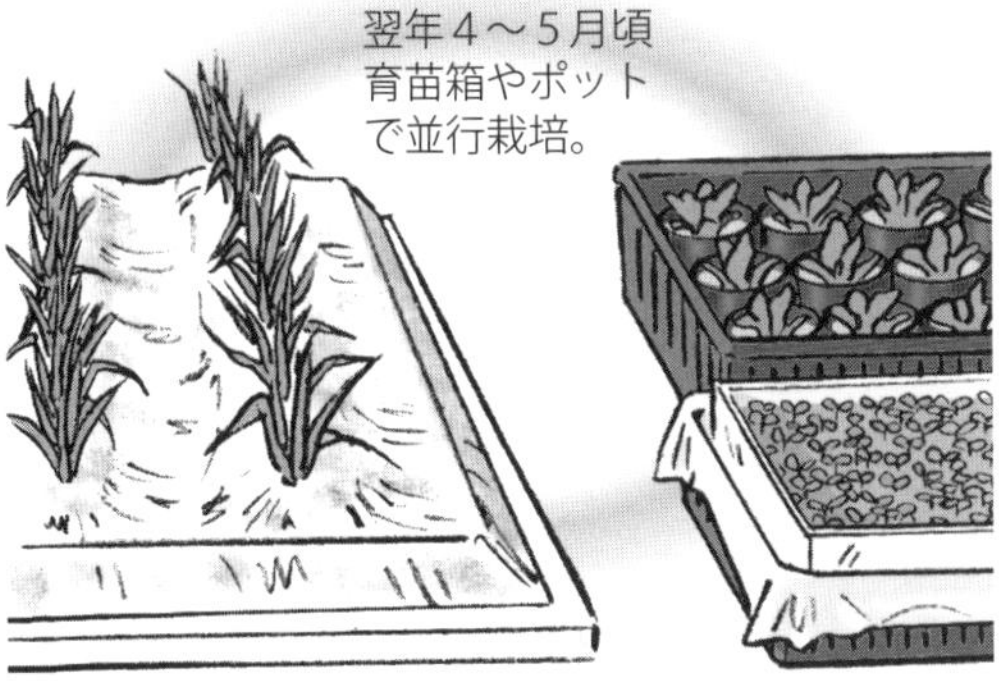
翌年4～5月頃
育苗箱やポットで並行栽培。

翌年
4～5月頃
一部のタマネギを早めに収穫して味わい、空いた場所にカボチャの苗を植え付ける。

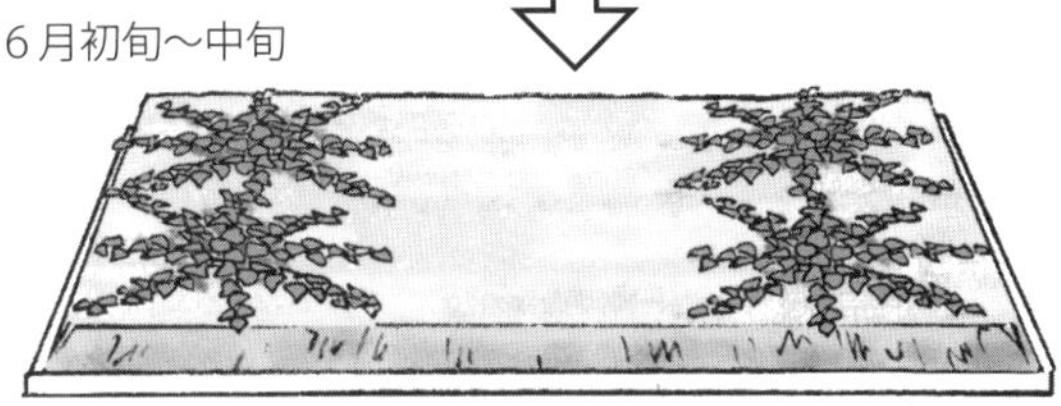
6月初旬～中旬

残りのタマネギを収穫して空いた場所に、先に植えたカボチャのツルを展開させ、畑を有効活用する。

は、アブラナの種を急いでまきます。モンシロチョウは、アブラナ科の植物に寄ってくるので、キャベツ（アブラナ科）の代用品でも何とかなります。

発想を変えればいろいろな方法がある

さまざまな事情で、種まきが遅れてしまったが、年度内の収穫や観賞をめざしたいときには、まだ方法があります。どうしても年度内をめざすならば、ハツカダイコン、コマツナなどを保温しながら栽培することもできます。ビニールトンネルなどでの保温栽培は、かなり寒くなっても可能です。

また、十月からの栽培が可能な種類に切り替えるのも一つの方法です。エンドウ、ソラマメ、アブラナなどは、十月以降の種まきでも大丈夫。ただし、収穫は次年度となります。球根類の植付け適期も十月以降ですが、観賞できるのは次年度からになります。

この際、年度内の収穫・観賞はあきらめて、学校園の土づくりに徹する方法もあります。晩秋の落ち葉集め・腐葉土づくり、腐葉土の中の微生物調べ、学校の一角での堆肥づくり、放置した学校園に生えてきた春の七草を調べ、食べるなど、工夫次第でいくらでも楽しい活動が展開できます。

残暑と台風の被害から作物を守る

学校園にまいた種を残暑から守る方法

●種まきした上に寒冷紗をかけ、軽い日陰を人工的につくる

寒冷紗なら上から
水やりもできるね。
風でめくれないように
端に重しを置かなきゃ!
寒冷紗は、遮光、防霜、防寒、防虫
などのために使われる織物で、さま
ざまな素材・種類がある。

●種まきしたウネの上にワラを薄く敷き、自然物の寒冷紗で覆う

発芽したら、ワラを取り除いて、ウネと
ウネの間に、ワラを移動させるんだよ!
農家のおじさんが
ワラをたっぷりと
くれたのよ!
余ったら、苗の霜除け
にも使えるんだって!

九月の残暑を避けて発芽を促す

九月初旬は残暑が厳しく、発芽適温の二〇度以上の気温となる日が続きます。九月初旬に種まきをする場合、この残暑をいかにしのぐかがポイントとなります。日照の強い学校園に種まきする場合、温度が高すぎて失敗することが多いからです。年度内に収穫しようとすれば、残暑が厳しい九月初旬の種まきを避けることはできません。そこで、残暑の時期の学校園に種まきする場合は、次のような地面の温度を下げる工夫や乾燥を避ける工夫が必要です。

①種をまいたら、そこに寒冷紗をかけて、軽い日陰を人工的につくる。

②種まきをしたウネの上に、ワラを薄く敷き、自然物の寒冷紗で覆う。発芽したら、ワラを取り除き、ウネとウネの隙間にワラを移動させる。

育苗箱やビニールポットに種をまいた場合は、発芽に適した温度の場所にしばらく置いて、発芽させることができます。種まきをした育苗箱などは、木陰の涼しい場所に置き、弱い光が当たるようにするのが一番よいでしょう。学校の場合は、そういう適当な木陰が見つからないことがあるので、校舎の北側

育苗箱などにまいた種を残暑から守る

●暑い場所で種まきをしない

育苗箱で種まきし、芽出しの適温（種袋などの発芽温度表示を参考）より気温が高ければ、日除けや日陰の場所を利用する。

●少しずつ日に当てる

本葉が出たら、少しずつ日光に当てて慣れさせ、日当たりのよい場所に移動させる。

校舎の陰などで、風通しのよい場所に置くのね。

台風などの被害から作物を守る

●台風などの強雨にさらさない

小さな苗は強い雨で流されやすいので、悪天候になる前に安全な場所に取り込む。

●塩害が出たら、すぐ水で洗う

潮風に吹かれて塩害が出たら、水道水をかけて洗うと、回復することもある。

などの風通しのよい場所で、子どもたちがつまずかない場所を選ぶようにします。いくら日陰でも、校舎の中や風通しの悪い場所は、暑さで蒸れてしまうのでよくありません。

育苗箱などで発芽させたものは、少しずつ日に当てながら、日当たりのよい場所に移し、肥料を与えて丈夫な苗に育てます。

台風の被害から守る工夫

九月は、台風シーズンです。せっかく種まきや苗の植付けをしたところが強い風雨にさらされると、種や小さな苗が流されてしまうことがあります。台風が接近するときは、取り返しがつかなくなる前に、しっかりと台風対策をしておきたいものです。

育苗箱で育てている場合は、室内に取り込み避難させます。一時的に廊下などに避難させるのです。学校園で育てている場合は、寒冷紗をベタ掛けにして、要所をブロックなどで押さえておきます。学校の場合、学校園が校舎の陰となり、強い風を防いでくれることもあります。

沿岸地方で潮風に吹かれた作物に塩害が出ることがありますが、台風が過ぎた直後に、学校園の作物に水道の水をかけて水洗いすると、一部が回復することがあります。

5 〔秋〕最後のチャンス・十月以降の栽培活動

10月以降でも種まき・苗の植付けができる

10月中旬〜11月上旬に種まきできるもの

スイートピー
エンドウ
カブ
アブラナ
コマツナ
ほとんどの品種は、寒さを防ぐため、育苗時にビニールトンネルなどが必要！

秋まきで育ててきた苗は遅くても11月までに植え付ける

パンジー、キンセンカ、ノースポール、デージーなど春咲く花や、キャベツ、シュンギクなど春収穫の苗は、冬到来の前にしっかりした苗に育てる。

寒さがくる前に植えてあげようね！

植え穴に元肥を入れて植え替える

元肥は油カスなど

十月も中旬ともなれば、学校の運動会、地区レクリエーション大会などのスポーツ行事が一段落し、学芸会や音楽会の練習などの多彩な活動が展開する時期となります。春から栽培してきた作物の収穫作業、学習の振り返りやまとめ、収穫祭などを行なう学校もあるでしょう。

さて、このような時期に、「これから冬に向かって、第二の栽培活動を……」と考えても、九月の種まき・苗の植付け時期を過ぎているので、もう時期的に間に合わないのではないかと思うのが普通です。ところが、種類は限定されますが、十月中旬以降からの種まきや苗の植付けができる作物・草花があります。

①年度内の収穫が可能なもの　コマツナ、カブ、ホウレンソウ、シュンギクなど。

②次年度の収穫・観賞になるもの

【種をまくもの】　アブラナ、スイートピー、エンドウ、ソラマメなど。

【苗を植え付けるもの】　キャベツ、パンジー、デージー、ノースポール、キンセンカなど。

球根栽培は10～11月上旬が植付け適期

種類も豊富な秋植え球根

フリージア
ユリ
ヒヤシンス
クロッカス
ラナンキュラス
カンナ
アネモネ
チューリップ
グラジオラス
スイセン

土の用意

〈学校園・花壇〉
植付け２～３週間前に、耕地全面に苦土石灰を１㎡当たり100～200g（１～２握り）まいて深く耕し、土を中和させておく。
〈鉢栽培・プランター栽培〉
使った土
腐葉土＋新しい土を補充
よく混ぜる
苦土石灰を1m³当たり1kg

球根栽培のための土の用意

花を観賞できるのは、三月下旬から五月になりますが、秋植え球根栽培は、十月から十一月上旬が植付け適期です。

まず、球根の植付け二～三週間前に、耕地全面に苦土石灰をまいて深く耕し、土を中和させておきます。苦土石灰は、一㎡当たり一〇〇～二〇〇g（一～二握りくらい）の量を均一にばらまきます。

鉢栽培やプランター栽培に使う土も、これまで栽培していた鉢やプランターの土を一ヵ所にまとめて山積みにし、腐葉土や土を補充して、苦土石灰を一㎡当たり一kgくらいまいて、よく混ぜておきます。

園芸店などでは、必要な栄養分を混ぜ、中和処理もしてある球根栽培用の土を販売しているので、それを利用してもよいのですが、費用がかかるのが難点です。

球根選びは次の栽培の邪魔にならぬよう

球根類の種類は豊富で、咲く花の色も多彩です。目移りしてしまって、何をどれくらい選んだらよいか迷ってしまう方も多いことでしょう。

学校の球根栽培の場合、開花・観賞の時期や植える場所を考えて選定する必要があります。

学校園・花壇は、球根を植え付けた学年が来年度も継続

前年度11月
球根の開花期は、主に3月下旬から5月になるので、学校園の学年配当を変えるところは球根栽培に適さない！
球根をいっぱい埋めたぞ！
3-2
新年度4月
ここはもう、4年生になった私たちの配当園じゃなくなったのね！
これじゃ、ぼくらの栽培ができないよ！
3-1

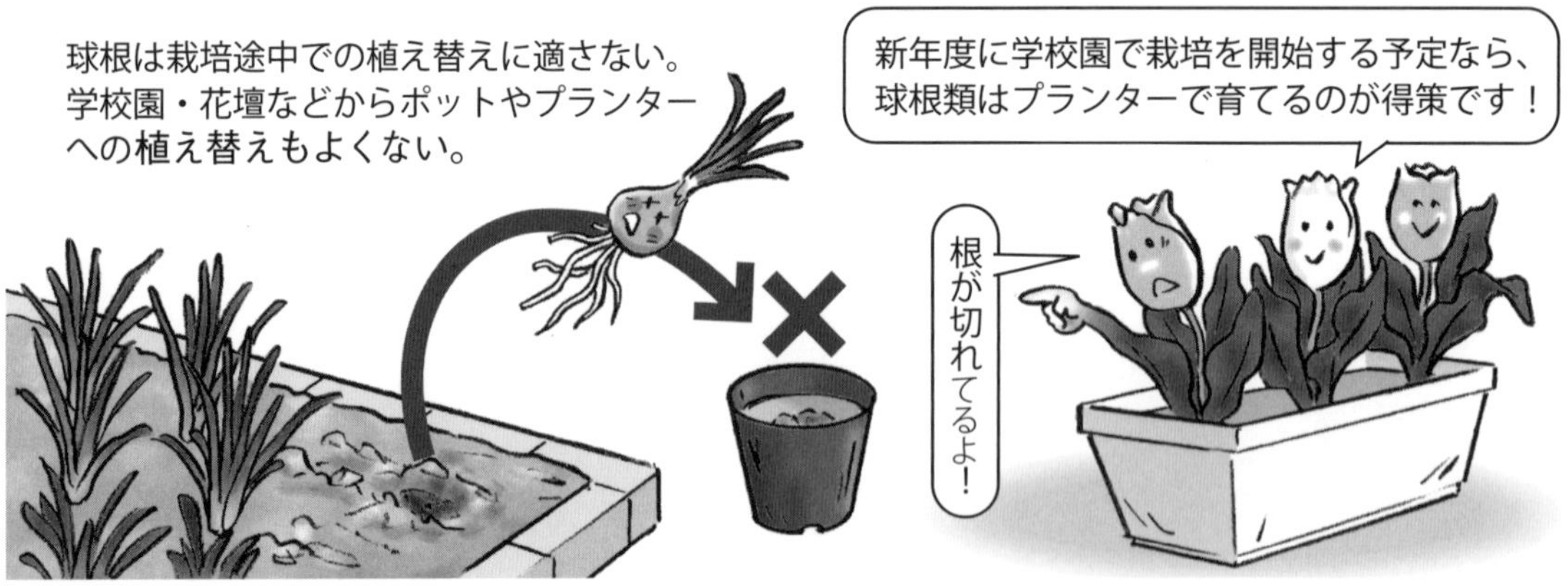

球根は栽培途中での植え替えに適さない。
学校園・花壇などからポットやプランターへの植え替えもよくない。
新年度に学校園で栽培を開始する予定なら、球根類はプランターで育てるのが得策です！
根が切れてるよ！

秋植えの球根類の開花は、三～五月、種類によっては六月以降となるものがあり、次年度はじめの栽培活動と重なってしまいます。せっかく育てても、新年度になってすぐに掘り返されてしまっては、球根を何のために栽培したかわかりません。栽培途中で球根を植え替えると、根が切れやすく、弱ったり腐ったりするので、植え替えには適しません。花壇に植えてあった球根を、途中で鉢やプランターに移すのもよくありません。ですから、年度が変わっても、開花時期までそのままの場所で栽培できる場所を選びたいのです。

五月くらいまでならば、ビニールポットで苗づくりなどをして、次の栽培を並行して進めるように、引継ぎをしておくとよいでしょう。どうしても次の栽培に支障が出るときには、球根栽培のはじめから、鉢栽培やプランター栽培にしておくほうが無難です。

鉢栽培やプランター栽培の場合は、ユリ、グラジオラス、カンナなど、草丈が高いものは不向きです。また、秋から冬は乾燥しやすいので、水の管理に注意しなければなりません。

球根は、園芸店、種苗店、園芸資材センターなどで購入できます。インターネット販売な

球根の植付け方

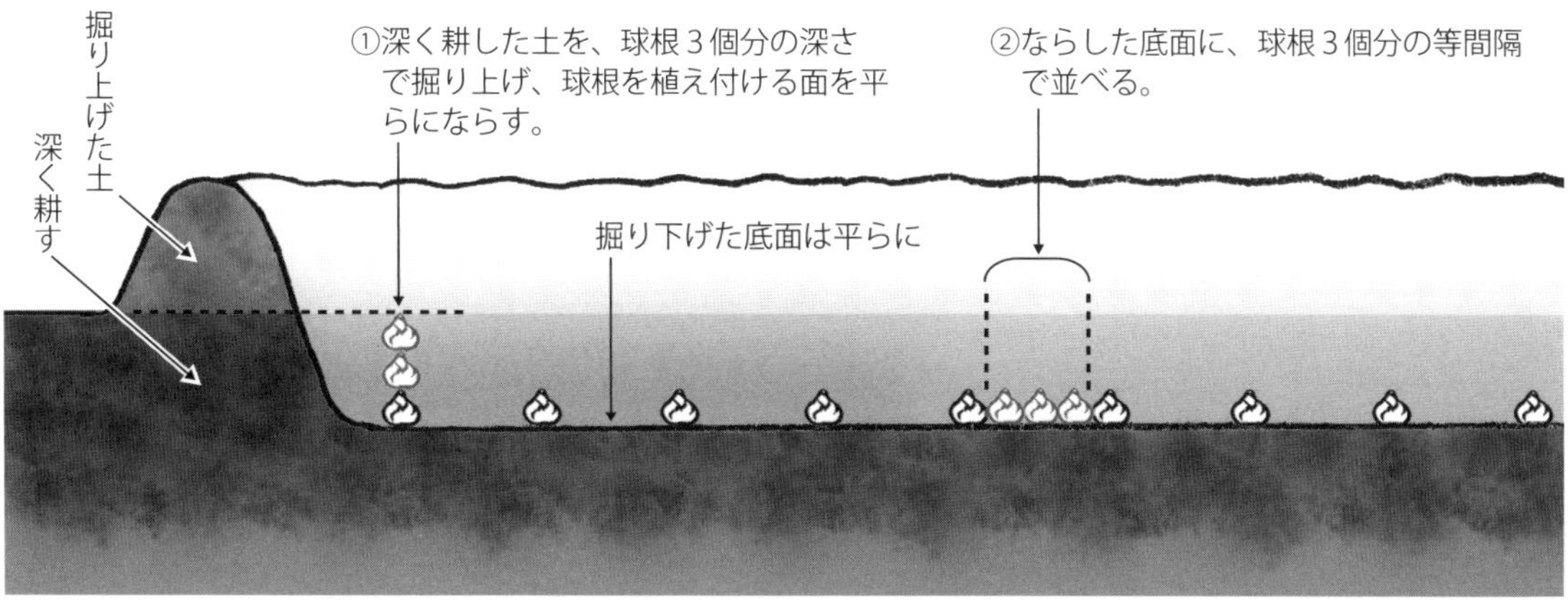
掘り上げた土
深く耕す
①深く耕した土を、球根３個分の深さで掘り上げ、球根を植え付ける面を平らにならす。
②ならした底面に、球根３個分の等間隔で並べる。
掘り下げた底面は平らに

●最後に、埋め戻した区画に入り込まぬよう、杭などを立ててヒモをめぐらせておこう。
③並べ終えた上に、掘り上げていた土をそっとかぶせながら埋め戻し、植え込み面を平らにする。
かぶせた土を押さえないこと。

どを利用して、学校全体で必要な数量をまとめ、大量に仕入れる方法もあります。

球根を植え付けるコツ

【学校園や花壇に植える場合】

①深く耕した土を、球根三個分の深さに掘り、植え付ける面を平らにならす。

②次に、球根三個分の間隔で球根を等間隔に並べる。

③最後に、掘り上げた土を球根の上にそっとかぶせながら埋め戻していき、地面を平らにする。

学校園・花壇に植える場合は、球根が寒中の寒さで凍らないように、球根の三個分の深さで土をかぶせるのが基本です。それ以上深くすると、発芽が困難になります。また、球根の下に生える根から栄養分を吸い上げる際に、深い場所の栄養分だけでは不足したり、上から追肥した栄養分が届かなかったりします。反対に、あまり浅く植え付けると、寒さや乾燥で思うように生育しないことがあります。

球根を植え付ける前に、土に腐葉土を混ぜ込んでおくと、土の中の水分保持に役立ちます。堆肥は、あまり利用しないほうがよいのですが、どうしても元肥として施したいのな

●鉢やプランターに植える場合

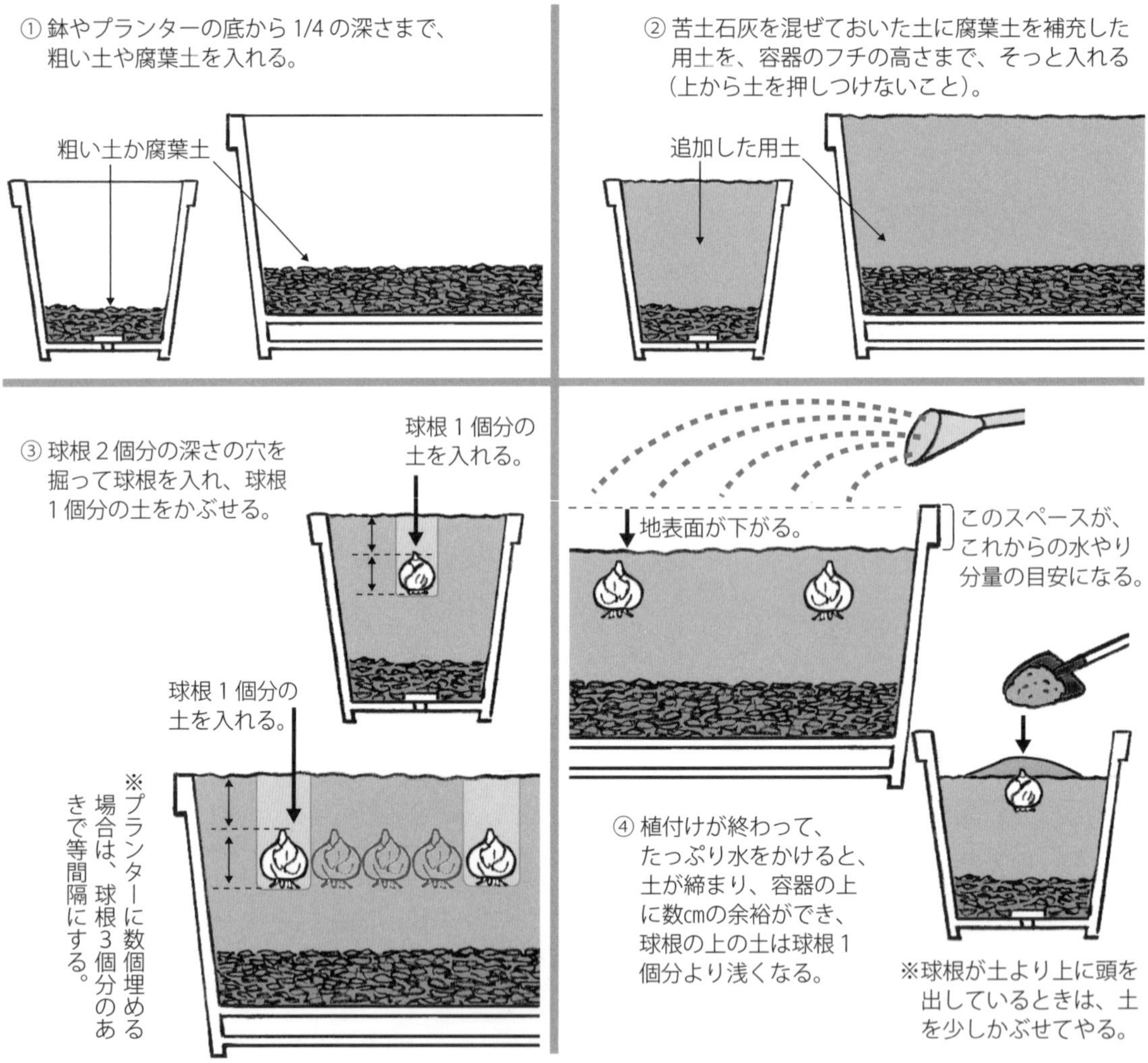

① 鉢やプランターの底から 1/4 の深さまで、
粗い土や腐葉土を入れる。
粗い土か腐葉土
② 苦土石灰を混ぜておいた土に腐葉土を補充した
用土を、容器のフチの高さまで、そっと入れる
（上から土を押しつけないこと）。
追加した用土
③ 球根２個分の深さの穴を
掘って球根を入れ、球根
１個分の土をかぶせる。
球根１個分の
土を入れる。
球根１個分の
土を入れる。
※プランターに数個埋める
場合は、球根３個分のあ
きで等間隔にする。
地表面が下がる。
このスペースが、
これからの水やり
分量の目安になる。
④ 植付けが終わって、
たっぷり水をかけると、
土が締まり、容器の上
に数㎝の余裕ができ、
球根の上の土は球根１
個分より浅くなる。
※球根が土より上に頭を
出しているときは、土
を少しかぶせてやる。

ら、深く耕した部分に入れて土と軽く混ぜ、その上に軽く土を敷いて、球根が直接堆肥に触れないようにします。球根が傷ついていたとき、腐敗する原因となるからです。

【鉢栽培やプランター栽培の場合】

①容器の底から四分の一の深さまで、腐葉土や粗い土を入れる。

②腐葉土・土などを補充し、苦土石灰を混ぜておいた土を、容器のフチのところまで、そっと入れる。土を押しつけないようにする。

③球根二個分の深さに土を掘って球根を入れ、球根一個分の土をかぶせる。球根と球根の間隔は、球根三個分で等間隔にする。

④植付けが終わったら、たっぷりと水をかけると、土が締まって、容器の上に数㎝の余裕ができる。球根のすぐ上の土は、球根一個分の深さより浅くなる。球根が土より上に頭を出しているときには、土を少しかぶせる。

鉢やプランターに球根を植えるときには、球根の下から出る根が、その下の部分の土から水分や栄養分を吸収するので、あまり深く植えないようにします。厳寒期には、軒下や校舎の南の暖かい場所に置いて、球根が凍らないように注意します。

球根は、水や肥料の与え方に注意！

●水やりのポイント

・植付け直後はたっぷり水やりする。

・月に２回ほど、晴れた日の午前中に水やりする。（冬季の乾燥に注意）

・球根の間にパンジーなどを混植すると、水やりを忘れることがなく、カラフルで立体感のある花壇にできるので、おススメ！
※この方法だと、子どもたちが植えた場所をうっかり踏みつけることも避けられる。

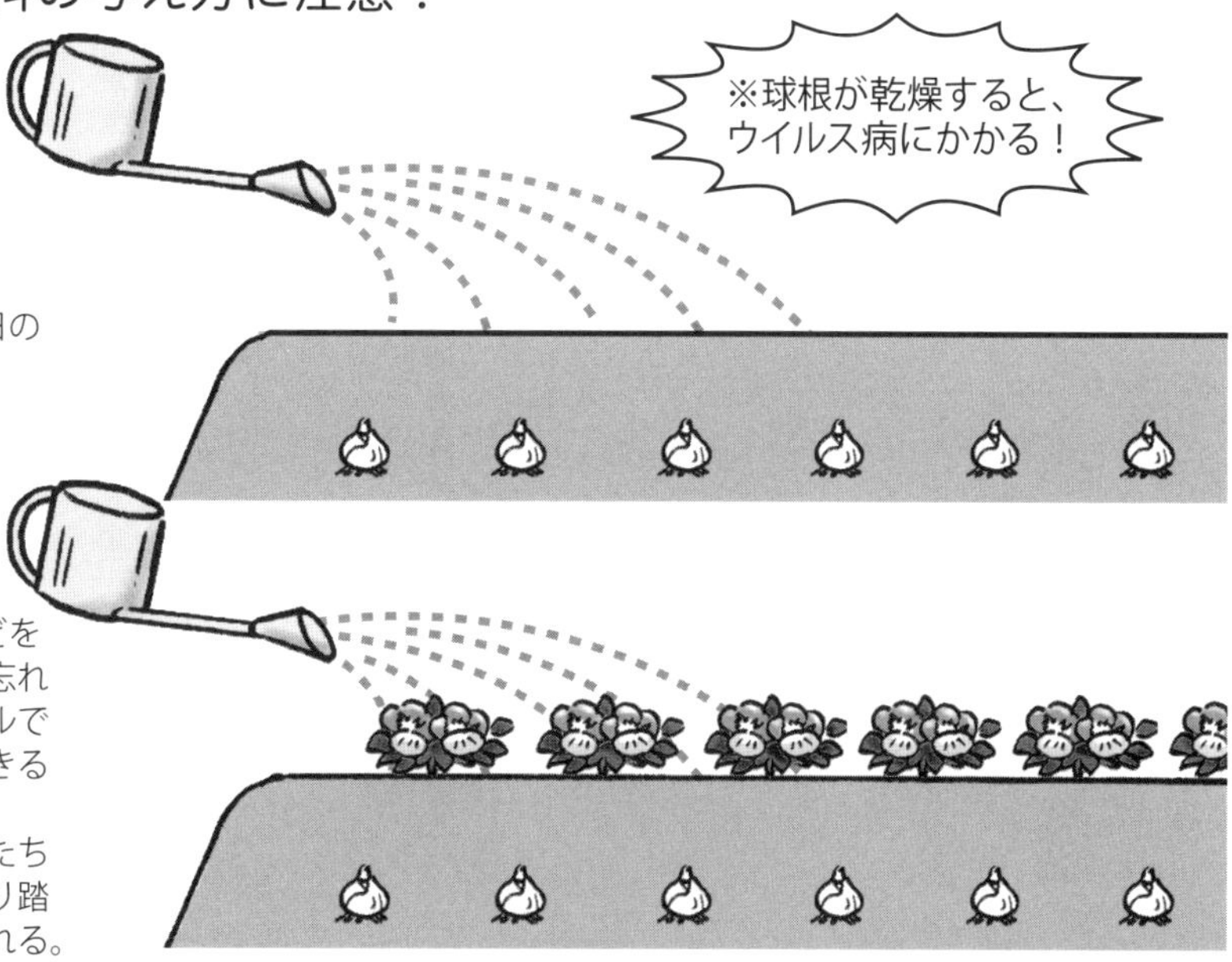
※球根が乾燥すると、ウイルス病にかかる！

●肥料は基本的には不要

葉が伸びてきたら、ハイポネックスなどのごく薄い液肥を規定稀釈で、月２回与えてね！
球根には、育つための栄養がたっぷりつまっているんだ！

パンジーなどと混植した場合には、マグァンプなどの普通化成肥料を、１株当たり軽く1つまみほど２週間ごとにまく（球根に直接肥料が触れないように）。

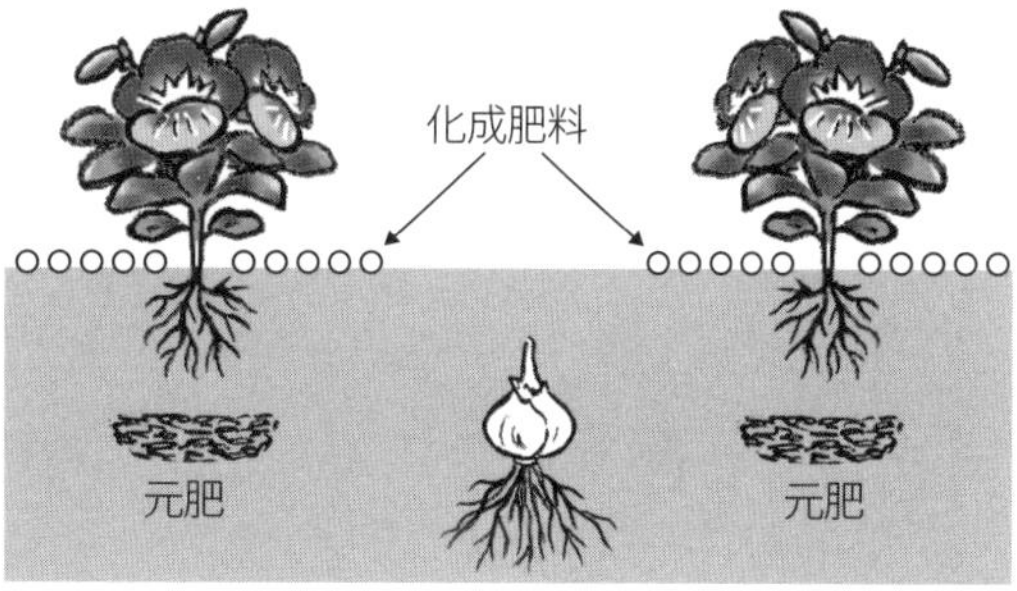
化成肥料
元肥
元肥

球根は水や肥料の与え方に注意！

球根の植付け直後は、たっぷりと水を与えます。球根が乾燥すると、ウイルス病にかかりやすくなるため、十分に湿らせておくのです。

水やりは、月に二回ほど、晴れた日の午前中に行なうようにします。冬の朝のうちは、氷が張ったり霜が降りたりするので、つい水やりをしないようになりがちですが、そうなると地面が乾燥するので、球根が干からびることがあります。球根を植えた隙間に、パンジーなどを混植すると、水やりを忘れることが少なくなり、できあがった花壇もカラフルで立体感とボリュームがあるものになります。こうしておくと、子どもたちが球根を植えた場所を、うっかり踏みつけることも避けられます。

球根には、芽が育つための養分がつまっているので、発芽までは基本的に肥料は不要です。球根の葉が伸びてきたら、ハイポネックスなどのごく薄い液肥を月二回程度与えます。

パンジーなどと混植しているところには、化成肥料を軽く一つまみほどを、二週間に一回、パンジーの株元にまきます。球根の芽には、肥料が直接触れないようにします。

3学期に種まき・育苗すると次年度の栽培がラクになる

2～3月に種まき・育苗したい野菜類（5月初旬・苗の植付け）

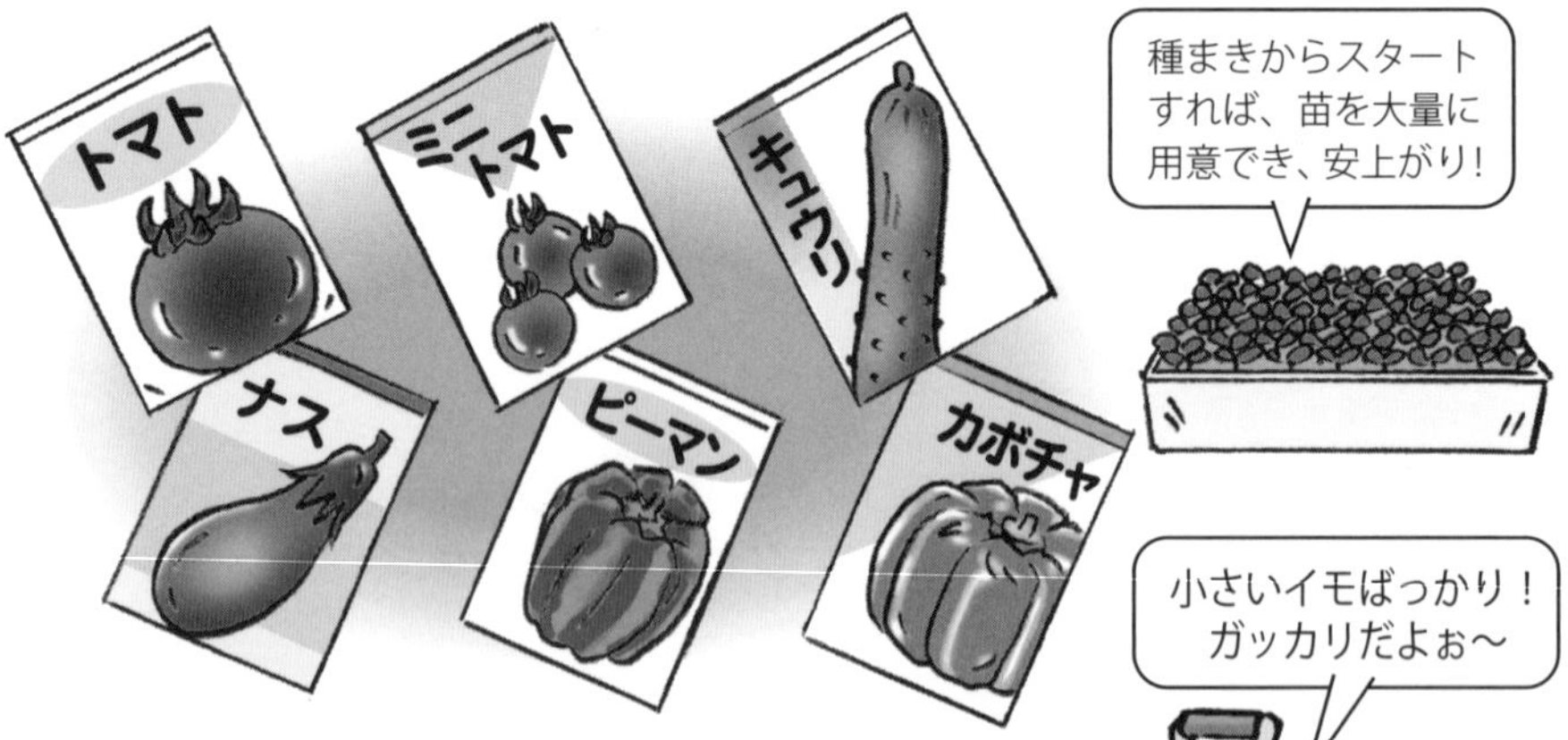
トマト
ミニトマト
キュウリ
ナス
ピーマン
カボチャ
種まきからスタートすれば、苗を大量に用意でき、安上がり！

春ジャガイモ栽培は2月下旬から3月中旬に種イモを植え付ける（6月から収穫）

小さいイモばっかり！ガッカリだよぉ～
新学期以降に植え付けると、小さなイモばかりになるよ！

三学期に種まき・育苗したい作物

　五月初旬に植付けをする野菜類の苗は、二～三月頃から種まきと育苗を行ないます。苗を買うと高くつくし、こうすると大量の苗を手に入れられるからです。また、春ジャガイモ栽培は、二月下旬から三月中旬までに種イモを植え付けると、六月から収穫できます。新学期以降に植え付けると、小さなイモしか収穫できません。

　冬の寒い時期に種を発芽させるには、二〇度前後の温度を確保しなければなりません。農家は、育苗マットを使って、電気による熱源で温度を確保しながら温室やビニールハウスで育苗しています。そうした専門的な道具・施設がない学校でも、温度の確保さえ可能ならば、育苗はできるものです。

学校でもできる寒い時期の育苗法

　空のプランターの穴をガムテープでふさぎ、そこに、土を半分くらいまで入れたプランターを二重に重ねて置き、育苗床にします。部屋の床に水が漏れないための工夫です。種

学校でできる寒い時期の育苗法

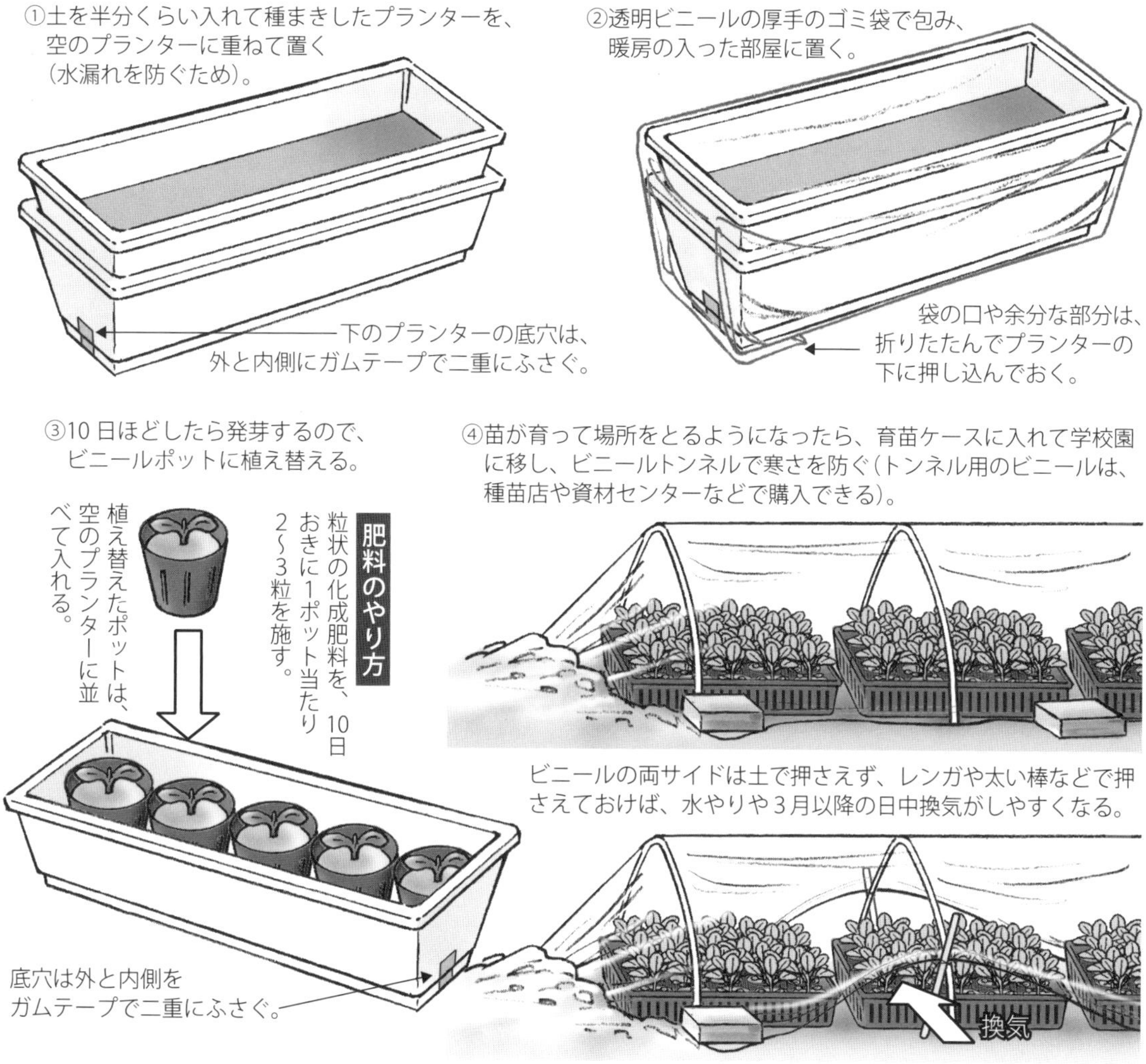
①土を半分くらい入れて種まきしたプランターを、空のプランターに重ねて置く（水漏れを防ぐため）。
下のプランターの底穴は、外と内側にガムテープで二重にふさぐ。
②透明ビニールの厚手のゴミ袋で包み、暖房の入った部屋に置く。
袋の口や余分な部分は、折りたたんでプランターの下に押し込んでおく。
③10日ほどしたら発芽するので、ビニールポットに植え替える。
植え替えたポットは、空のプランターに並べて入れる。
肥料のやり方
粒状の化成肥料を、10日おきに1ポット当たり2～3粒を施す。
底穴は外と内側をガムテープで二重にふさぐ。
④苗が育って場所をとるようになったら、育苗ケースに入れて学校園に移し、ビニールトンネルで寒さを防ぐ（トンネル用のビニールは、種苗店や資材センターなどで購入できる）。
ビニールの両サイドは土で押さえず、レンガや太い棒などで押さえておけば、水やりや3月以降の日中換気がしやすくなる。
換気

をまいて、水やりをして湿らせたら、プランターの上部を厚手の透明ビニールのゴミ袋で包んでしまいます。これで、発芽のためのミニ温室が完成です。これを暖房の入った部屋に置けばよいのです。

一〇日ほどで発芽するので、小さい苗をビニールポットに植え替え、肥料と日当たりに注意しながら育てていきます。発芽の後は、厳重な保温をしなくても、ある程度の気温と水分があれば大丈夫です。

日中の通気をよくし、苗を少しずつ外気に慣れさせていきます。日当たりのよい窓際などで、底穴をふさいだプランターにビニールポットを入れて育てていきます。苗が育ってきて場所をとるようになったら、育苗ケースなどにビニールポットの苗を並べて、日当たりのよい学校園に置き換え、ビニールトンネルをかぶせれば、野外で育てていくこともできます。霜の害がなくなるまで、ビニールトンネルをかぶせておきます。

春咲きの草花類も、同様の方法で発芽から育苗までを早めに進めることができます。マリーゴールド、サルビアなどを早くから大量に咲かせるには、便利な方法です。

次年度の作業を見通した後片づけのコツ

栽培した作物は土に戻す　　　支柱などの後片づけ

枯れたつるは細かく切る。
種を除いた茎や葉
土に戻す・腐葉土にする
ビニール
紙類
プラスチック
雑草の種の部分
ゴミとして出す
ヘチマ、ヒョウタンなどつるものの除去と、支柱などの撤去。
支柱などの資材は、洗浄し、乾燥させて保管する。金属パイプなどの支柱の外枠は、次年度の連作を避けるため、別の耕地に移動させておく。
つるの１本１本に立てていた竹の支柱も、再利用できるんだね！

収穫した後も、学校ではやるべきことがたくさんあり、ついつい後片づけを忘れてしまいがちです。しかし、そのまま放置しておいては、見苦しいばかりでなく、使った資材の損傷が大きくなったり、栽培跡地に雑草やゴミが散乱したりして、次年度の栽培活動に支障が出ることもあります。しっかりと後片づけを行なうまでが栽培活動です。

栽培した作物は土に戻す

後片づけの第一段階は、栽培した作物の片づけです。枯れたつるなどがそのままになっているので、ハサミなどを使ってきれいに取り除き、枯れたものを細かく刻んで土に戻したり、腐葉土をつくる場所に積み上げたりします。紙、ビニール、プラスチックなど、腐葉土の材料として適当でないものは、ゴミとして処理します。

雑草をそのままにしておくと、種がこぼれて次年度の栽培で雑草が繁茂してしまいます。種がついている部分は、ゴミとして処理し、そのほかの茎や葉は、腐葉土の材料とします。

使った資材は洗って整理する

使った支柱は、からんでいるつるなどを取り除き、洗って乾燥させてから、同じ長さ同

栽培跡地は耕しておく

耕した土のかたまりは、子どものこぶしくらいがいいのです！

●栽培後の空いている耕地は、雑草を除去し、掘り起こして耕す。
（冬季の耕作は、害虫退治と、土中に空気〈チッソ〉を入れることになるので、土の回復に役立つ）

使った道具は整理整頓して保管

●栽培後の鉢、プランター、支柱などの資材は、壊れたものは片づけ、洗って乾燥させて保管。
土は、１ヵ所にまとめ（次頁の栽培用土の準備を参照）、次回に使用する。

●使用した農具・栽培用具の整理整頓をする。
（物置き小屋に保管すれば、破損、散逸も防げ、安全に管理できる）

土のものにまとめて結わえておきます。支柱の外枠（金属製のもの）は、一度解体して整理するか、次年度に栽培する場所に移動させておきます。連作障害を避けるために、なるべく同じものを同じ場所で栽培しないようにするためです。

鉢・プランター栽培の土は、土置き場（84頁）にまとめて、容器は洗って乾燥させて保管し、壊れたものは処分します。

冬に跡地を耕すと地力が回復

栽培跡地は、耕しておきます。冬に土を耕すことは、害虫退治、日光消毒、土への空気補給などの効果があり、地力の回復に役立ちます。

狭い場所を大勢で耕すときは、シャベルを使ったほうが安全です。クワを使うのは、ケガのもとになるので避けたほうがよいでしょう。

使った道具の整理整頓が成功のもと

栽培用具や農具は、洗って乾燥させ、空いている倉庫に整理整頓して保管します。保管をていねいにきちんとしておくことが、栽培活動を成功させるもとです。無駄な破損や紛失があるようでは、作物の扱いも乱暴になるものです。

使いながら土をよくしていく方法

土は使い捨てではなく、使いながら肥やす

小さくしたほうが、腐葉土になりやすいんだって！

●収穫後の茎や葉は捨てずに、細かく切って、土に入れる。

校内のほかの落ち葉も集めて、一緒に土に入れちゃおう！

●常緑樹の落ち葉マルチで使った落ち葉も、最後は捨てずに土にそのままずすき込む。

次年度に備えた栽培用土の準備

〔腐葉土置き場〕
〔使用ずみの土置き場→土を混ぜる場所〕
〔再生土置き場〕

●鉢やプランターなどの使用ずみの土を１ヵ所にまとめ、プラスチックや大きな根を取り除き、均等に広げて冬の寒さと日光に当てて乾燥させる（害虫退治と雑菌の消毒になる）。

＊学校のスペースの関係で、理想通りにはいかないことが多いが、〔腐葉土置き場〕＋〔土を混ぜる場所〕＋〔再生土置き場〕の３ヵ所が連続してあることが一番よい。

茎や葉を捨てると土はやせる

学校園の栽培では、収穫後の茎や葉を焼いたり、ゴミに出したりして捨てるところもあるようですが、これはせっかくできた栄養分を捨て去ってしまうことです。こんなことをしていると、土は次第にやせていきます。

栽培植物の茎や葉には、光合成でつくられた太陽エネルギーの栄養分が豊富に蓄えられています。これらを細かくして土に戻せば、豊かな土に改良されていきます。そうすれば、次の栽培のときに補う腐葉土や化成肥料・堆肥などが、少なくてすむのです。

農家の畑では、収穫後の茎や葉をまとめて堆肥をつくって土に入れたり、作物を栽培した後に緑肥作物を栽培して土と混ぜたりして、土の中の有機物を増やす努力をしています。田んぼでも、ワラを切り刻んで土に入れたり、イネの後にレンゲ草（緑肥）などを栽培して、それを土にすき込んだりしています。土は使い捨てではなく、使いながら肥やしていくものなのです。

常緑樹の落ち葉マルチ（57頁参照）のように、乾燥・雑草を防ぐために落ち葉を敷きつめたものは、最後は土に混ぜ込みます。次年度には、これが腐葉土の働きをするのです。

●つくっておいた１年後の堆肥（有機物）は、細かくなった腐葉土として次年度の栽培の大切な肥料分となる。
これを新しい土や、今年度使用して清掃・日光消毒した土と細かくなるまで混ぜ合わせて、再生土をつくる。

〔腐葉土置き場〕
〔使用ずみの土置き場
→土を混ぜる場所〕
〔再生土置き場〕
再生土の保管には、プランターや
ポットが重宝する。
土のう袋に入れると
散逸せず管理しやすいが、
費用もかかる。

●２～３月には、次年度栽培用の作物の苗づくりをはじめることがあるので、上記のように準備した再生土を、使用する１ヵ月から１～２週間前までに、苦土石灰を表面にうっすらかけて混ぜ、中和しておく。

プランターやポットで育てた苗を植え付ける花壇や畑にも、１週間前に、苦土石灰をうっすらかけて混ぜ、中和しておくのよ！

鉢・プランター栽培の土は再生できる

鉢栽培やプランター栽培で使った土を、ゴミとして処分していませんか。鉢やプランターに混ぜ込んだ腐葉土が、栄養分として植物体内に取り込まれやすくなるのは、実は二年目の栽培のときです。せっかくの宝物を、一回使っただけで捨てるのはもったいない。補充しながら繰り返して使うことで、土は次第に改良されていくのです。畑の土を栽培ごとに捨て去る農家はいません。

使い終えた土は、プラスチックや大きな根を取り除き、一ヵ所にまとめ均等に広げて、冬の寒さと日光に当てて乾燥させます。害虫退治と殺菌消毒を行なうわけです。別につくっておいた堆肥（有機物）や腐葉土、新しく購入した土などを補充し、全体をよく混ぜれば、再生した栽培用土ができます。再生した土は、置き場を決めて積んでおくか、土のう袋に入れてまとめて管理します。

二～三月には、次年度に栽培する作物の苗づくりをはじめることがあるので（80頁参照）、再生した土に苦土石灰を混ぜ、酸性度を中和させて使用します。苦土石灰は、使用する一～二週間前までに混ぜておきます。

冬の身近な資源・落ち葉を活用する

落ち葉が学校園をよみがえらせる

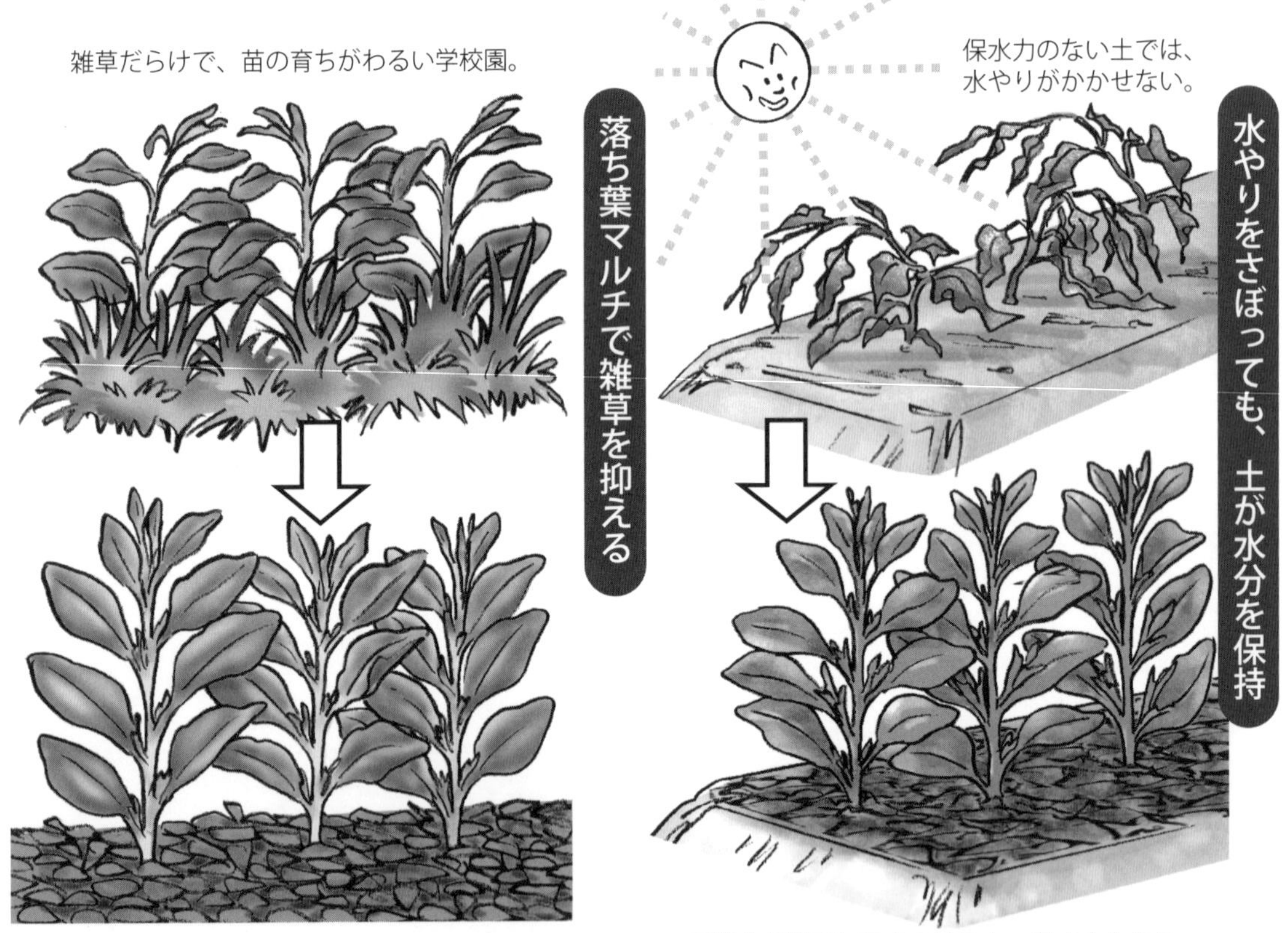

雑草だらけで、苗の育ちがわるい学校園。
落ち葉マルチで雑草を抑える
保水力のない土では、
水やりがかかせない。
水やりをさぼっても、土が水分を保持

梅雨どきや晩秋の落ち葉を、厚めに敷けば、雑草も生えにくくなる。

腐葉土を株元に敷きつめると、保水力もあるので、多少、水やりをさぼっても大丈夫！

捨てている落ち葉は最良の肥料

学校の木の落ち葉や、近くの公園・街路樹の落ち葉をゴミ扱いしていませんか。この落ち葉は、積んでおくだけでも腐葉土になります。校庭の片隅に一年くらい置いておくと、落ち葉は微生物などによって分解されますが、完全に分解する前の段階が、腐葉土です。さらに、一年くらい放置すると、微生物が腐葉土をさらに分解して、土のように細かくします。この状態のものが堆肥で、栄養分として作物に吸収されやすくなり、肥料としての効果が出てきます。

腐葉土を学校園の土に混ぜると、土の隙間に空気を保持した団粒構造ができ、根が成長しやすくなり、土が適度に湿り気を保って、水分とともに水分に溶けた養分も作物に供給されやすくなります。土の隙間に自然の雨水をため、継続的に作物に水分を補給してくれる効果もあります。

腐葉土（落ち葉の段階でも大丈夫）を栽培している作物の株元に敷き詰めると、夏の強烈な日照による乾燥や冬の乾燥を防いでくれます。また、雑草が生えるのも防いでくれます。梅雨どきの落ち葉、晩秋の落ち葉を集めて、そのときに栽培している作物の株元に敷

落ち葉で子どもと一緒に遊ぼう！

落ち葉プールで子どもと遊ぶ！

①体育マットのまわりに、児童の机を囲んで並べ、ブルーシートをかぶせて、中にくぼみをつくる。
②プールのくぼみに落ち葉をたっぷり集めて入れれば、ふかふかの「落ち葉プール」のできあがり。
たっぷり入れたから、飛び込んでもOKよ

カブトムシを落ち葉の堆肥で育てる！

プランターの腐葉土に、カブトムシの卵や幼虫を埋めておこう。翌年の夏には、成虫がゾロゾロはい出てくる！
（腐葉土は、いつも湿らせておこう）
おおっ、元気に登場！
卵⇨１齢幼虫⇨３齢幼虫⇨さなぎ⇨羽化⇨体がかたくなるのを待つ

き詰めて落ち葉マルチにすると、水やりや草とりを多少さぼっても大丈夫です。手抜きをしても、作物が順調に育つ手助けをしてくれるのです。

落ち葉は子どもの遊びの宝庫

落ち葉を集めたら、腐葉土・堆肥にする前に、落ち葉で子どもたちと遊びましょう。「身近な自然を利用しての遊び」「四季の変化に体験を通して気づく」など、生活科の学習テーマを実践するには最適の素材です。

たとえば、校庭に穴を掘ったり、教室で体育マットのまわりに児童机で枠をつくり、そこへブルーシートを敷き、落ち葉を満杯に詰めて、落ち葉プールにしたりして遊ぶのです。生活科ルームなど、自由に使える教室があれば、落ち葉プールを数日間、片づけないでおき、休み時間などに遊んではどうでしょう。

また、積んだ落ち葉には、カブトムシが卵を産みつけます。冬になって、落ち葉の天地返しのとき、丸々と太ったカブトムシの幼虫が何匹も出てきたら、その幼虫を飼育してみましょう。腐葉土になりかけの落ち葉をプランターに詰めて、カブトムシの幼虫を入れ、網をかけて雨がかかる場所に置くと、夏には成虫がゾロゾロと出てきます。

冬に栽培している作物の管理も怠りなく

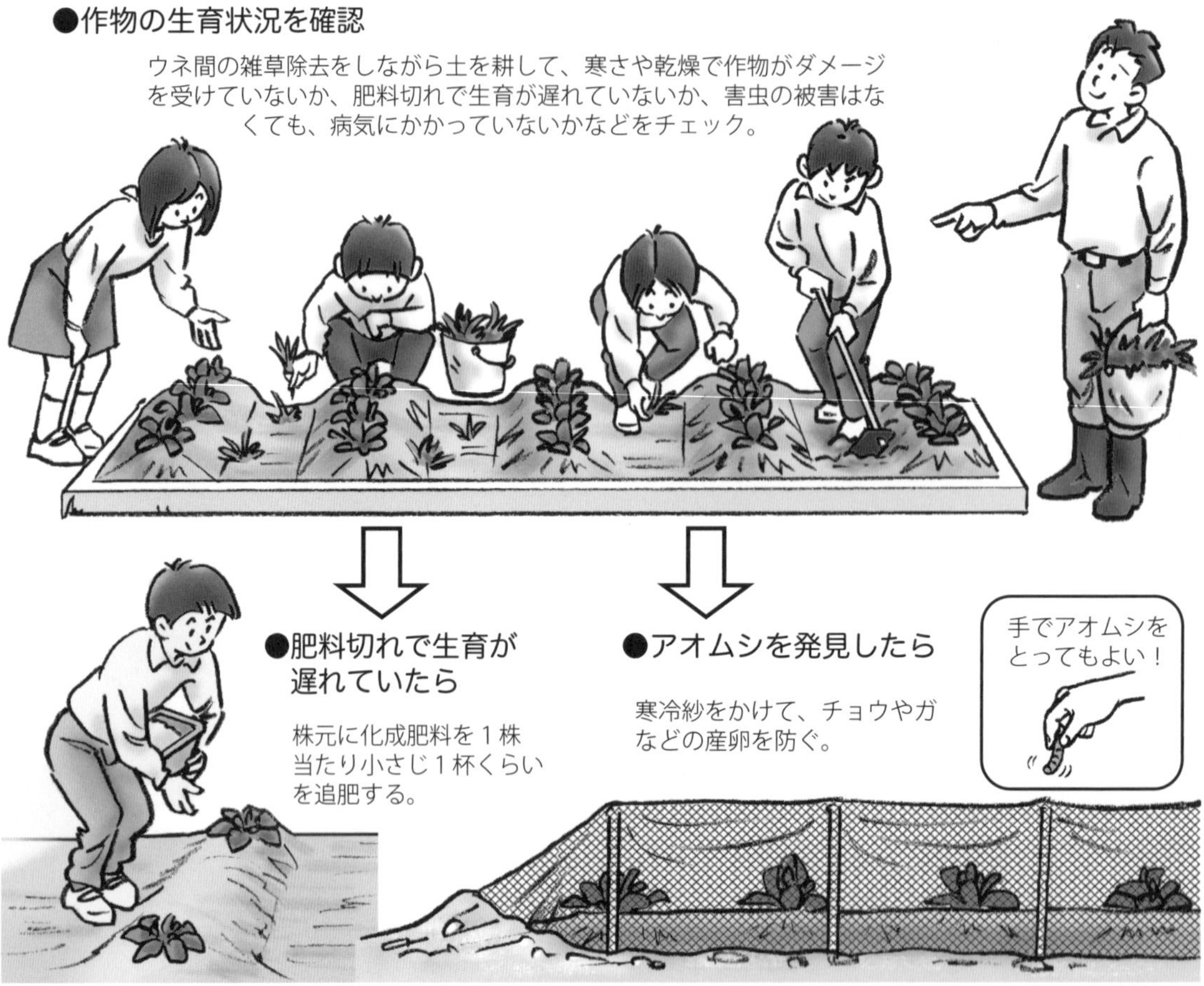
●作物の生育状況を確認
ウネ間の雑草除去をしながら土を耕して、寒さや乾燥で作物がダメージを受けていないか、肥料切れで生育が遅れていないか、害虫の被害はなくても、病気にかかっていないかなどをチェック。
●肥料切れで生育が遅れていたら
株元に化成肥料を１株当たり小さじ１杯くらいを追肥する。
●アオムシを発見したら
寒冷紗をかけて、チョウやガなどの産卵を防ぐ。
手でアオムシをとってもよい！

冬は作物の成長が遅く、学校園に足を運ぶことが少なくなる傾向があります。しかし、冬の間も、作物の管理をしないと、思うような成果を出せずに、せっかくの栽培活動が台なしになってしまうことがあります。

冬も油断せずに世話をしたい

ダイコンやブロッコリーなどは、肥料が切れて生育が遅れることがあります。月に一回程度は、化成肥料を補うことによって、丈夫に大きく育てられます。一株当たり小さじ一杯くらいの追肥を施し、できればウネの間を耕して肥料に土をかぶせておくと、肥料の効果がよりよくなり、雑草除去にもなります。

キャベツには、冬でも、モンシロチョウの幼虫（アオムシ）が発生します。次年度の学習以前に、幼虫のエサとなるキャベツが全滅してしまっては、モンシロチョウの学習が成り立たないので、冬のアオムシは防ぐ必要があります。寒冷紗をかけるのが一番ですが、冬はアオムシの成長がゆっくりなので、ていねいに見つけて手で除去してもよいでしょう。寒さを避けて葉の裏側に隠れているものがあるので、ていねいに観察して除去します。

笹竹を差しても寒さを防げる

冬の間は、霜や氷による害を受ける心配が

●笹竹でも寒さを防げる！

エンドウ、スイートピー、キンセンカなどへは、笹竹による霜除けも有効。
予算があれば、ビニールトンネルなど防寒用資材を検討する。

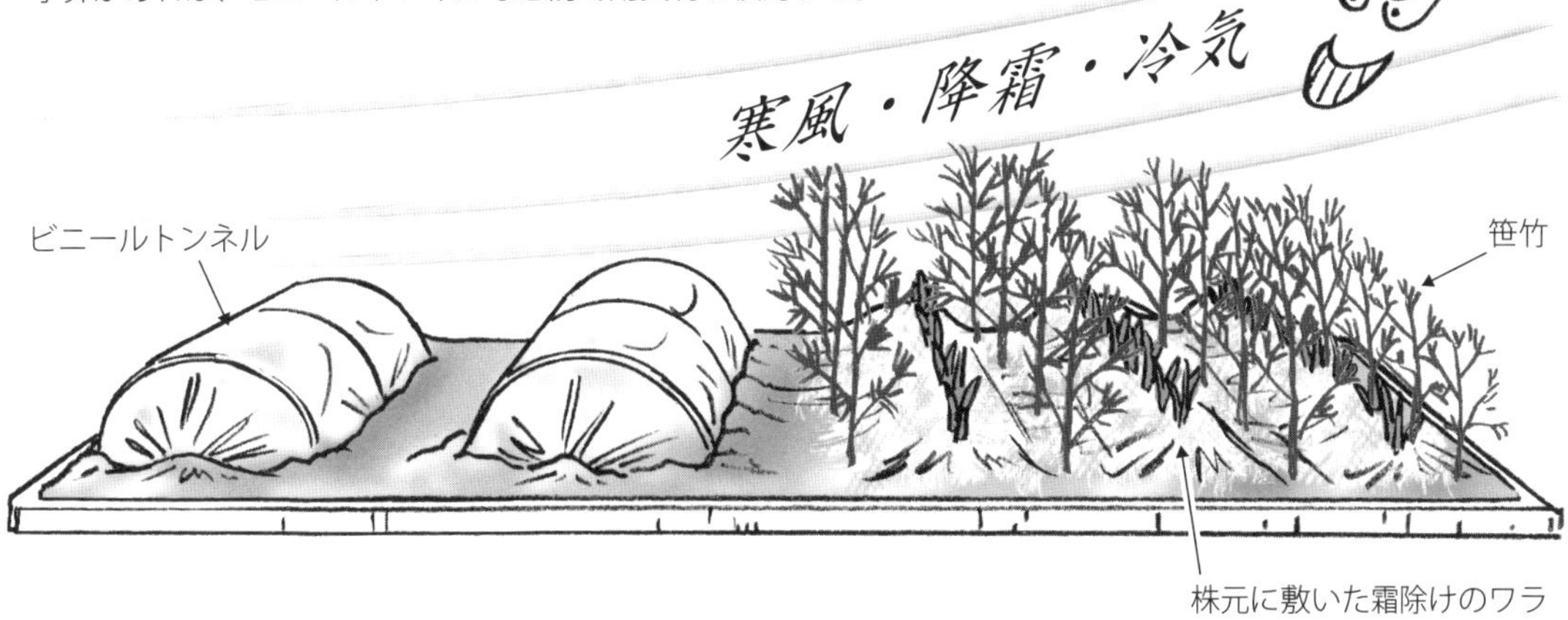
寒風・降霜・冷気
ビニールトンネル
笹竹
株元に敷いた霜除けのワラ

●冬の水やりの注意点

・週１回ほどの割合で、午前中の暖かい時間に十分水やりする。
・霜除けしたところは乾燥しやすいので、様子を見て水やりの間隔を短くする。

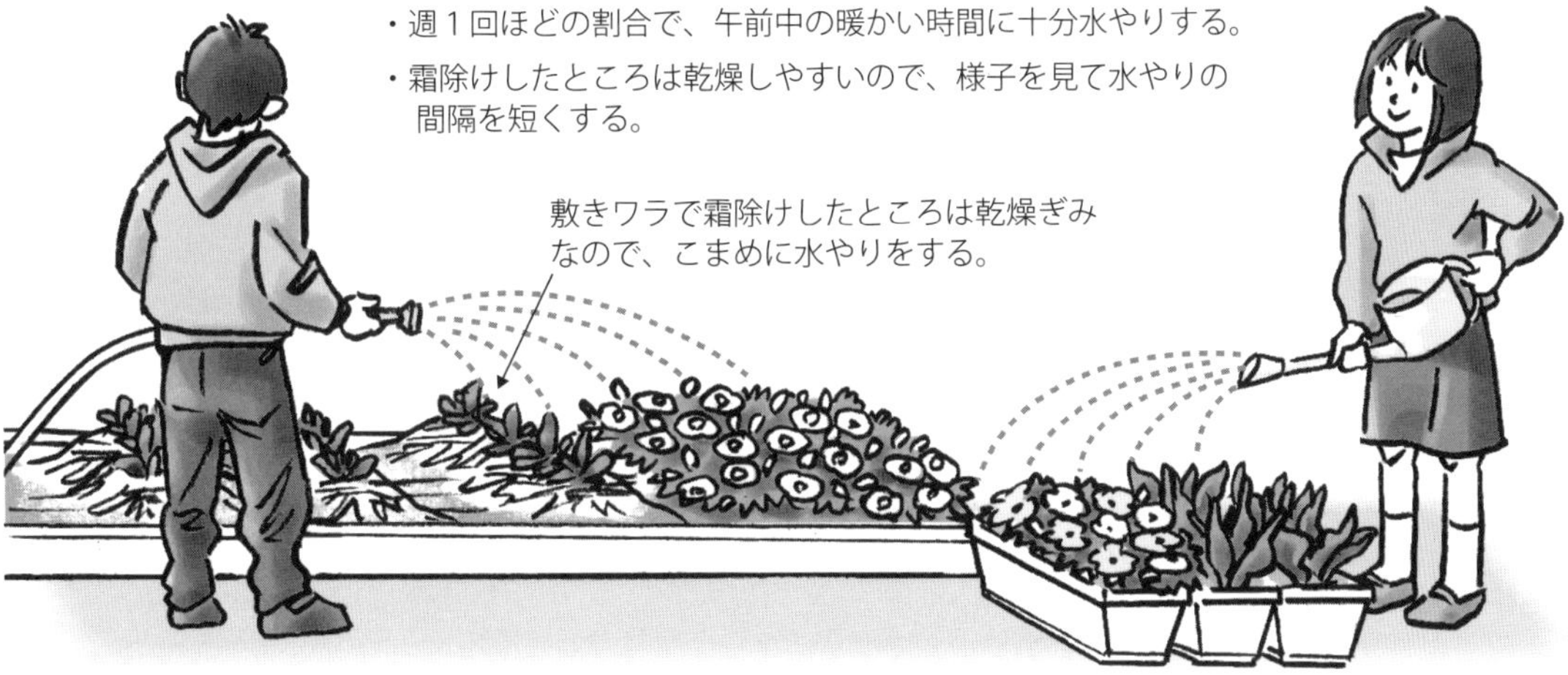
敷きワラで霜除けしたところは乾燥ぎみなので、こまめに水やりをする。

あります。エンドウ、スイートピー、キンセンカなどは、霜除けをしないと寒さで枯れてしまうことがあります。ビニールトンネルなどの防寒用資材を使ってもよいですが、葉のついた笹竹を株元に差し込んでおくだけでも、防寒効果が期待できます。モミ殻や落ち葉を株元にまいて、霜柱を防ぐ方法もあります。

寒くても作物は水をほしがっている

冬は、寒いので水やりをするとすぐに凍ってしまうと思い、つい水やりをしないでおくことが多いものです。雪に覆われた場所ならば水やりをする必要はありませんが、太平洋側の地域の冬は大変乾燥し、作物がミイラのように乾燥してしまう危険があります。冬であっても、週一回程度の水やりは必要です。午前中の暖かい時間に、十分水やりをします。午後は、凍結の恐れがあるので、水やりは避けましょう。

鉢栽培やプランター栽培では、底や側面からも乾燥するので、土が乾きやすく、水不足になりがちです。様子をみて水やり間隔を短くします。霜除けをした場所は、土の色が見えないので乾燥に気づきにくく、水やりを忘れがちになるので注意します。

学校園のおすすめレシピ　ジャガイモ

オーブントースターでできる簡単ジャガイモグラタン

●材料（4人分）

・ジャガイモ　4～5個　　・ベーコン　　3枚
・牛乳　　　450cc　　　・ピザ用チーズ　50gくらい
・コンソメの素　1.5個

●つくり方

①ジャガイモは、洗って皮をむき、5mmくらいの厚さに切る。ジャガイモのデンプンをとろみに使うので水にさらさず、鍋に入れる。
②ベーコンは細切りにし、鍋に入れる。
③ジャガイモとベーコンの入った鍋に牛乳を入れる。牛乳は、ジャガイモがひたひたになるくらいがよい。
④コンソメの素を入れ、ジャガイモが煮えて牛乳がとろとろになるまで弱火で煮る。
⑤グラタン皿に④をよそり、ピザ用チーズをのせ、オーブントースターで10分くらい焼けばできあがり。

●コツ

ジャガイモは、切ってから水にさらさないことが大切。牛乳でジャガイモを煮ているとき、とろみが出てくると焦げつきやすいので気をつける。

ジャガイモご飯

●材料（4人分）

・米　2合　　　・ジャガイモ　2個
・塩　小さじ1

●つくり方

①米をとぎ、30分くらい置く。
②ジャガイモは皮をむき、1cmくらいのさいの目切りにする。水にさらしてあくをとる。
③米の上にジャガイモを置き、塩を入れ、普通の水加減にして、炊飯器で炊く。

●コツ

ジャガイモは、男爵のようにほくほくするものがよい。塩加減は強すぎないように。

みのむし揚げ

●材料（1人分）

・ジャガイモ　1～2個　　・鶏ささみ　1本
・片栗粉　　・塩　　・こしょう　　・油

●つくり方

①鶏ささみは5～6枚に切り分けて、塩こしょうする。
②ジャガイモは千切りにする（スライサーがあると簡単）。
③片栗粉を、①②それぞれにかるくまぶす。
④③の鶏ささみのまわりに、ジャガイモを握ってくっつけて、みのむしのような形にする。
⑤フライパンに油を1cmの深さに入れ、④をきつね色になるまで揚げる。

●コツ

好みにより塩を振っていただく。ささみにしっかり味があれば振らなくてもOK。

〈協力者〉
伊藤美代子
（神奈川県平塚市立大野小学校教諭）
棟居手古奈
（神奈川県平塚市立大野小学校教諭）

第3章

栽培活動を楽しくする「学び」のヒント

学習の山場をつくって栽培活動を楽しくする

時間に追いかけられないための「作業の見通し」

年度末の職員室で、新採用の先生が、こんなことを呟いているのが、耳に入りました。

「今年の栽培活動は、大変だったなあ。いろいろな仕事や研修に追いかけられて、はっと気づいたら、隣の学級はダイコンの種まきをはじめているのに、私の学級は土づくりさえできてなくて。学年主任の先生に助けられて、何とか収穫まではこぎつけたけど、自分で栽培した実感なんてあまりなかった。子どもたちとの栽培活動の楽しい思い出もあまりないし。栽培活動は大変だ、という思いばかりが残ってしまって……」

忙しい学校の仕事のなかで、こんな思いを抱いているのは、若い先生ばかりでなく、ベテランの先生にも多いのではないでしょうか。

作物は生命のリズムのなかで生きているので、学校の仕事のリズムに合わせてくれません。それぞれの作物の種まき・苗の植付け・雑草とりなどの適期作業をし、水やり・土寄せなどの管理作業のやり方の見通しを持たないと、仕事が後手、後手になり、時間に追いかけられることになります。そうならないための「作業の見通し」を持つために、第一章、第二章、さらに第四章に書いたそれぞれの作物の栽培の手順を参考にしてください。

山場づくりで栽培をストーリー化

さて、「作業の見通し」は重要ですが、それだけで栽培活動が楽しくなるでしょうか。

たとえば、いくら手際よく栽培したとしても、教科書通りの観察をしておしまいにしては、収穫の楽しみはあっても（それは大変重要ですが）、子どもと一緒に学ぶ楽しみがあるでしょうか。先に書いた新採用の先生のように「子どもたちとの栽培活動の楽しい思い出があまりない」結果になりそうです。

そうならないためには、発見の驚きや考える面白さを味わえる「観察や思考の山場」を、それぞれの先生が栽培活動のなかに設定する必要があります。あれもこれもではなく、その山場を設定できる作物を選び、山場に関連するいろいろな教科の単元を整理して寄せていくことで、栽培学習がストーリー化するのです（学習の重点化、14頁参照）。教科書は、そのための大変便利な参考書と考えてはいかがでしょうか（内容を省くわけにはいきませんが）。それは、忙しい学校の仕事のなかで、時間にゆとりをつくる方法でもあります。

山場づくりのための四つの切り口

以上に書いたように、「作業の見通し」だけでなく「学習の山場をつくる見通し」を持つことで、栽培活動は楽しくなります。ただし、そう言われてもすぐには、そうした「学習の見通し」を持てないとお考えの方もいることでしょう。やはり、ヒントが必要だと思います。

そこで、私が仲間と研究してきた「問題解決の学習」をもとにして、栽培学習の山場をつくるための四つの切り口を考えてみました。

先生方に実感を持ってもらうために、学校現場での対話形式で話を進めます。では早速、幕を開けることにしましょう。

1 思い込みをひっくり返す

発芽には温かさが必要と思っていたが

夏休みが終わってまもなく、六年生の担任の先生方が職員室に集まり、これまでの栽培活動を反省しながら、今後のことを話し合っています。

正男先生　校長先生が、「草花は種から育てると経費も節約できるし、発芽から生育を観察できるからいいよ」と言われたので、草花の種をまいて育てようとしたのだけれど、どうもうまく発芽しなくて苦労しました。

太郎先生　そうそう、僕の学級でも発芽には苦労したよ。特に、八月の終わりにパンジーの種をまいたのだけれど、まったく芽が出ないんだ。

良子先生　やっぱりそうなの？　学年のパンジーは全滅かも。困ったわ、うまくいかないわねえ。

澄夫校長　私の名前が出ているようだけれど、何かうまくいかないの？

良子先生　草花の発芽に苦労しているんです。パンジーはまったく発芽しないので、全滅かもしれません。

澄夫校長　ほほお、そうかあ。やっぱりそうなの。

澄夫校長
何かうまくいかないの？
正男先生
（6年2組担任）
パンジーがまったく発芽しなくて、全滅かもしれません！
良子先生
（6年3組担任
・学年主任）
太郎先生
（6年1組担任）

太郎先生　やっぱりって、校長先生は失敗するのがわかっていたのですか？

澄夫校長　いやあ、実はパンジーの発芽には、私も苦労したからねえ。三年くらい失敗の連続で、まったく芽が出なかったんだ。そんなとき、ある人から秘訣を聞いてね。どうしたと思う？

太郎先生　……？

5月に習った５年生の「種の発芽」の教科書の内容

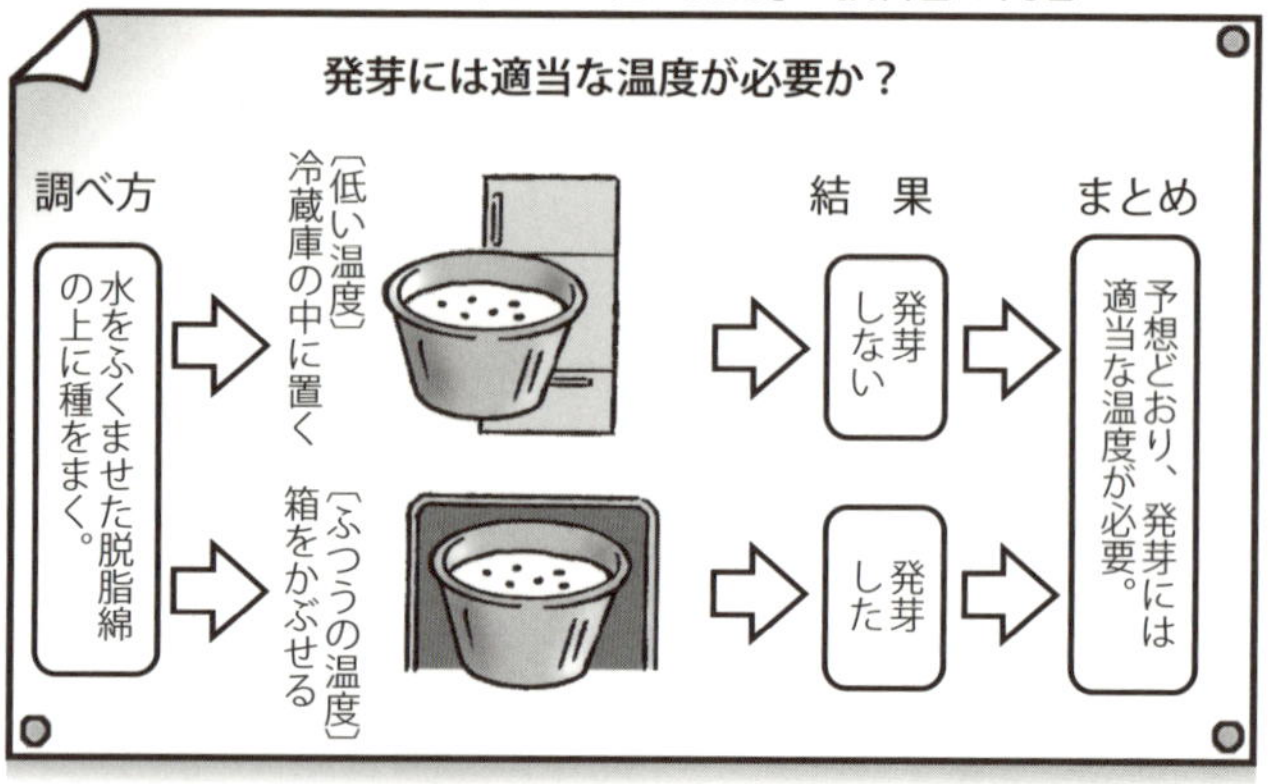
発芽には適当な温度が必要か？
調べ方
水をふくませた脱脂綿の上に種をまく。
〔低い温度〕冷蔵庫の中に置く
〔ふつうの温度〕箱をかぶせる
結　果
発芽しない
発芽した
まとめ
予想どおり、発芽には適当な温度が必要。

「発芽には温度（温かさ）が必要」＝思い込み

パンジーの種は冷蔵庫に入れて、発芽のスイッチを入れる

まだ眠っていたいよ～
おいおい、もう起きろよ！

・プリンのカップなどにぬらしたティッシュや脱脂綿をつめ、その上に水でしめらせておいた種を置き、水と空気に触れさせる。
・種を置いたカップはトレイに並べ、上にラップをかぶせて乾燥をふせぐ。

澄夫校長　冷蔵庫に入れたんだよ。

太郎先生　えっ、冷蔵庫に！　五年生の「種の発芽」では、発芽に温度が必要だって、教科書にもありましたよ。あのとき、発芽条件として、「温度（温かさ）」が必要だった。発芽には、温かいほうがいいのでは？

澄夫校長　パンジーのように八月の末にまく種は、低温に触れさせて、目を覚まさせるんだよ。一般に秋まきの種を早く発芽させるには、低温を経験させる必要があるんだ。「寒くなったなあ、大変だ、早く芽を出して大きくならなければ」、そう思うんだね、種は。

　パンジーの発芽適温は二〇度前後なので、九月の残暑の頃の気温では暑すぎる。そこで、冷蔵庫に入れるわけ。

　五年生の「種の発芽」は、五月の学習だったね。春まきの種は、温度＝温かさということで間違いないんだけれど、植物の種にはそれぞれ発芽適温があり、その「適当な温度」が何度かということを忘れてはいけないんだ。暑さの後に発芽するものは、涼しさで発芽のスイッチが入るものが多いんだよ。

太郎先生　そうなんですか、それで冷蔵庫に入れるんですね。

そんなバカな！　種に土をかけないの？

良子先生　でも私は、校長先生に、冷蔵庫に入れるといいと聞いたので、三日間入れておいてから種をまいたのですけど、それでも芽が出ないんですよ。どうしてなんでしょうね。

正男先生　良子先生と同じようにしたのですが、僕の場合も芽が出ないんですよ。

澄夫校長　正男先生も、良子先生も、土はかけましたか？

正男・良子先生　ええ、もちろん。

澄夫校長　やっぱりねえ。

正男先生　また、やっぱりですか。

澄夫校長　パンジーの発芽に必要な条件がもう一つある。それは、光なんだよ。

正男・太郎・良子先生　光!?　そんなバカな！　土をかけないんですか？

澄夫校長　そう、パンジーの種は、光に当たらないと芽を出さないんだ。私だって、昔は土をかけてしまって、何回も失敗したよ。まったく発芽しないで大失敗だった。転勤したと

モヤシは、光に当てなくても発芽するよ。
「発芽には光は必要ない」
＝思い込み
パンジーの種は
光に当てないと、
発芽しないよ！
柔らかい光がありがたいね。

きに同僚に「光が条件」と聞いて、仰天したものだよ。

太郎先生　五年生の発芽条件の学習で、子どもから「光」という条件が出たので話し合ったけれど、それは「温度（温かさ）」と同じだねということになって、実験はしませんでした。教科書の結論部分での発芽条件にも、光は書いてありませんよ。

　学習指導要領にだって、ほら、「植物の発芽には、水、空気及び温度が関係していること」と、光は入っていませんし。

　それに、ダイズに光を当てないで発芽させたものがモヤシだということから、発芽には光は必要ない、というのが常識のような気がしますけれど……。

澄夫校長　そうだね、学習指導要領は、特殊なものは除外してすっきりさせているから、発芽条件としての光は書いていないんだ。ところがね、自然界には、特にパンジーのような草花には、発芽に光が必要なものも結構多いんだよ。草花の発芽に苦労する理由の一つは、必要な光に当てていないためかもしれないね。

　種が飛び散って、その一部が地中に入ってしまうようなものは、耕作や動物の巣づくりなどで、何かの拍子に地表に出て、光が当たり、その光がスイッチになって発芽するものがある。それが、植物が生き残るための知恵なのかもしれないね。雑草の芽なども、ちょっとした隙間に隠れて芽を出す。植物は、過酷な条件のなかで、たくましく生き残る知恵をいろいろと身につけているんだ。

太郎先生　発芽には光は必要ないと、思い込んでいたようですね。でも、失敗した理由がはっきりして、何だかスッキリしました。

澄夫校長　「発芽条件には温度（温かさ）が必要だ」「発芽条件には光は必要ない」と思い込んでいた。でも、発芽に失敗することで、植物の生育条件にまで立ち返って、その理由を考え、その過程で思い込みがひっくり返る。そこに、「学んだ」という実感があるんじゃないかな。太郎先生が「スッキリした」と言うのは、そういうことだと思うよ。

太郎先生　これは面白いことを教わりました。思い込みをひっくり返すことは、私たち教師にもこんなに快感があるのだから、これは子どもたちとの授業にも応用できそうですね。パンジー栽培をきっかけにしてわかったことは、総合的な学習の時間などの探究のテーマのヒントにもなりそうです。思わぬところで、学習の見通しに光がさしてきたようですよ。

土をかけないと芽は乾燥する？

正男先生　でも、土をかけないと、芽は乾燥してしまって、すぐに枯れてしまうのではないかなあ。

澄夫校長　いいところに気づきましたねえ。

正男先生　おだてないでくださいよ。でも、どうするんですか？　光が当たらなければ芽は出ない。光が当たれば水は乾く。難しすぎる！　思い込みをひっくり返されたって、育苗箱をひっくり返したくなりますよ。

澄夫校長　まあまあ、落ち着いて。パンジーの場合、発芽条件は、水、空気、温度と、光とがそろう必要がある。でも光は、弱い光で十分。新聞紙を濡らして育苗箱にかぶせても、弱い光が入る。パンジーの種は、土の粒の隙間にちょうど隠れるくらいの大きさだから、種をばらまいておくだけでいい。

　水やりは、上から与えると、種が流れてしまうから、育苗箱の下から吸い上げるようにして、土をたっぷりと湿らせておけばいい。そして、育苗箱の上に濡れた新聞紙をかぶせれば、発芽条件の全てが完璧だよ。

正男先生　さすがー！　さっそくその方法で、レッツゴーですね。

思い込みをひっくり返すタイミング

良子先生　ところで、子どもとの学習では、思い込みをひっくり返す場面を、どこにどう仕組むかが難しいんですよ。

澄夫校長　思い込みをひっくり返すには、タイミングが一番問題だね。パンジーを発芽させるには、冷蔵庫に入れるといいですよ、光に当てるといいですよと、はじめから教えれば失敗はしないかもしれないけれど、太郎先生が「スッキリした」というような学びの喜びは得られないでしょうね。つまり、思い込みの枠組みは、抜け出すのが難しいので、失敗という強いインパクトでその枠組みを揺さぶり、それをきっかけに、子どもたちが失敗の理由を探究するように火をつけるわけです。

良子先生　失敗というタイミングをねらうのですね。でも、「子どもも教師も立ち直れないくらい失敗したらどうしよう」という不安はありますね。

澄夫校長　失敗をあらかじめ想定して、教師が準備をしておかないと、それこそ「完全な失敗」になってしまいますよ。たとえば、子どもたちとは別に、育苗箱でパンジーの発芽をさせておいて、子どもたちが発芽に失敗したタイミングを見計らって、その育苗箱を子どもたちに見せるわけ。「先生、どうやって発芽させたの？」と、子どもたちが乗ってくればしめたもの。後は、さっき先生たちとやり取りしたような展開にすればいいんです。

正男先生　校長先生のように、知識や経験をたくさん持っている方はいいけれど、僕のように経験の浅い者は、自信がないな。

澄夫校長　あのね、さっきも言ったけれど、私も失敗をたくさんしているんです。ただし、失敗したままではなくて、その理由を、人に聞いたり、本で調べたりして考えてみる。それが、蓄積になっていると思います。

　正男先生も、もっとたくさん失敗して下さい。それが、若さの特権ですよ。

問題解決のヒント

＊子どもの「思い込み」とは?

子どもは、それぞれの生活や学習の経験から、自然事象を自分なりに解釈し、自然をとらえようとする。こうして子どもは、それぞれ見方や考え方という枠組みをすでに持っていて、そのフィルターを通して、出会ったり、関わったりする事象を把握するわけである。別の言葉で表現すれば、これを「子どもの思い込み」と言うこともできよう。子どもは、出会った自然事象のある側面や断片を、これまでの経験と結びつけながらとらえている。

学習は、この「子どもの思い込み」を変更させていく過程であるとも言える。じっくりと出会った自然事象を見つめ、いくつかの視点を持って観察を継続し、事実を発見し、その事実の背景や因果関係を考え、解釈し直していくのである。

栽培活動を行なうにあたっても、子どものこれまでの経験からの見方や考え方がある程度つくられており、それをきっかけにして新たに栽培活動に取り組んでいくことになる。そして、その学年としてのねらい（学習内容）を、体験を通しての理解というレベルに高めていくのである。

これまでの栽培の経験から、「こうすればこうなる」という思い込み（その時点での見方や考え方）を整理していくと、「その植物は、まだ栽培したことがないので、あまりよくわからない。でも、たぶん○○と同じような育ちをするのではないか」「昨年度に栽培していたものを見たことがあるが、注意して観察したわけではないから、詳しくはわからない」というように、あいまいな部分がクローズアップされてくる。このように、知っている部分と知らない部分がはっきりしてくることが、学習の導入場面では大切である。

そして、子どもの心に、「よし、わからないところをはっきりさせよう」「実際に栽培しながら、わからないところを調べてみよう」という学習意欲がわいてくるようにしていく。さらに、学級の子どもたちの共通の問題（栽培を通して調べていくこと）と、個々の疑問や課題（個人の経験や見方や考え方の違いから多様に生まれる問題）とを、話合いによって整理していくのである。

＊新しい出会いが多い栽培活動

授業の醍醐味は、既習の知識や経験では説明できない切実な問題の追究活動で、これまでの経験にはなかったまったく新しい事実に出会い、子どもの解釈や見方・考え方を修正していくところにある。子どもの「思い込み」をひっくり返すのである。栽培活動では、そのような事実との新たな出会いの場面に遭遇することがよくある。子どもにとってだけでなく、教師にとっても、新鮮な出会いとなることもある。

思い込みをひっくり返す場面では、大人の目からは何でもない当然と思われる事実であっても、驚きや感動という感情をいだきながら「発見」「大発見」を喜ぶ子どもたちが多い。思い込みをひっくり返す経験は、各学年の学習内容を、単なる言語の理解ではなく、具体的な体験から実感を伴った理解として子どもが学ぶことになる。各学年の一つひとつの学習内容を、驚きや感動が味わえるように、学習を演出・設計していくのである。

2 いろいろと比べて気づく

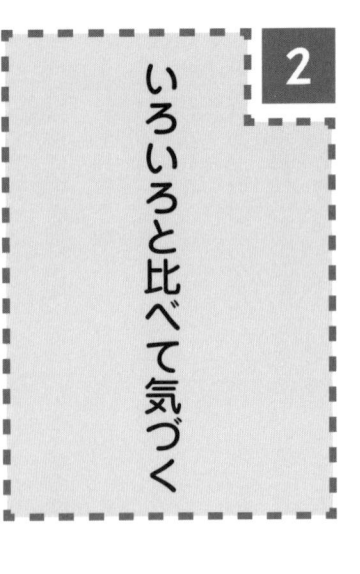

まく種の数を変えて比べてみる

パンジーの発芽談義の数日後。放課後の職員室で、三年生の担任の先生方が、学年の打合わせを行なっています。

ゆかり先生　二学期は、ダイコンを育てるんでしたね。どうやったら、栽培活動が面白くなるのでしょうか。

太一先生　そう面と向かって質問されると困るけど、確かに育てて食べるだけでは、なんだか物足りないね。何か栽培活動が面白くなる方法はないだろうか?

幸子先生　面白くする方法というか、これは困っていることなんだけど、ダイコンの間引きをするとき、「せっかく育ったダイコンを抜くのは、かわいそう」という子どもが必ず出てきて、その子に、なぜ間引きするのかを納得させることがなかなかできないのです。そこで、「ともかく間引きをしなくちゃいけないの。一本にしようね」と、強引にやらせてしまうんです。

澄夫校長　君たち、何を話してるの?　ダイコンの間引きの話かい?

ゆかり先生　間引きじゃなくて、ダイコンの栽培を面白くするやり方がないか、悩んでいるんです。

比べてみるという方法があるよ!
ダイコン栽培を面白くする方法はないかしら…
澄夫校長
ゆかり先生（3年1組担任・新採用）
太一先生（3年3組担任・学年主任）
幸子先生（3年2組担任）

澄夫校長　そうか、三年生の学習の第二段階だね。いろいろと比べて気づくこと、比較しながら実際に確かめることが、三年生の理科の重点課題にあったよね。それを参考にして、いろいろと比べる場面をつくればいいんじゃないの?

ゆかり先生　ダイコンで、どうやって比べれ

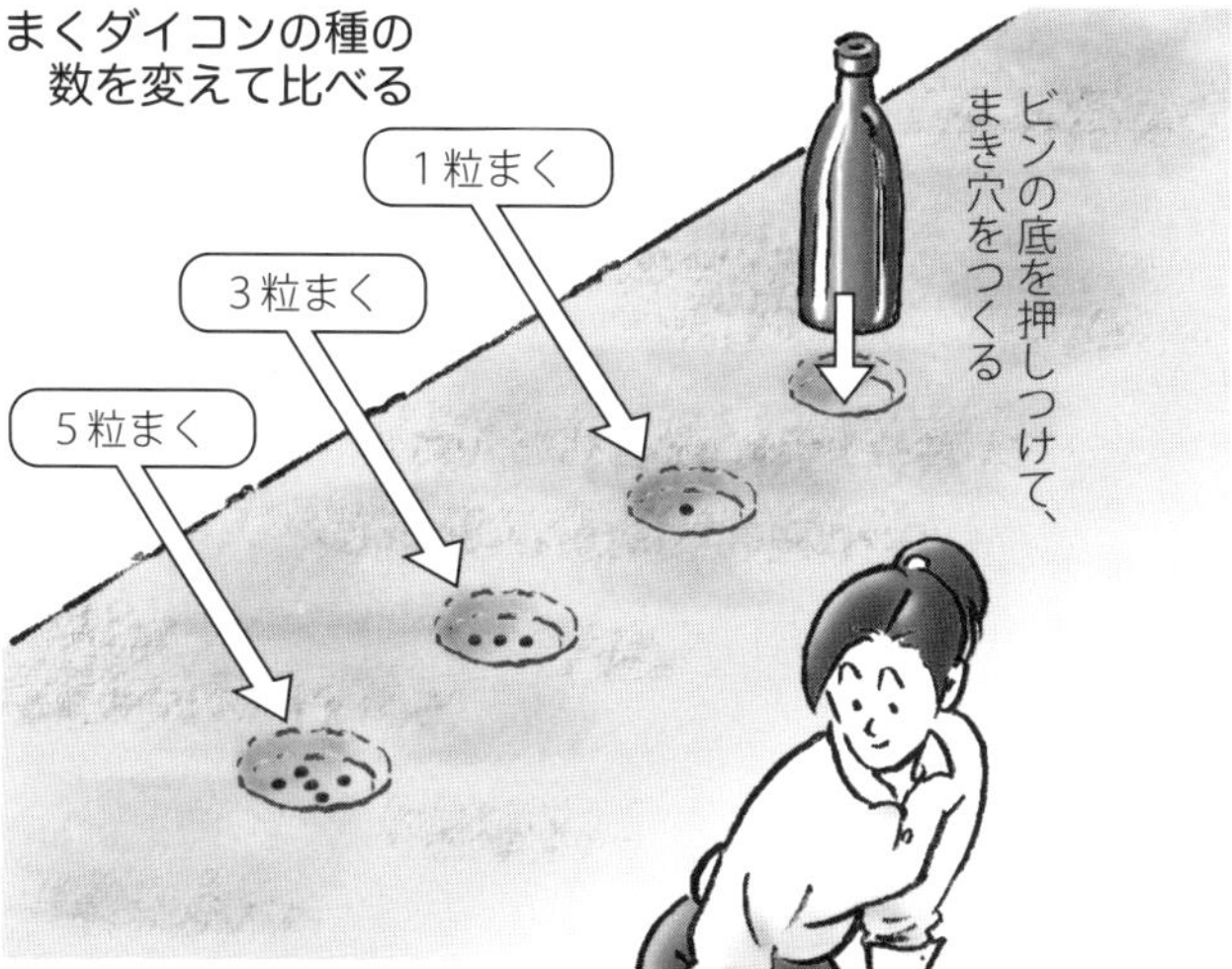
まくダイコンの種の数を変えて比べる
ビンの底を押しつけて、まき穴をつくる
1粒まく
3粒まく
5粒まく

ダイコンを間引く、間引かないで比べてみる
間引いて1本残す
間引いて2本残す
間引かない

ばよいのでしょうか。

太一先生　三年生では、理科の「植物の育ち方」の発展教材として、また、総合的な学習の時間も使いながら、ダイコン栽培を計画しています。「比較しながら調べる」ことが三年生では大切だということは、学習指導要領でも強調されているのですが、その比較の具体的なポイントがよくわからないのです。

澄夫校長　種まきの時期と収穫時期との関係を比較するのは、三年生にはちょっと難しい。子どもたちの目の前で、違いを対比させながら比べることが基本となりますね。さっき話に出ていた「間引き」なんか、よいテーマになりそうなんだけれど。

ところで、ゆかり先生や幸子先生は、ダイコンの種を何粒ずつまきますか？

ゆかり・幸子先生　種の袋には、三～五粒と書いてありますね。途中で間引きをして一本にするとも書いてありますよ。

澄夫校長　はじめから一本になるように、どうしてまくのを一粒にしないのでしょうか。

太一先生　そう言われればそうですね。高価な種を買ったのだから、一粒ずつまいてもいいんじゃないの？　やってみようか？

澄夫校長　栽培スペースに余裕があれば、一粒まき、三粒まき、五粒まきと、比べる場所をつくってみるのもいいですね。実際にいろいろ試してみて、発見と実感を子どものものにしていくことが大切ですよ。

間引く、間引かないで比べてみる

澄夫校長　ダイコンの種は、低いウネを一升瓶（水を入れたペットボトルでもよい）でトントンと土をたたき、深さ五㎜程度の窪みをつくって、その中に二～三粒から五粒の種をまく。このように、種から育てる作物は、はじめは混み合った状態にして育て、後から一本にするものが多いのですよ。

発芽した芽は、それぞれがわれ先に伸びようとがんばって、短距離走をしているように競争しながら生育する。スタート段階は、こうして競争させたほうが、生育が早い。

ところが、栽培は短距離走では終わらない。実はその後は、長距離走となるのです。ダイコンの芽であれば、双葉の間から本葉が二～

三枚出たところで、元気のよいものを二本残して、ほかは間引く。なぜ二本にするかというと、数を少なくして競り合わせるほうが丈夫になるからです。そして、本葉五～六枚で一本の独走態勢として、ほかにじゃまされずに、栄養や日照を独占しながら、ひたすらゴールをめざすというわけです。

幸子先生　なあんだ、だまして競争させるんですね。子どもたちが、「かわいそう」と言うのも、無理がないような気がしてきました。

澄夫校長　間引きするのが「かわいそう」という子どもたちの感覚は、とても素晴らしいのですが、その感覚を大切にして、間引きするのをやめますか?

幸子先生　さっきも話していましたが、子どもたちが納得する、しないにかかわらず、強引に間引きをさせています。

澄夫校長　普通は、そうかもしれません。いっぽう、私がいま話したようなダイコンの生育のしくみを、子どもたちに言葉で伝えたとしても、「納得する」ように子どもたちが理解するのは、難しいかもしれません。

いずれも、子どもたちが「納得する」には遠いような気がします。

それらに対して、比較区をつくって、子どもたちが実際に比べて観察しながら、発見と実感を体得して「納得する」ようにさせるのが、先生方の仕事じゃあないかなと、私は思うのだけれど。

ゆかり先生　そうかあ。子どもたちに、ダイコンを何粒まくかを決めさせて、実際に比べながら栽培すると、面白そうですね。

幸子先生　間引きをしたものと、間引きしないものを栽培して、実際に比べてみることで、間引きの意味が、子どもたちに実感できそうですね。

澄夫校長　昔の教科書の多くは、一番効率的な方法が説明されていたようです。種の袋の説明もそうですね。このごろの教科書は、対比して観察したり、見方や考え方を比べたりしているところもありますが、ゴールに向かうのが一本道になっているので、先に教科書を読んだり、塾でいろいろなことを教わったりしている子どもにとって、教科書や解説書通りの学習展開は、つまらなく感じてしまう。

そうは言っても、教科書・解説書の展開以外は、なかなか思いつかないですよね。だとすれば、ダイコン栽培で、まく種の数を変えたり、間引きをしたり、しなかったりしたように、教科書や解説書に載っている方法と、それとは違う方法とを実行して比べてみれば、学習がグンと面白くなりますよ。

わき芽をとる、とらないで比べてみる

太一先生　昨年度、四年生でトマトを栽培したときに、「わき芽を摘みとって栽培する」と、栽培の解説書に書いてあったので、解説書通りにどんどん摘みとっていったのですが、この場合も、ダイコンの比較と同じように、わき芽を摘んだものと、摘まないものを比較したほうが、よかったのではないかと思うんです。

わき芽を摘む、摘まないで、実際の成長は、どう違ってくるのでしょうか?

幸子先生　私は、生活科でミニトマトを育てたとき、わき芽は摘みとらなかったわ。でも、たくさん収穫できたわよ。

澄夫校長　ミニトマトは、心どまりの品種があって、わき芽を摘みとらずに、放任して育てるものもあるね。しかし普通は、わき芽を摘みとって、日当たりと風通しをよくし、病気にならないように、健康に育てるやり方が多いんですよ。こうすると、葉を茂らせるエネルギーを、実の成長に向ける効果にもなる

んです。トマトの成長時期は梅雨で、日照不足の時期と重なるので、病気になりやすいんですね。だから、わき芽を摘みとることによって、健康に育つようになり、大きな実がつきます（ただし、株間を広くあけて、日当たりと風通しをよくしておけば、わき芽にも実はつきます）。

トマトのわき芽を摘みとったものと、摘みとらないものを比較しながら、実際に育ててみることも、子どもたちが関心を寄せる面白い栽培方法になると思いますよ。

茎から出る芽、実から出る芽を比べてみる

ゆかり先生　せっかく育ったトマトの芽を摘みとるって、もったいないような気がしますね。

太一先生　ちょっと目を離したら、トマトのわき芽がずいぶん大きくなってしまったことがありました。捨てるのはもったいない気がして、ボールがぶつかってダメになったトマトの株の横に、何となくわき芽を植えておいたんです。そしたら、ちゃんと根っこが出てきて、成長をはじめたんですよ。ほかのトマトより成長は遅れたけれど、これにも実がつきましたよ。

幸子先生　へえっ、トマトも挿し木ができるんですね。

トマトの側枝の伸び方とわき芽のとり方

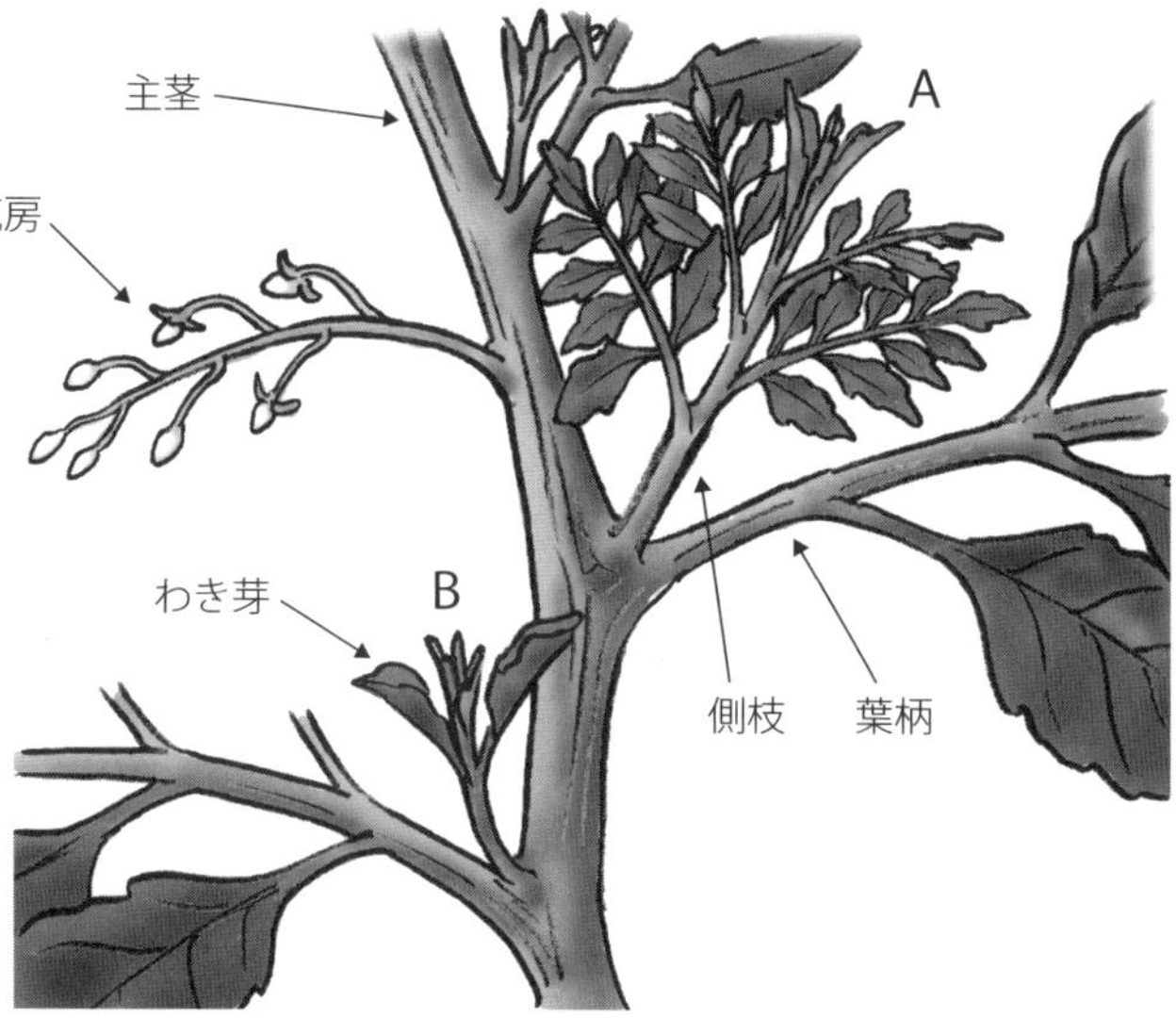
主茎
A
花房
わき芽
B
側枝
葉柄

A　花房のついているほうが主茎で、花房のすぐ下の節からは主茎とまちがうほど勢いよく側枝が伸びる。このように大きくならないうちに、早めに摘みとる。
B　このわき芽は6～10㎝に伸びたら摘みとる。横へ曲げてつけ根から摘みとり、傷口を大きくしないように注意する。

わき芽をとらない場合
茎・葉ばかりが茂る
わき芽をとった場合
花房への養分が十分に

澄夫校長　挿し木は発展になるけれど、季節と植物の成長に関連するし、生物の多様性の見方につながるから、面白いかもしれないね。

ゆかり先生　トマトの実を植えておいても、根っこは出てくるんですか?

幸子先生　はははっ、挿し木はできても、「さし実」は無理じゃないの?「さしみ」が得意なのは、魚屋さんよ。実は、食べてしまったほうがいいと思うよ。

太一先生　いやいや、実からも育つことがあるんだな。昨年度、トマトを栽培した後の学校園に、たくさんトマトの芽が出てきたよ。あれは、学校園に落ちたトマトの実の中の種から発芽したヤツだと思うよ。熟して地面に落ちたままのトマトから芽が出たんだね。

澄夫校長　トマトは、生命力が旺盛だね。ジャガイモの皮や、大きくなりすぎたナスを、畑にころがしておいても、そこから芽が出てきます。でも、秋から冬に向かう芽は、寒さでダメになってしまいますね。もし、保温して栽培したとしても、同じ場所で育てると、ナス科の植物は連作障害が出るので、成長させるのは、難しいでしょうね。しかし、収穫までいかなくても、「季節と植物の成長」の学習には、使えそうな素材ですね。

　挿し木は、だいぶ前の理科の学習で扱ったことがあります。現在の学習指導要領の内容とは直接関連しないのですが、いろいろな植物で挿し木からの栽培ができますから、機会と場面をとらえて、発展的に取り組ませてみることもよいと思いますよ。

　トマトが、茎からでも芽が育ち、さらに、学校園に落ちた実からも芽が育つことを経験することも、ちょっと高度な比較する体験ですね。トマトの二つの生き残り戦略の意味を、子どもたちと考えてみるのも、面白いかもしれません。

問題解決のヒント

＊比べて観察する、比べて調べる

　問題解決の手法で、早くの段階から子どもたちに学ばせたいものに「比較」という手法がある。二つのものを比べる、三つ以上のものを比較する。そうすると、差異（違い）が際だってくる。差異の原因や背景を探ってみたくなる。そこから、問題解決の学習がはじまる。

　疑問や問題を調べていく過程でも、「比較」が使われることが多い。問題解決の終末（探究の一区切り）で、はじめの自分の見方や考え方と、探究後の見方や考え方を「比較」しながら学習を振り返って整理する。このように、「比較」は学習のいろいろな場面で使われている。さらに言えば、学校を卒業してからも、生涯ずっと使い続ける大切な探究の手法である。

　前項の対話のなかで書いたように、栽培の過程で比較する場面を意図的に用意すると、子どもたちの栽培への興味・関心が強くなって、主体的な取組みに変化していったり、新たな気づきや探究の糸口の発見につながったりすることが多い。

＊農家から学ぶ間引きの役割

　ジャガイモの場合、種イモから数本の芽が出る。はじめのうちは、互いに競争しながら生育させるが、本葉が数枚の段階で、一～二本の芽を残して、ほかの芽は間引きをする。ダイコンは最終的に一本にするが、ジャガイモは二本の茎のままで育てることがある。

　一本でも二本でも、全体の収量はあまり差がないが、一本立ちの場合は、子イモが大きくなる。二本立ちの場合は、中ぐらいの大きさの子イモができる。三本立ち以上のときには、子イモは小さくて数多くできる。

農家は、収穫後の調理や保存（大きなイモは水分も多くなるせいか保存しにくい）、販売も考えながら、間引きのときに残す茎の本数を決めていく。学校でも、余裕があれば、一本立ち、二本立ち、三本立ちと比べてみるのも面白い。

バケツイネ栽培は、学校で広く行なわれている栽培活動である。イネの苗は、生育の途中で間引くことはしない。イネは、それぞれの株が分けつして、たくさんの茎に分かれながら成長していくという性質がある。この分けつを何本とるかが、ほかの作物栽培での「間引き」に相当するかもしれない。

農家は、苗を植える段階で茎の本数を調整しながら田植えを行なう。数本から四～五本程度の苗を、一ヵ所に植えるのが一般的だが、一本植えにこだわる農家もある。バケツイネの田植えの際に、共通観察用のバケツを用意し、一本植え、三本植え、五本植え、一〇本植えなどの株が、どのように分けつしていくかを調べてみるのも面白いだろう。

学校で行なういろいろな栽培活動でも、土地に余裕があれば、いくつかの比較できる株を決めておくとよい。一回の栽培のなかでも比較・観察が行なえ、子どもの興味・関心を持続させることにつながるだろう。

＊学習の発展として面白い「挿し木」

挿し木から栽培するものに、キクがある。地域の協力者の指導を受けながら、総合的な学習の時間などを使って、キク栽培に取り組んでいる学校もある。

しかし挿し木は、三年生「植物の育ち方」「身近な自然の観察」、四年生「植物の成長と環境とのかかわり」、五年生「植物の成長」、六年生「生物と環境」（腐葉土づくりと関連）など、どの学年でも理科学習の発展として扱うことができる。

五月には、前年度の株からたくさんのキクの芽が伸びてくるので、これを挿し木苗に育てると、大量の苗が短期間にできる。キクの挿し木の適期は、梅雨の時期にあたるので、管理はしやすいし、失敗は少ない。鉢栽培だと、夏の水やりの管理が大変なので、学校園に直接植え込んでおけば、晩秋に見事な花で学校を彩ることができる。

トマトの茎が折れてしまって補充する必要があるとき、トマトの摘みとったわき芽を生かした活動を行なうなど、栽培活動の過程で挿し木を追加していくことは、生命を尊重するという子どもの心情を大切にし、思わぬ成長や収穫に触れることになり、感動や喜びをもたらす活動となる。

ただし、挿し木したものは、成長が遅くなるため、夏草に負けてしまったり、夏の乾燥に耐えられなかったりすることがあるので、管理に注意する必要がある。

3 見えない世界をイメージする

土寄せしないで、ウネを掘っている!?

二月の校庭です。五年生担任の雅明先生と俊作先生が、放課後、学校園を耕しています。

雅明先生　あと一ヵ月で卒業式だね。いろいろと忙しいね。でも、いま学校園を耕しておかないと、六年生に進級して、デンプンので

澄夫校長
寒いのに、こんなところで教材研究かい？
イメージさせてあげようと…
敏恵先生
(5年3組担任・学年主任)
雅明先生
(5年1組担任)
俊作先生
(5年2組担任)

き方の学習をするときにジャガイモが必要だから、どうしても来週には、ジャガイモの種イモを植えておかないとね。

俊作先生　もう六年生の学習の準備なんですね。そういえば、五年生が春に植えたカボチャも、二月頃に種まきしたものだって、種苗店の人が言っていたっけ。学習するときになって教材を探しても、間に合わないことがあるんですね。

雅明先生　さあ、これでほぼ耕すのも終わりだね。あとは種イモの植付けだ。

種イモの準備は完了。今日、芽を折らないように気をつけながら、子どもたちにジャガイモを切らせて、切り口を乾燥させるようにしておいたから、来週はじめには植えられるね。

俊作先生　種イモの下に堆肥を入れるって、敏恵先生が言っていたけど、堆肥はどこのものを使うんですか？　いま、せっかく耕したのだから、ここで堆肥をまいておいたほうがいいんじゃないですか。

雅明先生　堆肥は、土置き場の隣から運んでくるんだよ。種イモを植える直前に使うんだ。いま堆肥をまいて、学校園全体に堆肥を広げてしまうと、種イモに堆肥が直接触れてしまうので、よくないそうだよ。

敏恵先生　お二人の先生、どうもありがとう。卒業式の練習の打合わせが、ちょうど終わったところよ。あら、もうすっかり耕していただいたのね。

雅明先生　あとは、ウネづくりですね。このくらいの深さでいいですかね？

俊作先生　あれれ、雅明先生、何で穴を掘るんですか。ウネって、土を寄せて高くするんじゃないですか。

雅明先生　何言ってるの？　ジャガイモの場合、ウネは溝を掘って、種イモはさらに掘って植えるんだよ。

俊作先生　えっ、ウネは土を盛り上げて、その上に種イモを植え付けるんじゃないんですか？

雅明先生　当たり前だよ。種イモの上に新しいイモができるのだから。高いウネに植えてしまったら、新しいイモは、空気中に浮かぶことになってしまうだろう。種イモを植え終わったときは、畑は真っ平らだよ。

俊作先生　ふうん、そうなのかあ。でも、農家のジャガイモ畑には、盛り上がったウネができているのを、見たことがあるんだけれど。

敏恵先生　ジャガイモは、芽が出て茎が成長するにしたがって、土を寄せていくのよ。三月の終わりと、四月と、二回の土寄せをするの。新しいイモは、こうして土寄せしたところにできてくるの。土寄せすると、雑草も退治できるそうよ。

俊作先生　どうして、はじめから土寄せしてはいけないんでしょうか？

雅明先生　芽が出たところが高くなりすぎてしまって次の土寄せができなくなるし寄せた土が、雨で崩れて流されてしまうんだよ。

土の中のジャガイモをイメージさせる

俊作先生　でも、はじめから高いウネをつくったほうが、排水がよくなり、できたイモ

ジャガイモは土を寄せたところにイモができる

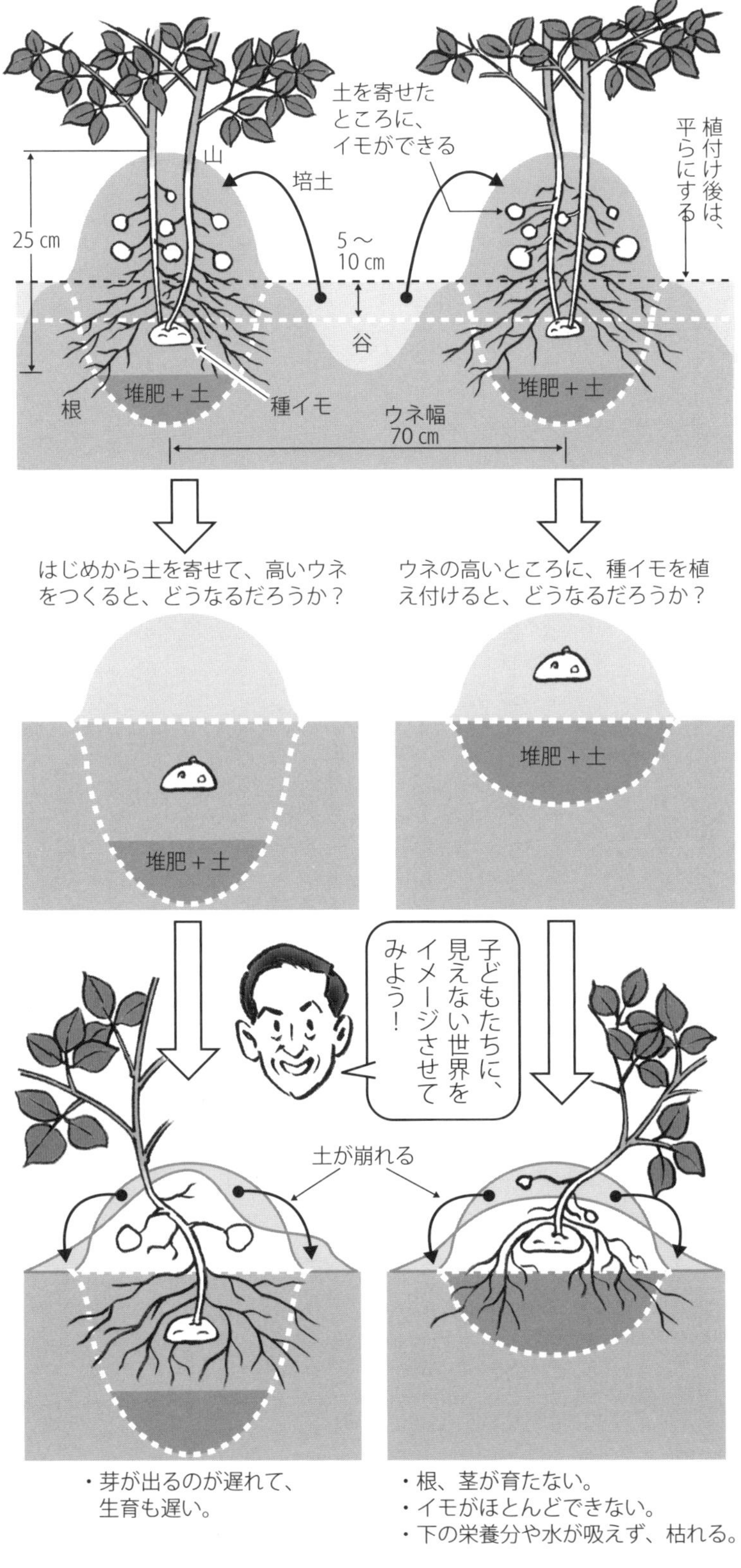

土を寄せたところに、イモができる
植付け後は、平らにする
山
培土
25㎝
5～10㎝
谷
堆肥＋土
根
種イモ
ウネ幅 70㎝
はじめから土を寄せて、高いウネをつくると、どうなるだろうか？
ウネの高いところに、種イモを植え付けると、どうなるだろうか？
堆肥＋土
堆肥＋土
子どもたちに、見えない世界をイメージさせてみよう！
土が崩れる
・芽が出るのが遅れて、生育も遅い。
・根、茎が育たない。
・イモがほとんどできない。
・下の栄養分や水が吸えず、枯れる。

が腐りにくくなるんじゃないのかなあ。

敏恵先生　ふふっ、子どもたちもそう考えるかもしれないね。一部に、はじめから高いウネをつくったり、土寄せしない株をつくったりしておいて、比べさせてみましょうよ。

雅明先生　そうだなあ、比べさせるのもいいんだけど、土の中は見えないので、子どもたちが実際に観察できないでしょう。

敏恵先生　できるわよ。学校園に穴を掘って、畑の断面を観察させるのよ。そうねえ、ガラスだと危ないので、透明のプラスチック板を土の断面に当てれば、観察しやすくなると思うわ。

俊作先生　おおっ、すごい。観察した後にそっと土を戻しておけば、何回か継続して観察ができますね。

敏恵先生　見えないところを考えるって、学習の神髄よ。実際に観察する前に、見えないところのイモの育ち方や根の張り方の子どもたちのイメージを、話し合わせてみると、いろいろな考え方がありそうね。想像したイメージを図に書かせたり、そう考えたわけを話し合わせたりして、それから実際に観察することが大切ね。

俊作先生　排水がよくて、イモが腐りにくくなるから、ウネが高いほうが大きいイモができる。僕はそう思うんだけれど、子どもたちはどんなふうにイメージするんでしょうね。うん、子どもの考え方を出し合うと、面白そうですね。

雅明先生　種イモのどこから根が伸びてくるのかも、実際に観察できますね。ジャガイモは、どこから栄養を取り込んで大きく育っていくのか、デンプンはどこから運ばれてくるのか、こういう見えない部分を探究するときにも、見えない状態をイメージして、それを具体的に観察して確かめるという経験を繰り返すことで、頭の中でイメージをつないでいくことができるようになるんですね。

落ち葉で隠して見えてくるもの

澄夫校長　やあ、寒いのに、こんなところで教材研究かね。大変だねえ。ほう、ジャガイモの植付けの準備ですか。

俊作先生　いま、見えないところが見えてきたところなんですよ。

敏恵先生　ジャガイモが、土の中でどうイモとなって育っていくかという、直接は見えない世界を、子どもたちにイメージさせて、畑に穴を掘って、そのイメージを確かめると面白いんじゃないかと、話し合っていたんです。

澄夫校長　そうだねえ。理科の学習では、見えないところを明らかにするように学習を展開していくと、子どもたちは意欲的に学習に取り組んでいきますね。

　ジャガイモの地下の様子を、実際に見えるようにするのは面白そうだね。でも、ジャガイモが育つにつれて、落ち葉で地面を隠してしまって、もっと地下を見えないようにすると、さらに面白いんじゃないの？

俊作先生　ええっ、また隠してしまったら、見えてこないではないですか？

澄夫校長　土の中をイメージさせて、土に穴を掘って、そのイメージを確かめるという手っとり早い方法もいいけれど、落ち葉が土に変化する様子という、直接観察できることを媒介にして、土の中をイメージさせたほうが、効果が上がると思うんだ。

　六年生の学習には、「生物と環境」もあるでしょう。落ち葉の観察は、有効だと思うよ。ジャガイモの学習と関連させたり連続させたりすることができるんです。

　落ち葉マルチは、保水作用もあるので、見えにくい水の循環の一部を観察することもできそうだよ。落ち葉の分解の様子や微小生物の観察へも、子どもたちが興味を持つようになるかもしれないね。

雅明先生　なるほど。落ち葉で隠して、別のものを見せていくわけですね。

澄夫校長　見えないものを、まったく見えないままで探究しようとしても、小学生には無理がありますよ。断片的に見えるものを手がかりにしながら、具体的な事象を通して思考を発展させていくことが大切ですよ。その具体的な事象が、落ち葉というわけです。

雅明先生　土の中のジャガイモの育ち方をイメージする手がかりになるだけでなく、土の中の微生物の世界へも、子どもたちのイメージを導いていくのですね。

澄夫校長　土の中の微生物といえば、堆肥を使ってジャガイモ栽培をしていくと、微小生物がたくさん増えてきますね。ジャガイモ栽培の後で、茎や葉を捨てないで畑に積んでおくと、それを分解する小動物もたくさん見られると思いますよ。落ち葉マルチも使えば、積んでおいたものに水分や空気も加わってバクテリアが増殖し、好都合ですよ。

落ち葉や、収穫後の茎や葉が、腐って形を変えていくことで、微生物の存在を感じる。小動物を観察できれば、もっと土の生命力を実感できるでしょう。そんな土の中の生き物の世界に、子どもたちの興味を向けられるといいですね。

問題解決のヒント

＊「見えないものを見る」ということ

子どもが自然を見るとき、それまでの経験を通しての知識（見方や考え方）というフィルターから自然を見る。したがって、見える自然は一部であり、見えていないところが大変多い。また、子どもの自然の見方や考え方の根拠は、経験の違いや子ども固有の論理の組み立て方の違いから、さまざまな表われをするものである。これが、自然の事象の見えない部分を、さらに見えにくくしていることもある。

問題解決は、このような自然の部分的に見えているところから、扉を押し開くように、具体的な経験を通しての事実を積み重ね、見える部分を少しずつ広げていくようなものと言えよう。

栽培を通しての探究学習は、短期間に何度も繰り返すことができるものではないので、その学年における学習内容を相互に関連させながら、栽培活動と学習活動とをうまく結びつけていきたいものである。その学年なりに見える世界を広げていくことが、子ども一人ひとりの見方や考え方を豊かにしていく。

子どもが初めて経験することは、いつでも見えない世界なのである。見えないからこそ、探究の意欲が高まり、そこに関心を寄せ、意図的に観察や記録を行ない、仲間とともに情報を整理しあって、問題解決の学びを深化させていくわけである。見えないことを生かして、学びが進展していく。

＊見えない世界を子ども自身が探究する

子どもたちが、見えている世界を手がかりにして、見えていない世界を想像していく。また、子どもたちが見えている世界のそれぞれの見え方を出し合うと、人によって見え方が違うことや、共通してまだ見えていない世界があることに気づいていく。見えない世界のイメージを出し合うこと、これが探究のスタートとなる。

探究は、子どもたち自身の発想や方法を大

切に生かしながら、子どもたち自身の努力・工夫・経験を総動員しながら進めていくことで、達成感が得られる。見えていない世界を見せることを、決して急いではいけないのである。ただし、行き詰まったときの考え方の整理、観察方法のいくつかの例示などのヒントや支援が必要になるときがある。

　土の中の様子を観察する方法、一定の広さや量で土壌中の空気の量や生物の個体数を比較観察する方法など、見えないところであっても、部分が見えるようになることがある。調べる内容に応じて、また各学年で育成すべき問題解決の能力に応じて、探究を深めていくヒントを与え、支援をしていきたい。

　ただし、子どもが必要とするときに、必要な支援を行なうことが大切である。支援が先にあって、それを子どもに押しつけてしまっては、子どもは自ら探究していく意欲をなくしてしまうからである。

4　農家の世界に触れてみる

栽培活動を順調にする専門家の知恵

　年度末、先生方が分担して各業務を推進するプロジェクトチームで、話合いをしています。会議室の教育課程委員会では、今年度の栽培活動の反省が、話題になっています。

みさき先生　昨年度の生活科で、子どもが希望する野菜を、希望通りに作付けしたんです。はじめは順調だったんですが、だんだん混み合ってきて、最後には何の野菜なのかわけがわからなくなって、ずいぶんダメになってしまったわ。

　子どもの希望や欲求を生かして栽培したほうが意欲的になると思ったんだけど、収穫の達成感が味わえなければ、元も子もありませんね。

　そこで、今年度の一年生は、鉢栽培するものは作物を統一し、畑も二年生と合同でサツマイモ栽培に絞ったの。焼きイモがたくさん食べられて、大満足よ。

洋平先生　あのサツマイモの苗はしっかりしていて、あまり世話をしなかったのに本当によくできて、大成功だったですね。

勇二先生　地元の市会議員の奥さんは、野菜の苗づくり専門の仕事をしていらっしゃるとうかがったので、今年度はそこに頼んでみたんですよ。何か違いましたか?

みさき先生　苗がしおれていなかったし、子どもたちが植えるということなので、根が少しついている苗を選んで、もってきてくださったらしいの。植え方もちゃんと図にかいて説明してくださったわ。

　根がついているけれど、イモになる根は葉のつけ根から伸びてくるので、茎をなるべく寝かせて土の中に押し込むようにして植えさせたの。

洋平先生　中には、葉っぱまで全部埋めてしまう子がいて、あせったよ。あわてて説明し直して、「葉っぱのお顔だけが全部見えるように」って教えたっけ。うまくいったね。

敏恵先生　やはり専門家の技術指導はたいしたものね。毎年、五年生は近くの農業技術セ

勇二先生
（教務主任）
敏恵先生
（5年3組担任・
学年主任）
正男先生
（6年2組担任）
ゆかり先生
（3年1組担任）
洋平先生
（2年2組担任）
みさき先生
（1年1組担任）
みどり先生
（4年2組担任）

ンターの人たちにイネづくりの指導をお願いしていて、今年もお世話していただいたの。種モミの観察からはじまって、田植えの指導、分けつの観察、鳥の防除、機械までお借りして脱穀作業……。栽培のすべての過程で、指導や支援をいただいて、大助かりだったわ。それから、子どもたちがセンターの見学にでかけていったとき、餅つきをしてくださって、学校でとれたお米でお餅をごちそうになった。専門家がいつも手助けしてくださるって、本当にありがたいことね。

田んぼに発生する微小生物についても、指導していただいたのだけれど、ものすごくたくさんの種類の生物がいるのね。田んぼは生物の宝庫で、ちょっとした水温や栄養分などの変化のなかで、生物の種類が交替していくんだって。その微妙なバランスによって、小さな生命が支えられていることを教わって、私たち教師も感動したわ。

本校はとても恵まれているけれど、どこの学校でも、栽培や農業の専門家を探せば、協力してくださる方がいるのではないかしら。

農家の知恵の奥深さに感動

ゆかり先生　三年生は、秋からダイコンを育てたんですけれど、ＰＴＡの副会長さんが三年生の保護者で、この方が農協に勤務していらっしゃるので、見学できる農家を探していただいたの。学校の近くの畑で同じ品種のダイコンを栽培してくださって、学校園での栽培と比べたり、困ったことを聞いたりしながら栽培活動を進められたんです。ダイコンの出来はものすごい差がついたんだけど、子どもたちも失敗なく栽培できて、大喜びだったわ。

　農家の人は、秋にダイコンの種をまく前に、春から夏にかけてマリーゴールドを育て、その葉や茎を土に混ぜ込んでおくらしいの。こうすると、土の中の線虫という害虫が逃げていって、きれいなダイコンができるんだって。農家の人は、畑で苦労なく野菜を育てているように見えていたけれど、実際に農家の人の話を聞くと、栽培って、とっても奥深いのですね。

勇二先生　ちょっとした技術やコツの積み重ねから生まれる隠れた知恵を、それぞれの農家が持っているらしいよ。そして、そんな知恵をもとにして、必要な時期に確実に作業や手入れをしている。それも、省力化して無駄がない作業だね。学校の栽培と比べたら、農家の仕事は名人芸だね。

みどり先生　四年生のブロッコリーの苗は、先ほどの市会議員の奥さんのところから購入したんですよ。八月のお盆の時期にお願いにうかがったら、ちょうど種まきをしていらしたわ。

　ブロッコリーと一緒にキャベツの種もまいていたんです。この時期は、とても暑いでしょ。庭木の下に育苗箱を置いて、木漏れ日がさすような半分日陰になるような場所で、種を発芽させていたわ。そういう発芽にぴったりのところは、なかなか場所が少ないので、育苗箱を互い違いに積み重ねて、一番上は空の箱を二つ重ねにして、間に濡れた新聞紙がはさんであったわ。

　説明を聞いて、もうびっくり。種まきのワザってすごいのね。魔術師みたいに感じたわ。

正男先生　卒業式に向けて、六年生はパンジーを育ててきたんだけど、花ボランティアさんたちも、卒業式や入学式をめざしてパンジー

花ボランティアのおばさん
12月にはパンジーの花を、一度全部摘みとるの。
せっかく花が咲いたのに～！
いけない！もっと花をいっぱいつけて、子孫を残さなきゃ！

などを栽培してくださっていますね。

十二月になって、花が咲きはじめたら、花ボランティアさんは、パンジーの花を全部摘みとってしまったんです。びっくりしたなあ。「どうして?」って聞いたら、「卒業式にいっぱい咲かせるためよ」と、ニコニコしているんです。だって、花を摘みとったら、花が少なくなってしまうと思うでしょ。

ところが、パンジーの花や実を摘みとると、パンジーがびっくりして、「いけない、もっと花をいっぱいつけて、子孫を残さなきゃ」と思うんだって。だから、花がたくさん咲くようになる。でも、冬休みの後は、花を摘みとらず、枯れたものや実だけを摘みとるんだって。

この話を六年生にもしてあげたら、「手品みたいだね」って感心していたよ。

勇二先生 どの学年も、地域の専門家の方々の支援や協力をいただいているんですね。ありがたいことです。農家の方や専門家の方とお付き合いすると、子どもたちの学習支援だけでなく、農業の奥深い世界や知恵に触れることができるんですね。
私たちも、教員として、子どもへの関わりの面で、奥深さをさらに磨いていかなくてはね。

問題解決のヒント

＊協力者は身近に必ずいる

学校での栽培活動では、教師対象の指導書や栽培に関する参考書程度では、なかなか実際の栽培がうまくいかないことがある。また、生育のそれぞれの段階に応じた具体的な問題などへの対処・対応が、難しいときもある。そういうとき、地域の協力者の支援をお願いしたり、学区の農家に直接関わりを持ったりすると、長い経験や研究のうえからの知識や技術に触れることが多い。

専門家は、それぞれの地域や身近にたくさんいる。専門家は、学識経験者ばかりではない。それぞれの仕事を長年積み重ねてこられた方は、みな専門家であり、すばらしい知恵や技術を駆使して、仕事をしている方々ばかりである。教師は、子どもとの付き合いの時間が多く、その面での専門家であることには間違いないが、教育現場での業務のウエイトが大きいため、なかなか他種の職種の方々とのお付き合いをするゆとりが少なく、人間関係の幅が狭くなってしまう傾向がある。専門家の協力を仰ぐことは、教師としての専門的力量を高めていくことでもある。

「地域に開かれた学校」が叫ばれてかなり時間が経過するが、教育の特殊性・専門性のなかに、進んで入ってこられる地域の方々は少なく、みなさん遠慮をしている。それは、教師からの声かけ、呼びかけ、依頼、顔合わせなどが少ないことによる。こういう意識の扉を少し開いて、地域の専門家を探してみると、思いのほか、身近にたくさんの協力者が見つかるものである。地域の方々は、その地域でずっと長く生活してきて、地域の未来をよりよくしていきたいという願いや思いは、教師以上に強いものがある。地域の未来は、いま学校で学んでいる子どもたちが創っていくものなので、子どもたちの学習に協力してほしいという依頼があれば、よろこんで参画してくださる方が必ず見つかると思われる。

農家の世界は、畜産・園芸・果樹・野菜・米など、各種営農のエリアがあるが、それぞれ興味深い世界である。身近にあって、学校の学習以上の豊富な知識や技術を駆使しての生産活動が営まれている。その農家を支援している農協や農業関係の研究機関などの中にも、働きかけ次第で、学校教育活動への協力や支援がいただけるので、試みてみるとよいだろう。

＊「丸投げ」では関係は続かない

学校以外のところに、ボランティアさんや指導者などの協力を求める場合、学校職員があまり関与せずに、一切の指導をお願いして、寄りかかりすぎてしまうことがある。こうした丸投げでは、協力者がいくら意欲的であったとしても、長く続かないことが多い。

教育活動の主体性と、協力者の指導・支援とのバランスが大切である。「こういう計画で、こういうものを、この程度栽培し、栽培をこのように学習に生かしていきたい」という計画は、学校職員がきちんと持っている必要がある。意図的・計画的な活動であることを事前に説明し、どういう場面で、どういう協力をしていただきたいのかを、はっきり伝えながら、相手の都合や協力する内容・方法などを検討していただかなくてはならない。

依頼するにあたっては、手順や文書などの手続きをていねいに行ない、相手の立場をよく理解しながら、無理のない範囲での協力を依頼するようにしたい。

一切の指導を丸投げすることは、問題解決のステップを無視して、その時点での子どもの疑問や関心、子どもの学習の道筋から外れた、知識や技術の流し込み指導や支援のやり過ぎに陥りやすい。協力者の気持ちや意欲を尊重しながら、学習のどの部分への支援や指導をしていただくのかを、よく説明していくことが大切である。

学校園のおすすめレシピ

ダイコン

ダイコン餅

●**材料（1人分）**

・ダイコン　15cmくらいの量をすりおろす。
・白玉粉　1袋（200g）
　…分量は固さをみて調整
・シーフードミックス（イカ、エビ）

●**つくり方**

①ダイコンはすりおろして水気を切る。
②ボウルに白玉粉を入れ、もっちりするまでダイコンを混ぜていく。
③②に、解凍したシーフードミックスのイカとエビを加える。
④フライパンに油を引き、③を小判型にしながら焼く。

●**コツ**

あえて味つけしていないので、醤油・ポン酢・餃子のたれ・ゴマだれ・ケチャップなどの好みのたれでいただく。ソースをぬってかつお節をのせるとお好み焼き風に。

ダイコンのベーコン巻き

●**材料（1人分）**

・ダイコン　6cmくらいの長さをスティック状に切る。
・ベーコン　数枚

●**つくり方**

①ダイコンをさらに薄切りにする。
②①を5枚くらいベーコンで巻き楊枝でとめる。
③フライパンを熱して油を引かずに転がしながら焼く。

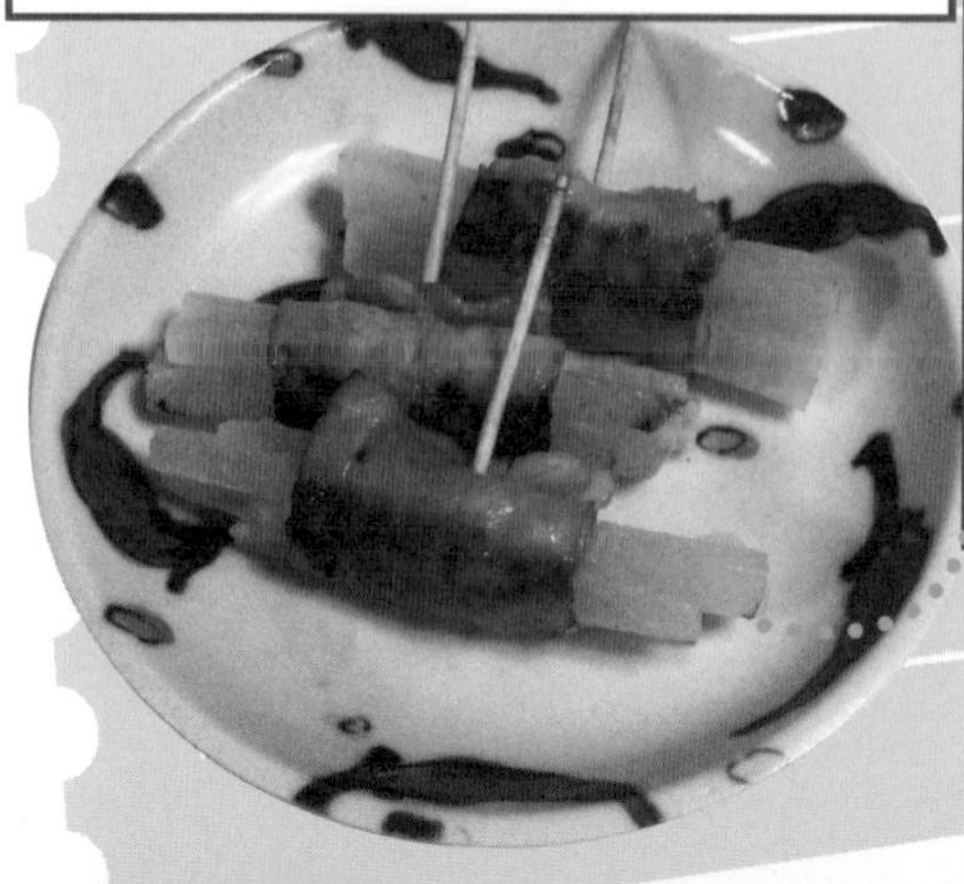

〈協力者〉伊藤美代子（神奈川県平塚市立大野小学校教諭）
棟居手古奈（神奈川県平塚市立大野小学校教諭）

第4章

おすすめ作物・草花の育て方

春まき作物・草花

キュウリ

栽培ごよみ

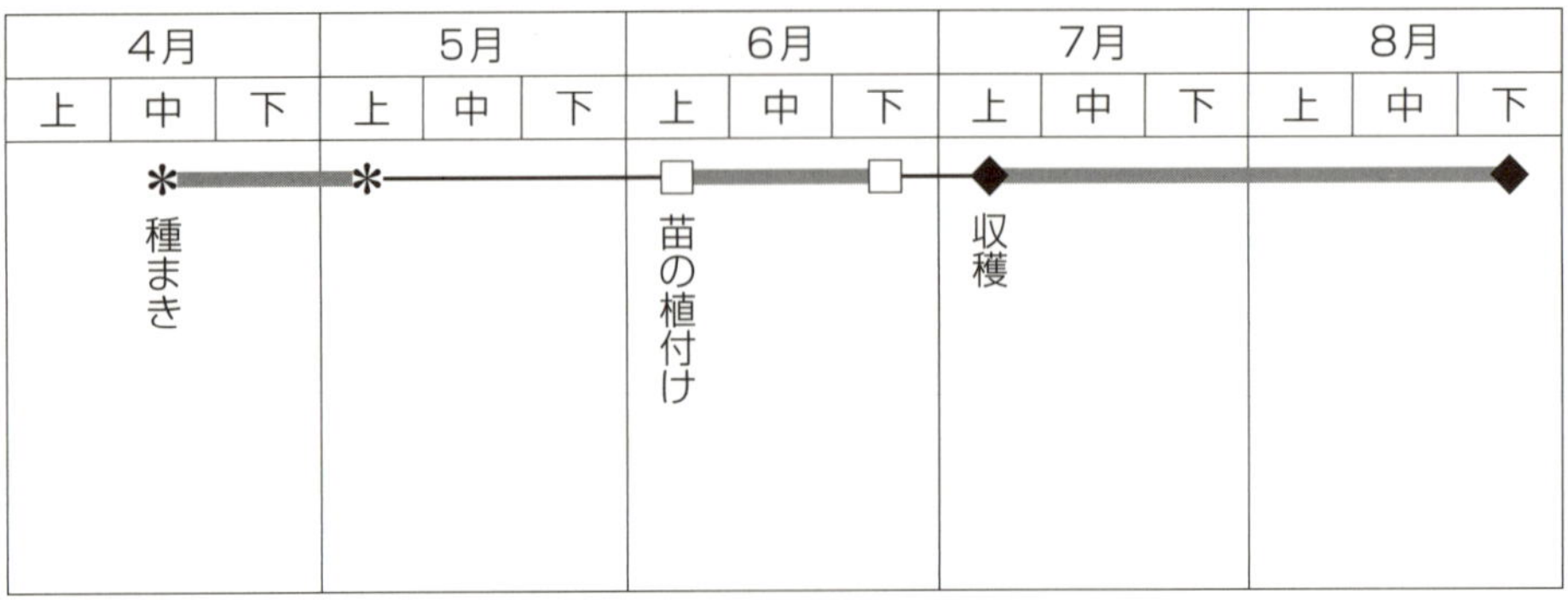
4月
5月
6月
7月
8月
上
中
下
種まき
苗の植付け
収穫

1 教科との関連

＊一・二年生　生活科（7）

・植物を育てる、変化や成長

・生き物への親しみ

＊五年生　理科B（1）

・花の観察

・（植物の結実）

2 栽培の手順

【種まき】

四月中旬から五月上旬に、ビニールポットに三粒の種をまき、発芽後二本にする。本葉が出たら、さらに生育のよいもの一本を残す。

六～七月に収穫する場合は、三月に保温して苗を育てるか、四～五月に市販している苗を購入する。購入する苗には、接ぎ木苗があり、病気への抵抗力があって生育も旺盛だが、値段が高い。

畑に種を直まきする方法もある。このときは、畑の準備をしておいて、気温が高くなってから種まきを行なう。直まきの場合は、収穫時期が遅くなる。

【畑の準備】

カボチャ、ヘチマなどのウリ科の植物を連作すると、病害にあうので、前作がウリ科でないことを確認して畑を準備する。接ぎ木苗ならば、連作も可能である。

苗の植付け二週間前に、一㎡当たり苦土石灰二〇〇g（二握り）をまいてよく耕す。幅一〇〇～一二〇cm、高さ一五～二〇cmのウネをつくる。植付けの一週間前に、一㎡当たりバケツ一杯の堆肥、化成肥料一〇〇gをまいて土とよく混ぜる。

【苗の植付け】

四〇～四五cm間隔に浅い植え穴を掘り、水をたっぷり入れてから、苗を植え付ける。条間六〇cmの二条植えにする。土を崩さないように注意しながら、苗をビニールポットから抜く。あらかじめポット苗に水やりをしておくと、土が崩れにくい。

植え穴にていねいに苗を置いて、

ポットでの苗づくり

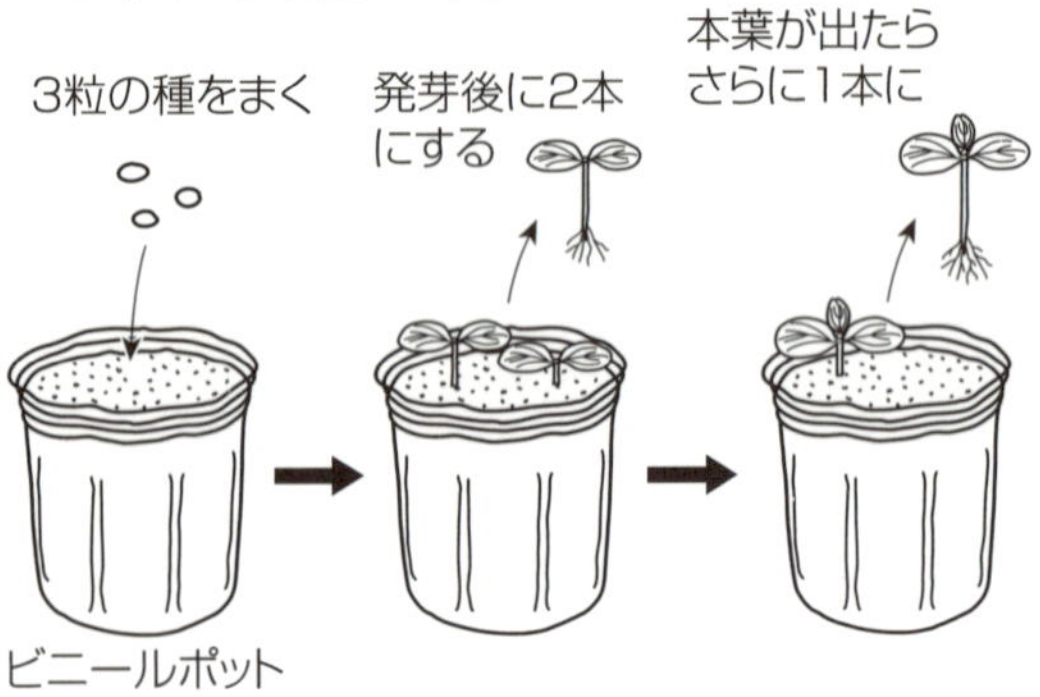
3粒の種をまく
発芽後に2本にする
本葉が出たらさらに1本に
ビニールポット

畑の準備
（苗の植付け1週間前）

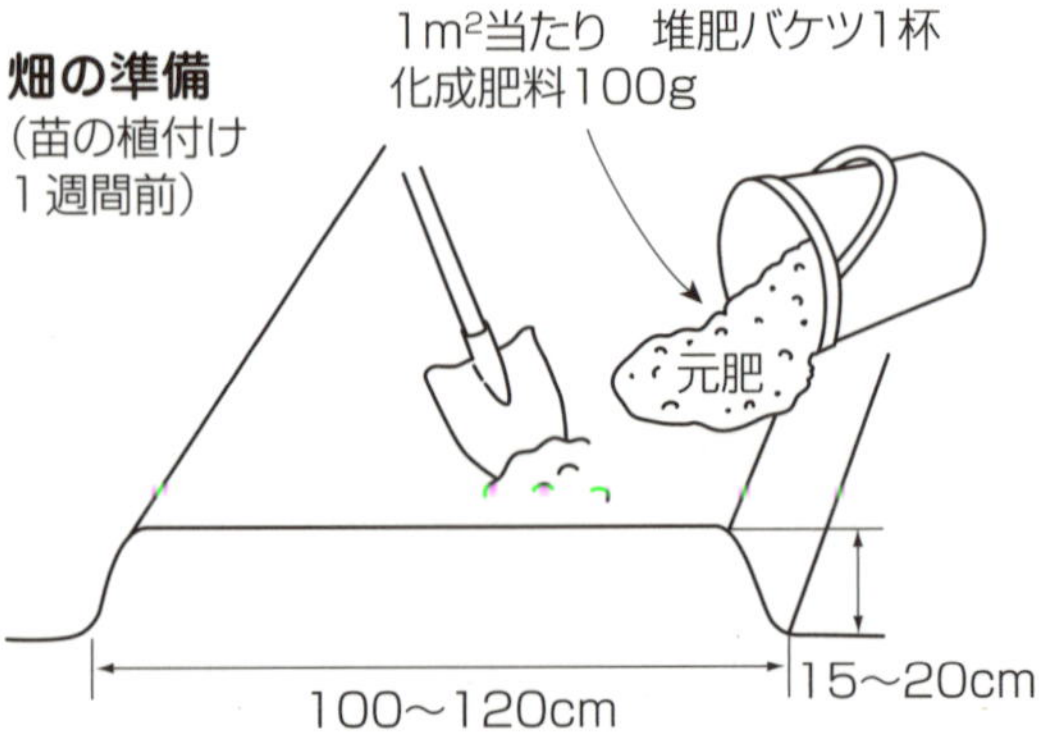
1m²当たり　堆肥バケツ1杯
化成肥料100g
元肥
100～120cm
15～20cm

浅く植える。キュウリの根は、地表近くに伸びていくので、浅く植え付ける。

【直まき】

四〇～四五cm間隔に三～四粒ずつまく。発芽したら間引いていき、本葉四～五枚のときに、一本立ちにする。

【支柱立て・敷きワラ】

苗を囲むようにして支柱を立て、つるが伸びてきたら、ひもなどで支柱に誘引して育てる。

地這い栽培ができる品種も多い。その場合は、支柱なしで栽培ができる。

キュウリは、根が浅く乾燥に弱いので、敷きワラを施すか、落ち葉を株元に敷き詰める。収穫が梅雨の前後になるので、病気予防のためにも、株元に敷きワラをし、泥のはね返りを防ぐ。

【追肥】

月に二回くらい、一㎡当たり化成肥料三〇gを施す。

【収穫】

最初の果実二～三個は、株を疲れさせないように早めに収穫する。それ以後は、成長に伴って、どんどん収穫する。キュウリは未熟の果実を収穫する作物である。収穫しないでおくと、大変大きく成長するが、味が悪くなる。

3 観察のポイント

キュウリは成長が早く、苗を植えてから収穫までの日数が短いので、生活科の学習にふさわしい。ただ、栽培に場所をとることと、収穫できる期間が短いのが難点である。

キュウリは、雌雄異花のつる性一年草。雄花や雌花がたくさんつくので、観察材料が豊富に得られる。五年生の花のつくりの観察や花粉の観察に向いている。しかし、キュウリの花は、受粉しなくても果実が大きく成長する性質があるので、短期間での受粉実験には適さない。

受粉なしで生育したものは、果実に種ができない。

4 収穫物の活用

生活科で育てた野菜をおみやげにし、家庭に持ち帰って楽しむことは、子どもに達成感を持たせるものである。家の人に感想を聞いてこさせ、記録に残したい。

キュウリは、気温が高くなると旺盛に生育し、どんどん収穫できる夏野菜。歯ざわりとみずみずしさ、香りなどを味わうには、サラダなどの生食がよい。

漬け物や各種料理にも使われる。小さめのキュウリを塩漬けにした後、調味した酢に漬けてびん詰めとし、ピクルスをつくって味わう。

直まきの仕方

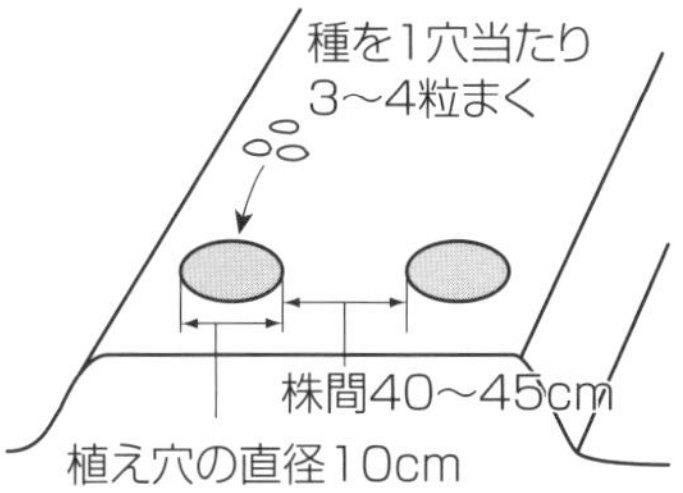
種を1穴当たり
3～4粒まく
株間40～45cm
植え穴の直径10cm

苗の植付け

苗は風のない午前中に植え付ける。

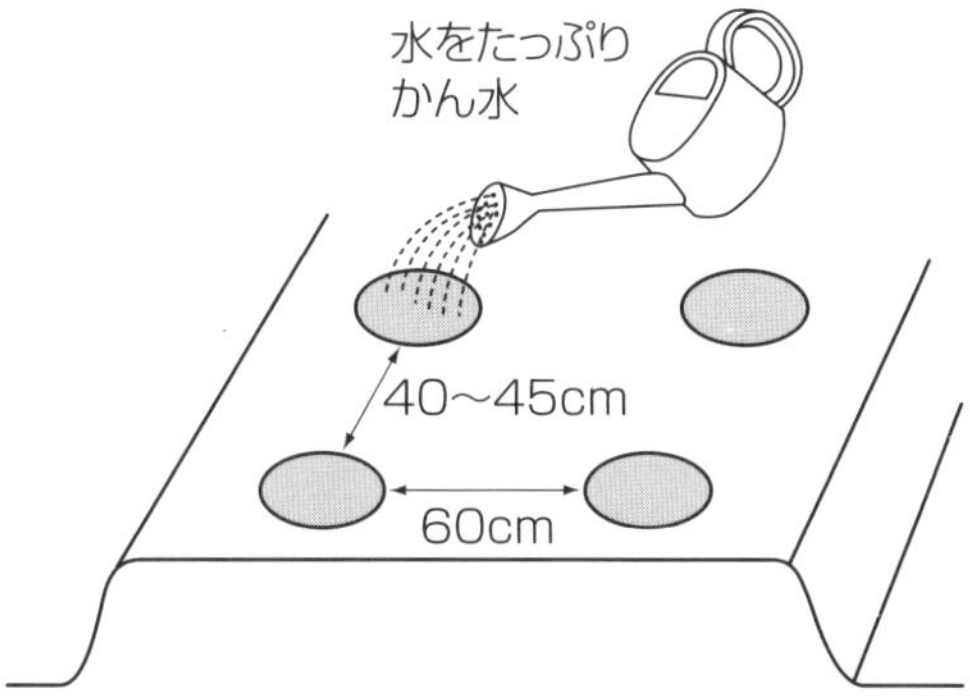
水をたっぷり
かん水
40～45cm
60cm

根鉢をくずさな
いようにしてポ
ットから抜く。

植え穴にていねいに苗を置いて
浅植えする。深植えは厳禁。

春まき作物・草花

ニガウリ

栽培ごよみ

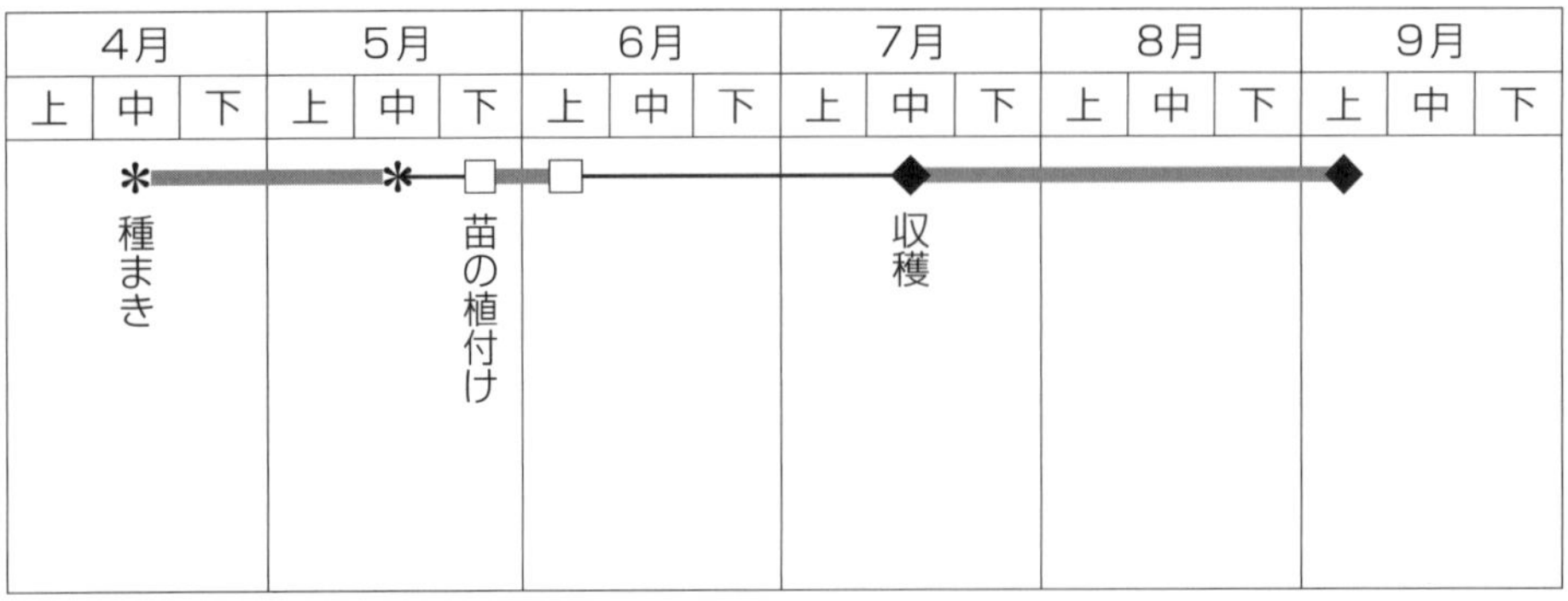

1 教科との関連

＊四年生　理科B(2)「季節と生物」

・植物の成長と季節

＊六年生　理科B(3)「生物と環境」

環境学習の発展として、教室の窓の下にニガウリ（沖縄ではゴーヤーと言う）のカーテンをつくり、夏の暑さを防ぐ活動が、各地で行なわれている。近年は、日本各地に栽培が広がってきている。

2 栽培の手順

【畑の準備】

苗の植付け（あるいは種まき）の二週間前に、一㎡当たり苦土石灰二〇〇g（二握り）をまいてよく耕す。幅六〇～一〇〇cm、高さ一〇cmのウネをつくる。その一週間後に、五〇～六〇cm間隔で直径三〇cm、深さ三〇cmの穴を掘り、一穴当たりバケツ一杯の堆肥、化成肥料一〇〇gを入れて土とよく混ぜる。掘り上げた土を戻しておく。

【苗の準備】

市販の苗を購入するか、育苗箱とビニールポットを使い、苗を育てる。

まず、育苗箱に土を入れ、種をまいて一cmくらい土をかぶせる。

ニガウリは、気温が低いと発芽率が悪くなるので、四月に種まきをするときは、保温する必要がある。その場合は、十分に水やりをした育苗箱を透明のビニール袋などで包んで保温する。袋には、所どころ通気のための穴をあけておく。

本葉が出たら、ビニールポットに苗を植え替えて育苗する。はじめからビニールポットに二～三粒ずつ種まきをし、間引きをして一本に育ててもよい。

種を学校園（ウネ）に直まきする場合は、気温が高くなる五月中旬がよいが、成長・収穫が遅くなる。

【苗の植付け】

本葉三～四枚のがっちりした苗

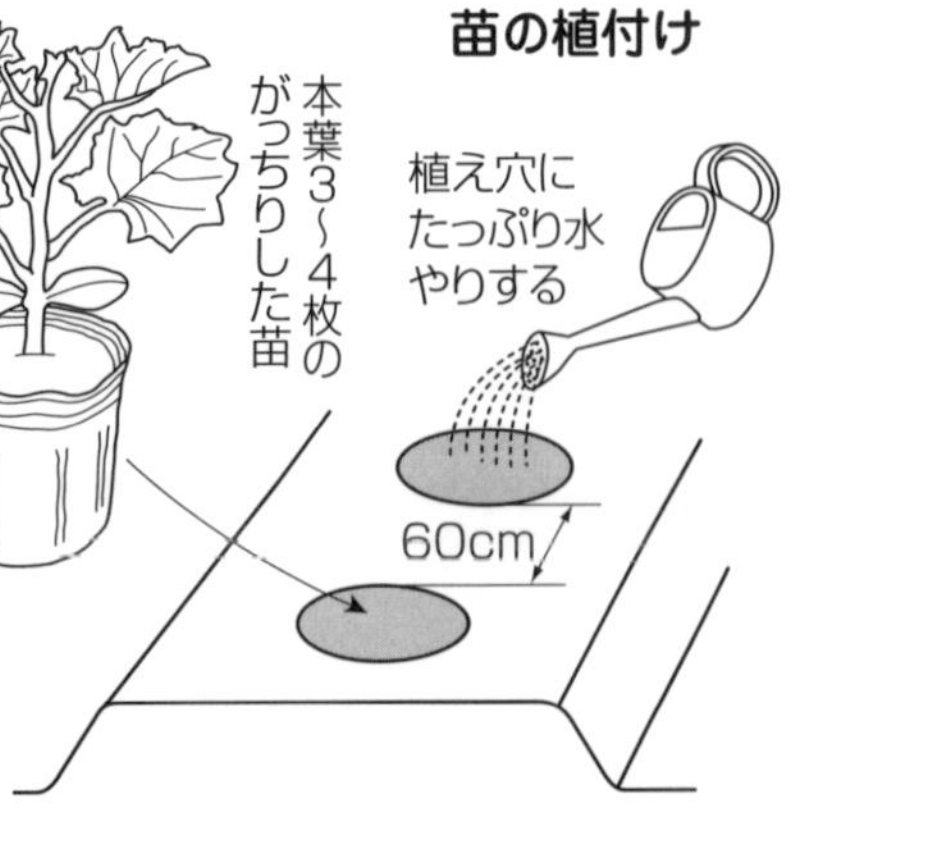

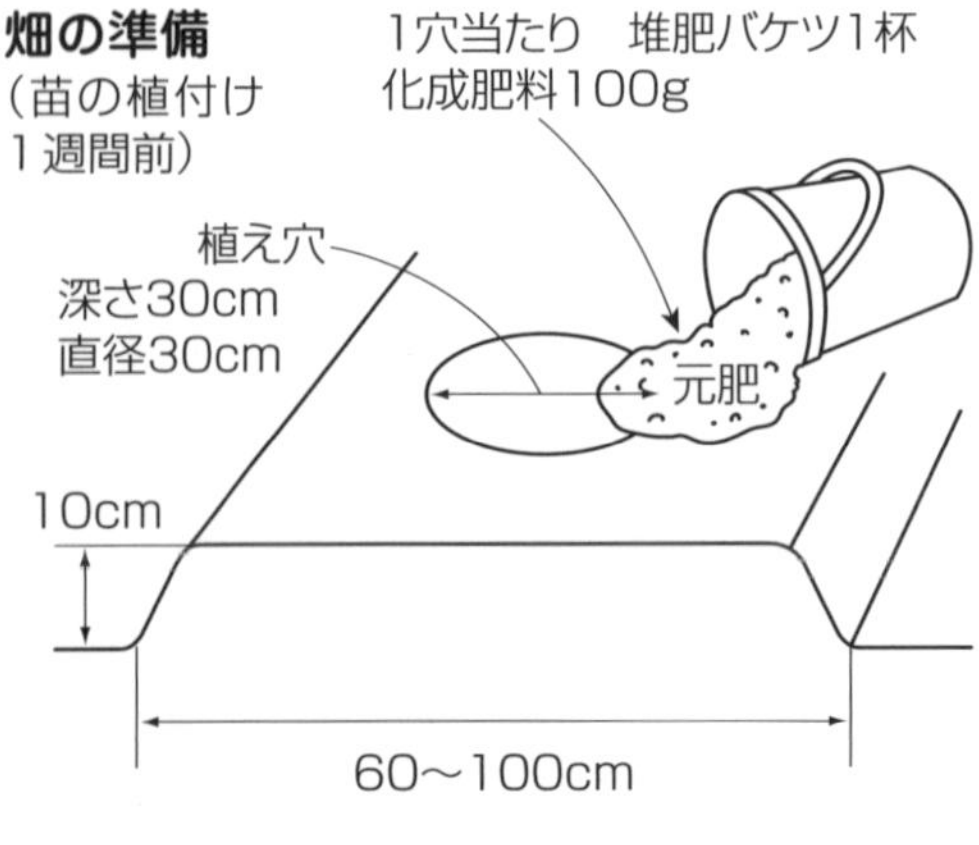

を植え付ける。植え穴を掘り、たっぷりと水やりをしてから植え付ける。

【支柱立て・誘引・摘心】

フェンスやネットにからみつかせて栽培する。長さ二mの支柱を五〇cm間隔で立て、ネットを張ってひもで結わえつける。

最初は、つるがよくからまないので、細い竹の棒などで仮支柱を立て、ひもで結んでおく。つるが伸びてきたら、まきひげをネットに誘引する。

本葉四～五枚のとき、最上部の心を摘みとる。心を摘みとると、下の葉の付け根からつるが伸びてくる。順次枝分かれしたつるに実がたくさんついてくる。

支柱やネットを用いず、地這いキュウリのように、敷きワラをして這わせて育ててもよい。こうして栽培すると、実を探すとき、つるを踏まないように気をつけなければならないが、ニガウリの実が葉の陰になって白っぽくなり、苦みが薄くなる。

【追肥・水やり】

長期間栽培し、実をつけるので、月に二回、一株当たり半握り（三〇～五〇g）の化成肥料を施す。

乾燥しがちな高温期は、午前中に十分水やりをすると育ちがよくなる。

【収穫】

いろいろな品種があり、長さや大きさもさまざまである。その品種の収穫適期になったら、順次収穫する。

3 観察のポイント

ニガウリのつる（茎）は、首を振るようにしながら近くのものに巻きつくようにして伸びていく。四年生・理科の「季節と生物」の学習で観察する場合は、七月中旬以降か九月はじめに観察する時間設定をするとよい。いちばん生育が盛んなのは、夏休み期間中となる。

実が若いうちは緑色や薄い緑色をしているが、完熟すると実がオレンジ色になって割れ、種の周りが赤いゼリーのようなもので覆われて、甘くなる。普通は、若いうちに収穫して食べる。

4 収穫物の活用

ニガウリの実は、表面にブツブツがある特徴的なものであり、完熟して色が変化しても趣があるので、暑中見舞いの絵手紙やスケッチの材料として選ばれることも多い。

ニガウリは、ビタミンC、カリウムやカルシウム、食物繊維などを豊富に含む健康野菜。特有の苦みがあるが、血液循環をよくし、食欲を増進させる効果がある。薄くスライスし、塩もみしたり水洗いしたりすると、苦みをやわらげられる。豆腐と炒める卵とじ（ゴーヤーチャンプルー）は、沖縄料理として有名。

ニガウリのつるは、真夏の暑い時期にどんどん生育し、葉を茂らせ、実をたくさんつける。夏休み後も葉を茂らせているので、教室のすぐ下の学校園に植え付け、ネットにからませておけば、教室の日除けにもなる。六年生・理科「生物と環境」の発展として、環境学習の具体的な取組みの例として取り上げることができる。

摘心

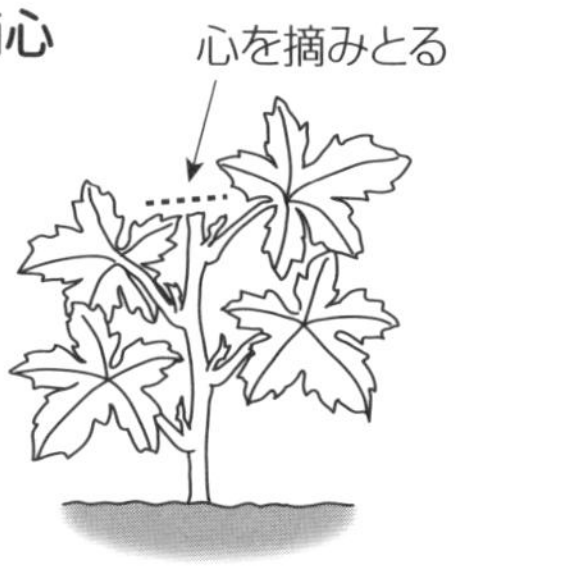
心を摘みとる

本葉４～５枚のとき心を摘みとる。心を摘みとると下の葉のわきからつるが伸びて、そのつるから孫づるが伸びる。子づると孫づるに実がたくさんなる。

支柱立て・誘引

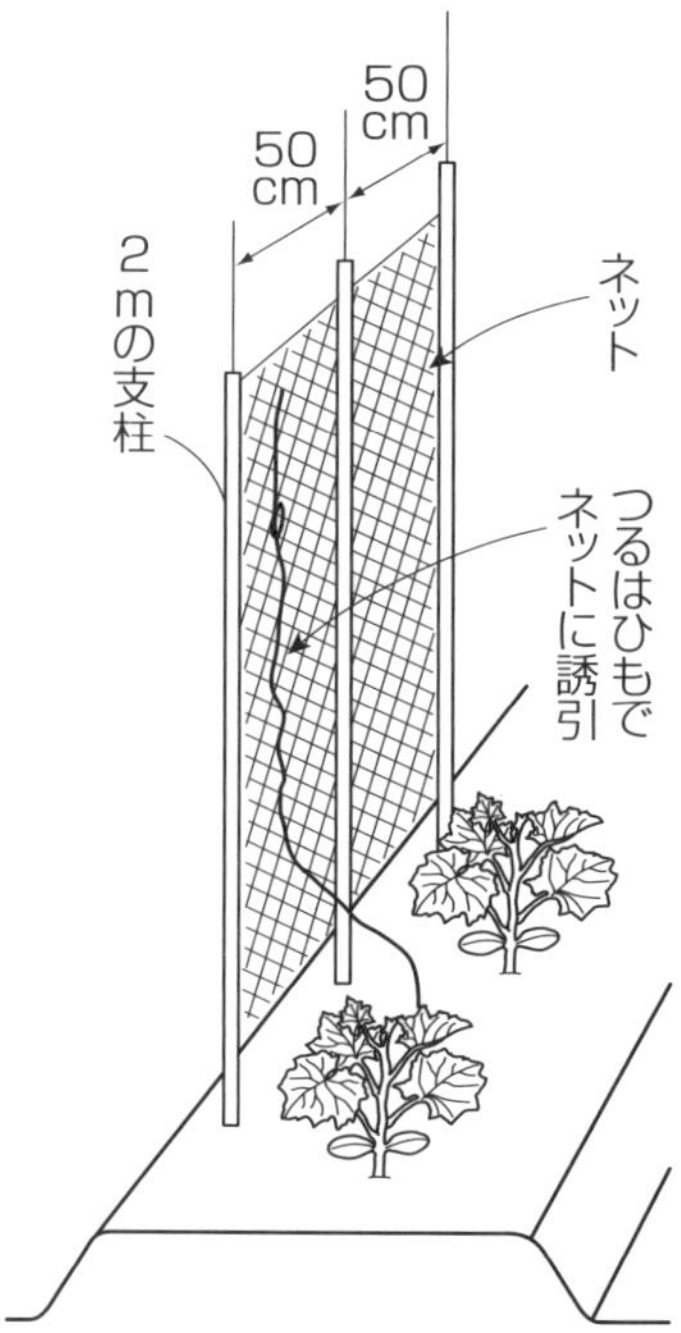
50
cm
50
cm
２mの支柱
ネット
つるはひもでネットに誘引

春まき作物・草花

ダイズ

栽培ごよみ

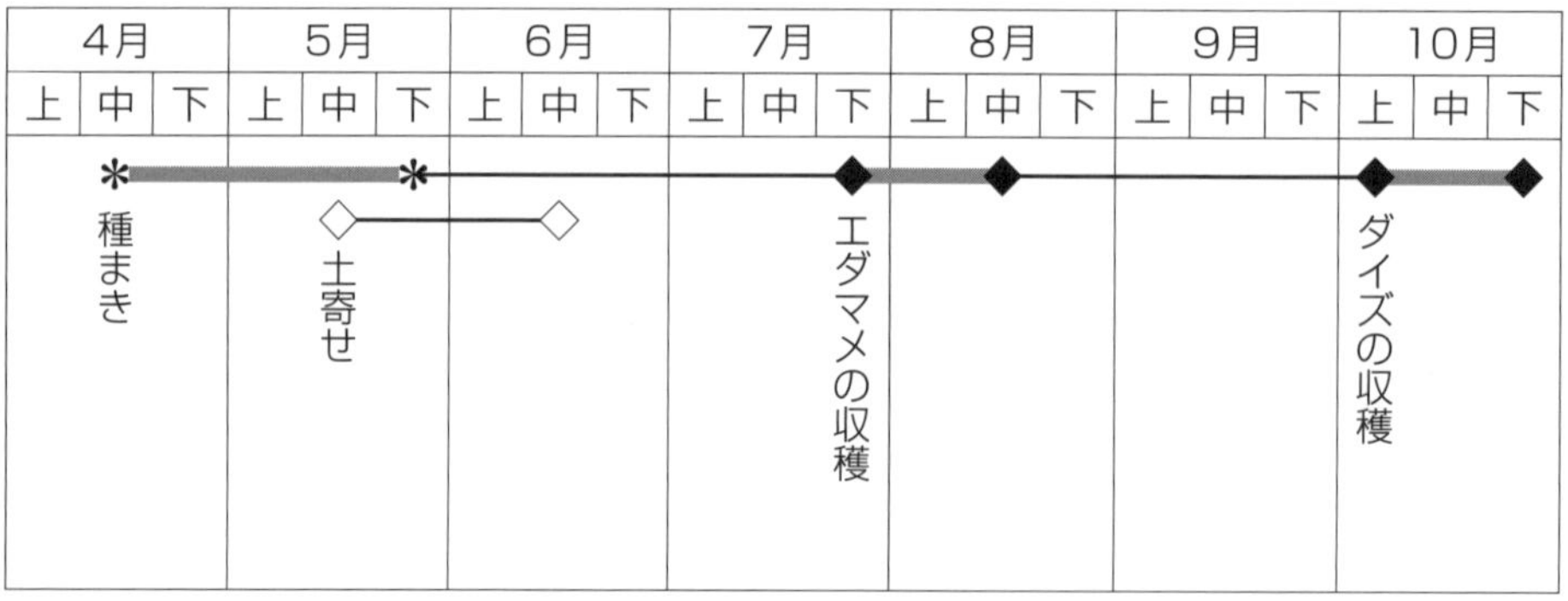
4月
5月
6月
7月
8月
9月
10月
上
中
下
種まき
土寄せ
エダマメの収穫
ダイズの収穫

1 教科との関連

＊一・二年生　生活科（5）

・身近な自然との触れ合い

・四季の変化と生活

＊一・二年生　生活科（7）

・植物を育てる、変化や成長

・生き物への親しみ

＊五年生　理科B（1）「植物の発芽、成長、結実」

・発芽実験の材料として使う

＊六年生　理科B（2）「植物の養分と水の通り道」

・植物の葉にできるデンプン

・葉からの水の蒸散

＊六年生　理科B（3）「生物と環境」

・生物と水、空気

・生物の間の食う食われるという関係

生活科や理科の学習教材として、また総合的な学習の時間での取組みの材料として、いろいろな学年での栽培や利用が考えられる。

2 栽培の手順

【種の準備】

四月、種苗店などで種を購入する。自分で採取した種でもある程度生育するが、病気や害虫被害の心配があるので、薬品処理をした種のほうが安定する。

栽培初期の発芽実験のみの利用ならば、スーパーマーケットで市販されている食用ダイズを使っても、かなり発芽する。ただし、その後、長期にわたる栽培を行なうには、あまりふさわしくない。

【畑の準備】

ダイズは、酸性土に弱いので、ウネをつくる一〇日ほど前に、苦土石灰を一㎡当たり一〇〇～二〇〇g（一～二握り）まいて、よく耕しておく。

種まきの一週間前に、一㎡当たりバケツ一杯の堆肥、化成肥料を軽く一握りをまいてよく土と混ぜ、幅九〇cm、高さ二〇cmのウネをつくる。狭い畑では、幅四〇cmのウネにして、ウネとウネの間の通路を二〇～三〇cmあける。

【種まき】

四～五月に種まきをする。日当たりのよいところに、密植しないようにして育てる。株間二〇cm、一ヵ所に三～四粒の種をまく。種が隠れるくらいに土をかぶせる。遅い種まきは、高温になるために花が少なくなり、収量が減る。

種まき直後に、野鳥の食害にあうので、防鳥ネットを張るか、ビニールポットに種まきをして野鳥に食べられないところで発芽まで管理する。

ウネづくり

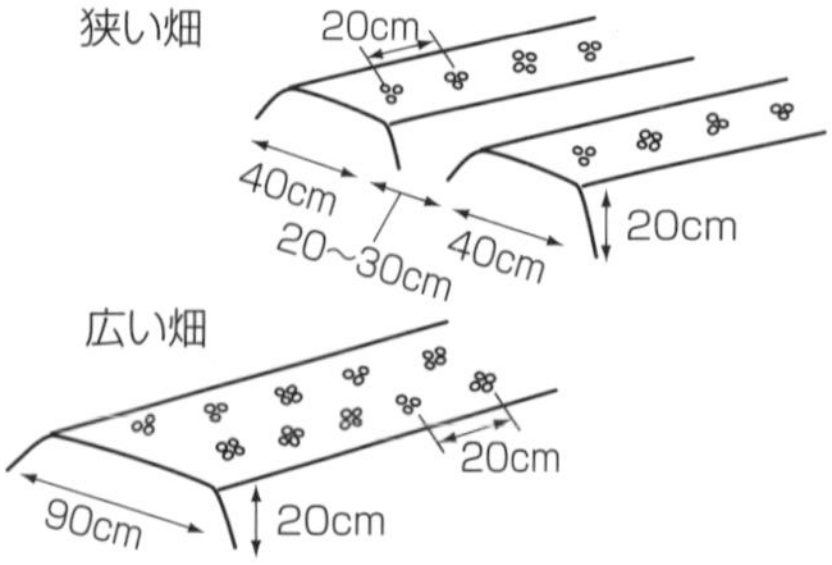
狭い畑
20cm
40cm
20～30cm
40cm
20cm
広い畑
20cm
90cm
20cm

土寄せ

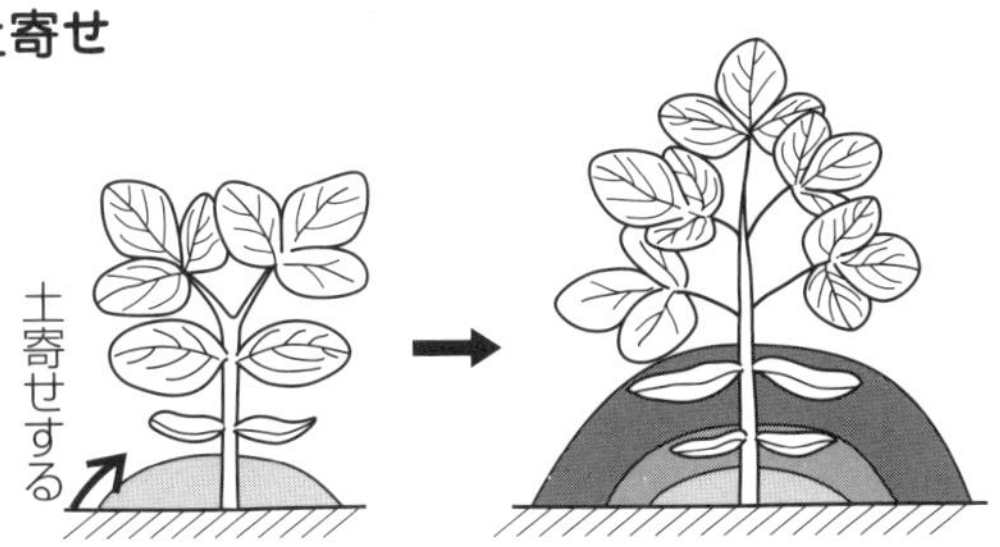

種まき後1ヵ月に、1m^{2}当たり軽く1握りの化成肥料を施す。

土寄せは2～3回行なう。

鳥除け

穴をあけた透明プラスチックカップをかぶせて、鳥除けにしてもよい。

乾燥

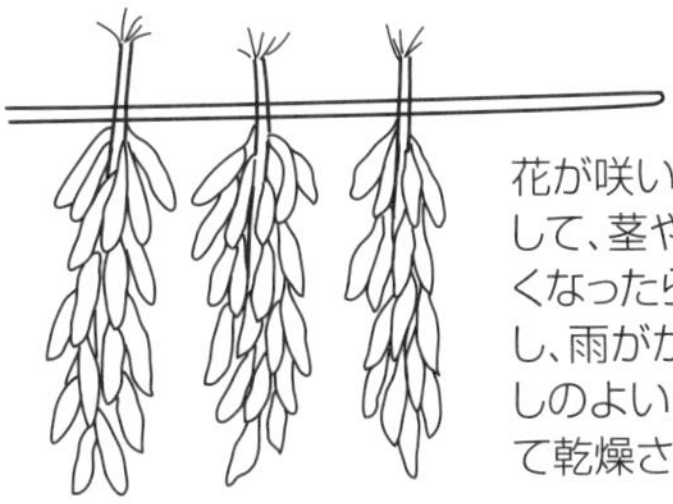

花が咲いて50日ぐらいして、茎や葉の水分がなくなったらダイズを収穫し、雨がかからない風通しのよいところにつるして乾燥させる。

【間引き】

本葉が出た頃に、一ヵ所二本ずつにする。

【追肥・土寄せ】

種まき後一ヵ月くらいに、一㎡当たり軽く一握りの化成肥料を施し、ウネとウネの間を耕し（中耕）、株元に土寄せし、株が倒れるのを防ぐ。中耕・土寄せは、雑草防除の役目もする。土寄せは、二週間おきに二～三回行なう。

ダイズなどマメ科の植物は、根につく根粒菌が葉から吸収した空気中のチッソを固定し、これを肥料分として育つので、肥料はあまりいらない。ただし、やせた土地に栽培するときや生育初期には、肥料を必要とする。ある程度育ってから追肥を行なうと、葉ばかり茂って実をつけなくなる。

【収穫】

ダイズの未成熟な実を収穫するのがエダマメ。学校は、夏休み期間中のため、この時期の収穫は困難。早めに種まきを行なえば、夏休み前の収穫も期待できる。

花が咲いて五〇日ぐらいすると、茎や葉の水分がなくなる。ダイズの葉が黄色くなって落ちる頃が、収穫適期。抜きとるか地面に近いところを刈りとるかして、雨がかからない風通しのよいところにつるして乾燥させる。

ビニールシートの上などに広げ、乾燥したさやを角材などでたたいて脱粒させる。

3 観察のポイント

五年生・理科の「発芽実験」は、発芽の条件を調べるための条件制御を行ないながら実験を行なう。ダイズは、短期間に発芽を観察できるので都合がよい。安価で大量の材料を用意できる。

六年生・理科の「葉のデンプン」を調べるとき、ダイズの葉の大きさや数が手頃で使いやすい。ただし、完熟したダイズでは、デンプンがタンパク質や脂肪に変化しているため、種のデンプン調べが難しい。主教材の葉のほかに、樹木や雑草、ダイズの葉などでもデンプンがつくられていることを確認するというふうに、発展としての利用が考えられる。

4 収穫物の活用

ダイズの利用は実に多彩である。学校では、エダマメを食べる、節分のマメまきに使うなどが簡単な利用法だが、総合的な学習の時間などで、納豆づくりに挑戦することも考えられる。

ダイズがどんな食べ物に利用されているかを調べることも面白い。もやし、大豆油、きな粉、醤油、味噌、豆乳、おから、豆腐、油揚げ、焼き豆腐、高野豆腐など、さまざまな利用法がある。

春まき作物・草花

トウモロコシ

栽培ごよみ

4月			5月			6月			7月			8月		
上	中	下	上	中	下	上	中	下	上	中	下	上	中	下
	＊ 種まき				＊					◆ 収穫			◆	

1 教科との関連

＊一・二年生　生活科（5）

・身近な自然との触れ合い

・四季の変化と生活

＊一・二年生　生活科（7）

・植物を育てる、変化や成長

・生き物への親しみ

＊五年生　理科B（1）「植物の成長、結実」

・雄花や雌花の観察、花粉の観察

2 栽培の手順

【畑の準備】

連作栽培が可能。土地の改良に効果がある。収穫後の茎や葉を、畑の土に混ぜておくと、土地が豊かになり、次の栽培によい影響を与える。

苗の植付け（あるいは種まき）の二週間前に、一㎡当たり苦土石灰二〇〇g（二握り）をまいてよく耕す。種まきの一週間前に、一㎡当たりバケツ一杯の堆肥、化成肥料三〇〇gをまいて土とよく混ぜる。幅九〇～一〇〇cm高さ一〇～一五cmのウネをつくる。

【種まき】

低温の頃は発芽しないので、四月中旬から五月にかけて種まきをする。トウモロコシには、たくさんの種類や品種があり、店頭で迷ってしまい、複数の品種の種を購入することがあるが、単品種の栽培にしないと失敗する。品種の異なる花粉で受粉すると、実がつかなくなったり味が落ちたりするので、必ず一つの品種だけで栽培する。

七月の夏休み前に収穫することをめざすならば、四月中旬、ビニールポットなどに種まきをし、保温して苗をつくり、五月の連休明け頃、植え替える。保温は、ビニールポットを育苗箱に並べ、透明のビニール袋に空気穴をあけて包んでおくとよい。

学校園に種をまく場合は、野鳥が種を食べてしまうことがあるので、ネットなどで鳥除けをする必要がある。この場合、種まきの前の晩に、種を水につけておく。三〇～四〇cm間隔で、深さ三～五cm、直径一〇cmの穴に、種を三～四粒ずつ、互いに離してまく。ビニールポットにまく場合は、一ポットに二～三粒まき、本葉三枚くらいまでポットで育て、その後、植え付ける。

条間四〇cmで二条にまく（植え付ける）。

【間引き・追肥】

一〇日くらいで発芽する。本葉二～三枚で二本立ちに間引く。残す株の根を傷つけないように、注意して間引く。株間に化成肥料（一㎡当たり五〇g）を施し、軽く土をかぶせる。

本葉五～六枚（草丈二〇cmくらい）になったら、二回目の間引きをして一本立ちにし、一株当たり一〇gの化成肥料を追肥して、株元に土寄せをする。

【摘心】

雌花（ひげの部分がめしべ）は、一株から二～三本出てくる。いちばん上の雌花を残し、下の雌花はとり除く。頭頂部の雄花が開花する頃、株を揺らしてほかの株の雌花にかけて、受粉を促す。トウモロコシは、他家受粉（別株に受粉）で実ができるので、一条植えではあまり収穫が期待できない。二条植えのウネを、できれば複数つくっておきたい。

【収穫】

雌花（めしべ）のひげが茶褐色になったら、皮をむいて実が熟しているかどうかを調べて、収穫する。開花後二〇～二五日が収穫適期。

夏休み期間中の収穫になってしまうときは、あらかじめ子どもに断わっておいて教師が収穫し、風通しのよい日陰につるして乾燥させておく。そのまま学校園におくと、野鳥に食べられてしまう危険がある。

3 観察のポイント

五年生・理科で「花粉の観察」をする場合、風媒花の代表として観察材料が入手しやすい。花粉を顕微鏡観察（一〇〇倍程度）すると、風媒花の特徴で、丸くてとげやブツブツがなく、さらさらした花粉の形が見える。

肉眼で観察しても、雄花の下の葉に、ほこりのように花粉が積もっているのがわかる。これを集めて検鏡してもよいし、畑に植えられているトウモロコシの成熟した雄花に、スライドガラスを触れさせて観察してもよい。

4 収穫物の活用

収穫したものを、焼いたり蒸したりして食べる。サラダ、バター炒め、スープなどにも使われる。ポップコーンは、専用の品種がある。

トウモロコシは、一株で一本の収穫しかしない非常にぜいたくな作物であるが、大勢で分け合って食べられる利点がある。

トウモロコシの収穫前に、株の根元近くにつるありインゲンを植えておくと、トウモロコシの収穫後、茎が支柱となって具合がよい。はじめからトウモロコシとインゲンを混ぜて植えておくと、トウモロコシをねらう害虫がインゲンに向かうので、トウモロコシの害虫被害を減らせる。インゲンの根の根粒菌が空気中のチッソを固定するので、トウモロコシの追肥代わりにもなる。このとき、インゲンの収穫は期待できない。

収穫後の枯れた葉や茎は、細かく刻んで畑に埋めるか、エンドウの敷きワラの代用として利用し、いずれ土に戻すようにする。枯れたものは、ゴミではなく、大切な土壌改良材である。実の収穫を目的としてではなく、土壌改良を目的として、トウモロコシを栽培する農家も多い。

追肥

本葉２～３枚で２本立ちに間引いた後、1m^2 当たり 50g の化成肥料を追肥する。

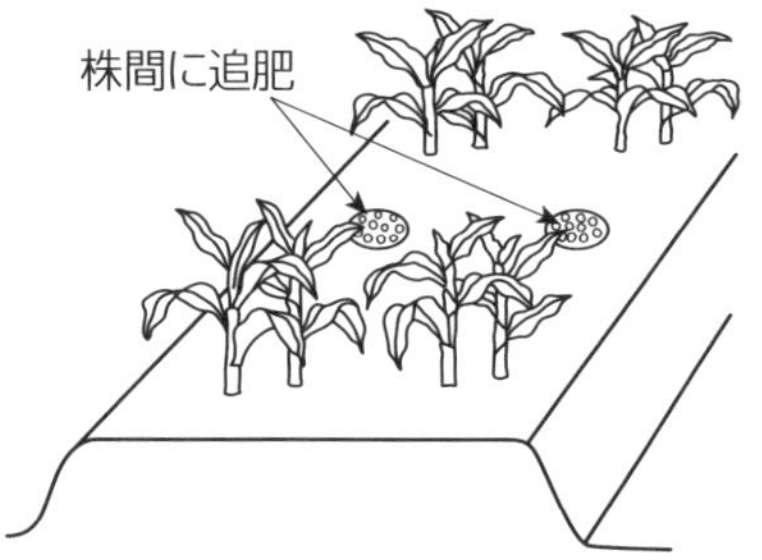
株間に追肥

本葉５～６枚になったら２回目の間引きをして１本立ちにし、追肥をして株元にしっかりと土寄せする。

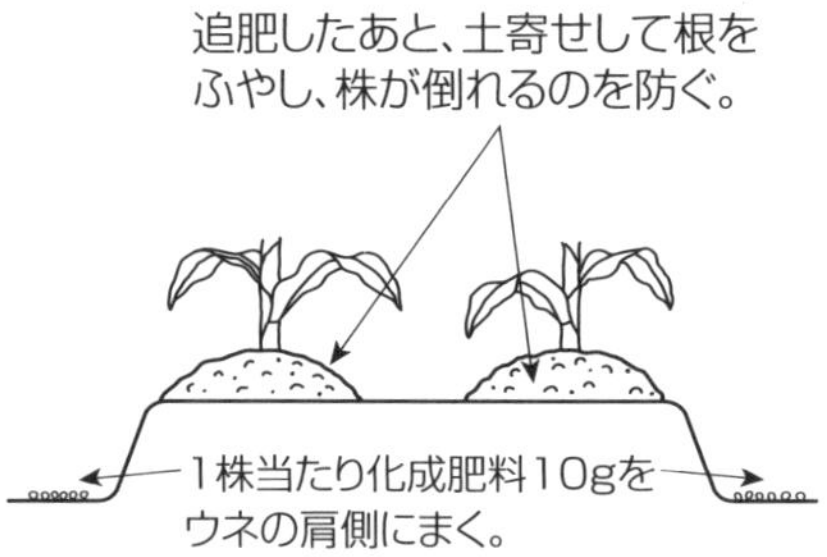
追肥したあと、土寄せして根をふやし、株が倒れるのを防ぐ。
1株当たり化成肥料10gをウネの肩側にまく。

摘心

ひげが出はじめる頃最上部の雌花１本を残してほかの雌花はとり除く。

雄花
最上部の雌花１本を残す。
葉の光合成作用を利用するために、下のほうからでるわき芽はとらないでそのまま伸ばす。

春まき作物・草花

サルビア

栽培ごよみ

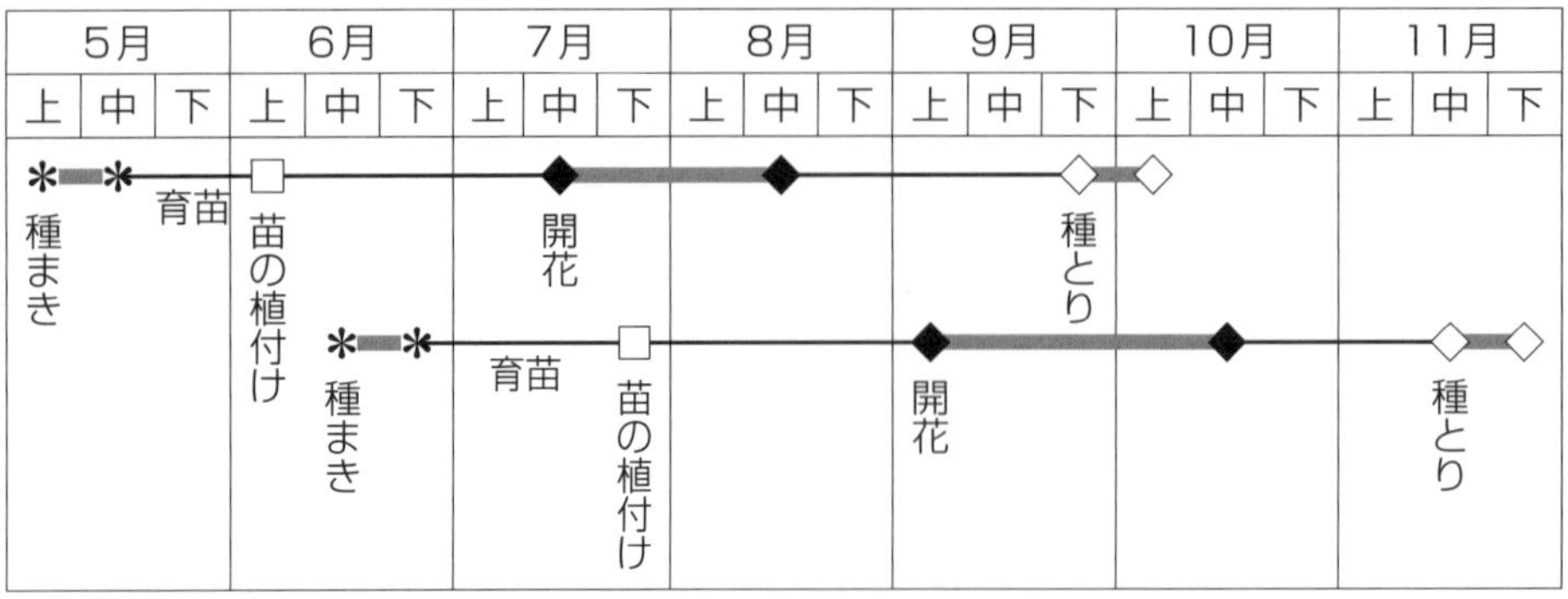

5月
6月
7月
8月
9月
10月
11月
上 中 下
種まき
育苗
苗の植付け
開花
種とり
種まき
育苗
苗の植付け
開花
種とり

1 教科との関連

＊一・二年生　生活科（5）
・身近な自然との触れ合い
・四季の変化と生活
＊一・二年生　生活科（7）
・植物を育てる、変化や成長
・生き物への親しみ
＊三年生　理科B（1）
・植物の育ち方
＊三年生　理科B（2）
・植物のつくり（根、茎、葉）
・身近な自然の観察
・色、形、大きさなどの違い

2 栽培の手順

【種まき】

サルビアは高温発芽性で、発芽には二〇～二五℃の気温が必要。四月に種をまくと、温度が不足して発芽しない。五月以降の種まきがおすすめ。花壇用などのため、どうしても急いで栽培する場合は、三月中旬以降に種まきし、育苗箱をビニール袋で包むなど保温して発芽させる。

土は、弱酸性の土で栽培できる。前作の土などを再利用し、腐葉土を多く混ぜ込んだ土にする。土と腐葉土の比率を三対一にする。

育苗箱またはビニールポットに土を入れ、間隔をあけて種をばらまきする。種の上から二～三㎜の土をかぶせ、たっぷりと水やりをし、乾燥しない場所に置く。

双葉が出たら、日当たりのよい場所に置き、育苗する。

六月中旬以降に種まきをし、開花の時期を夏休み終了後にする栽培方法もある。

【苗の植え替え】

本葉が二～四枚の頃、育苗箱からビニールポットに植え替える。苗が活着したら、一ポット当たり化成肥料を指三本で軽くつまんで、株元から離して施す。

【摘心】

花壇用で花をたくさん咲かせる場合は、本葉が六～八枚の頃、つぼみの一段下の葉をつけて切る（摘心）。

子どもが栽培するものは、摘心するかどうかを、子ども自身に選択させるとよい。せっかくつぼみが見えはじめたものを摘みとるのは、子どもの心情にとってマイナスとなることもある。摘心の意味と効果を経験させた後ならば、子どもが納得して行なうだろう。

【苗の植付け】

花壇、プランターなど、目的とする容器や場所に苗を植え付ける。土を崩さないように注意しなが

種まき

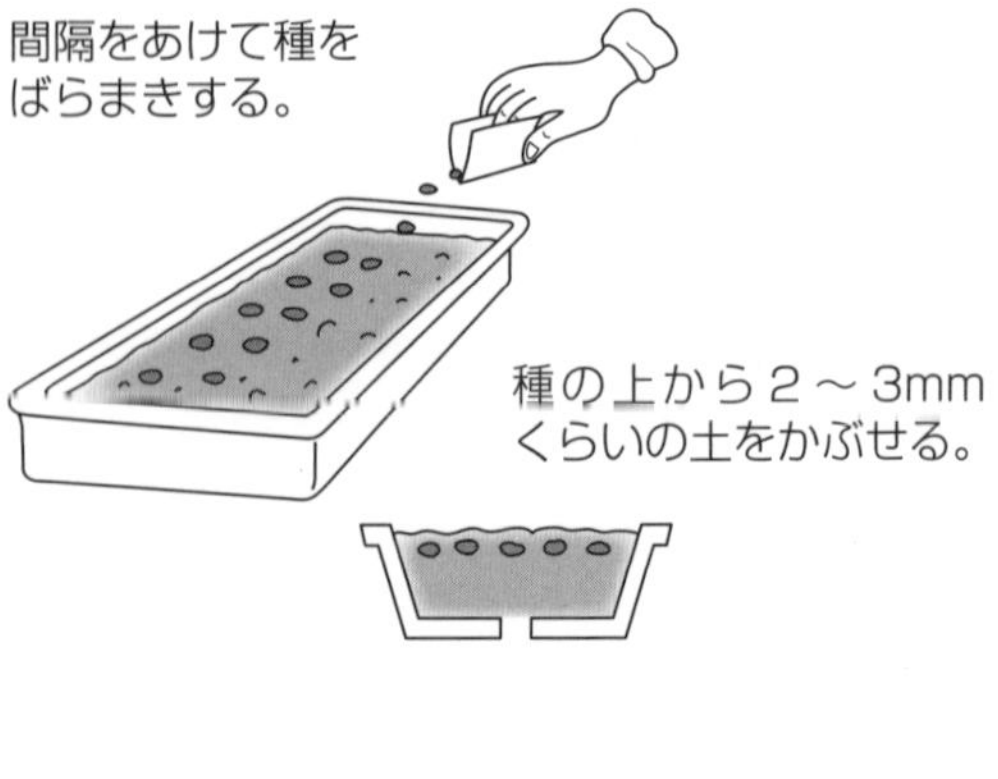

間隔をあけて種を
ばらまきする。
種の上から2～3mm
くらいの土をかぶせる。

ら、苗をビニールポットから抜く。あらかじめポット苗に水やりをしておくと、土が崩れにくい。

植え付けたら、水と化成肥料を適度に与える。一度に大量の肥料を与えると、植物体の水分が逆に吸いとられてしまい、苗が枯れることがある。肥料は少なめに、月一回程度施す。土が乾いたら、たっぷりと水やりをする。

【開花】

夏から秋にかけて、真っ赤な花を咲かせる。種類によっては、青、紫、ピンク、白などの各種の色がある。

花の最盛期が過ぎたサルビアは、花の後に種ができていく。三年生・理科の学習では、秋の種とりまで管理して観察する。

【切り戻し】

サルビアの花を年内にもう一度楽しむことができる。夏休み中に、最盛期を過ぎたサルビアの花を、すべて切り落とす。夏休み中は乾燥するので、落ち葉などを株元に敷きつめ、化成肥料を少量（一㎡当たり一〇〇g）与えて、たっぷりと水やりをする。

残った葉の付け根から新しい茎が成長し、夏休み終了後の九月、鮮やかな花が子どもたちを迎える。

学校の花壇は、こうして切り戻しをして、二回目の花を楽しめる。ただし、子どもが学習用に栽培管理しているものを勝手に切り戻ししないように気をつける。

3 観察のポイント

発芽適温をクリアすれば、丈夫に生育する草花で、管理もそれほど難しくない。夏から秋の開花は見栄えがよく、存在感があるので、子どもの喜びも大きい。

三年生・理科で、根、茎、葉の観察から種とりまでの一連の過程が継続して調べられるので、教科書でも多く取り上げられる。

種とりは、乾燥してきた花がらをそっと切りとって、段ボール箱などに入れて、風通しのよい場所で、さらに乾燥させる。その後、叩いたりもんだりして箱の下に落ちた種をとる。種まきのときに観察した記録と照らし合わせ、同じような種がたくさんできることを確認し、植物の成長のサイクルを実感させる。

4 収穫物の活用

とった種で、次年度の栽培が可能。畑や花壇で栽培すると、自然にこぼれた種から次の年に発芽し、開花が楽しめる。次の栽培を予定していない場所の確保は、学校では難しいので、とった種を紙袋に入れて保存して使う。

子どもたちがとった種は、自分たちで次年度も栽培するもの、次年度の同じ学年の子にプレゼントして引き継ぐものなどに仕分けする。プレゼントには、栽培のマニュアルや手紙を添えるとよい。それらを整理する過程は、自分たちの栽培を振り返る学習ともなる。

枯れた茎や葉は、細かく刻んで土に戻すことを教えたい。太陽のエネルギーから育った有機物は、土の改良のもととなる。

摘心

本葉が６～８枚になったらつぼみの一段下の葉をつけて切る。

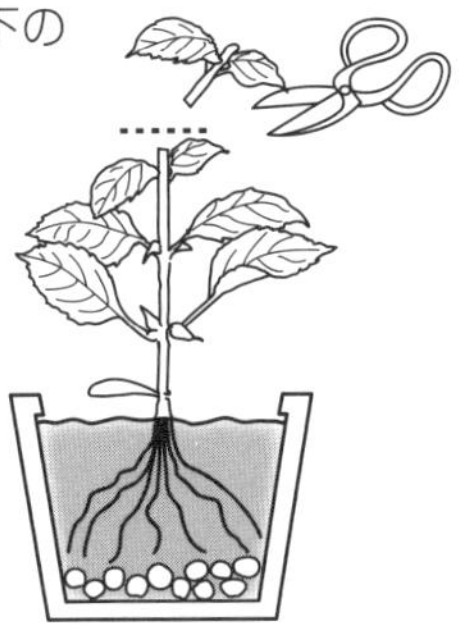

苗の植付け

目的の容器、場所に苗を植え付ける。

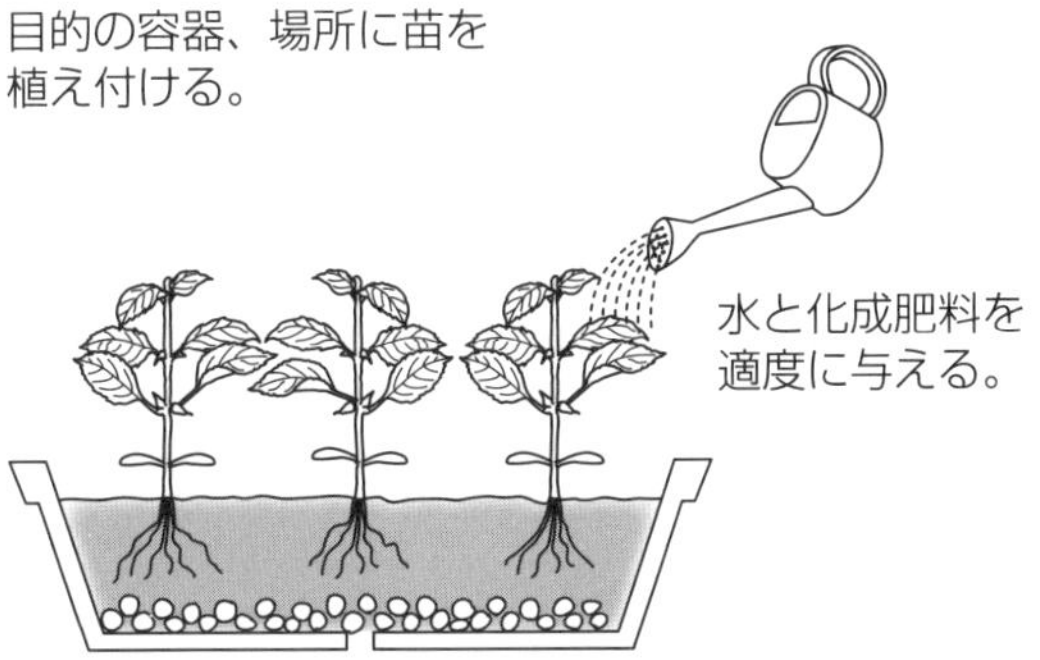
水と化成肥料を適度に与える。

春まき作物・草花

マリーゴールド

栽培ごよみ

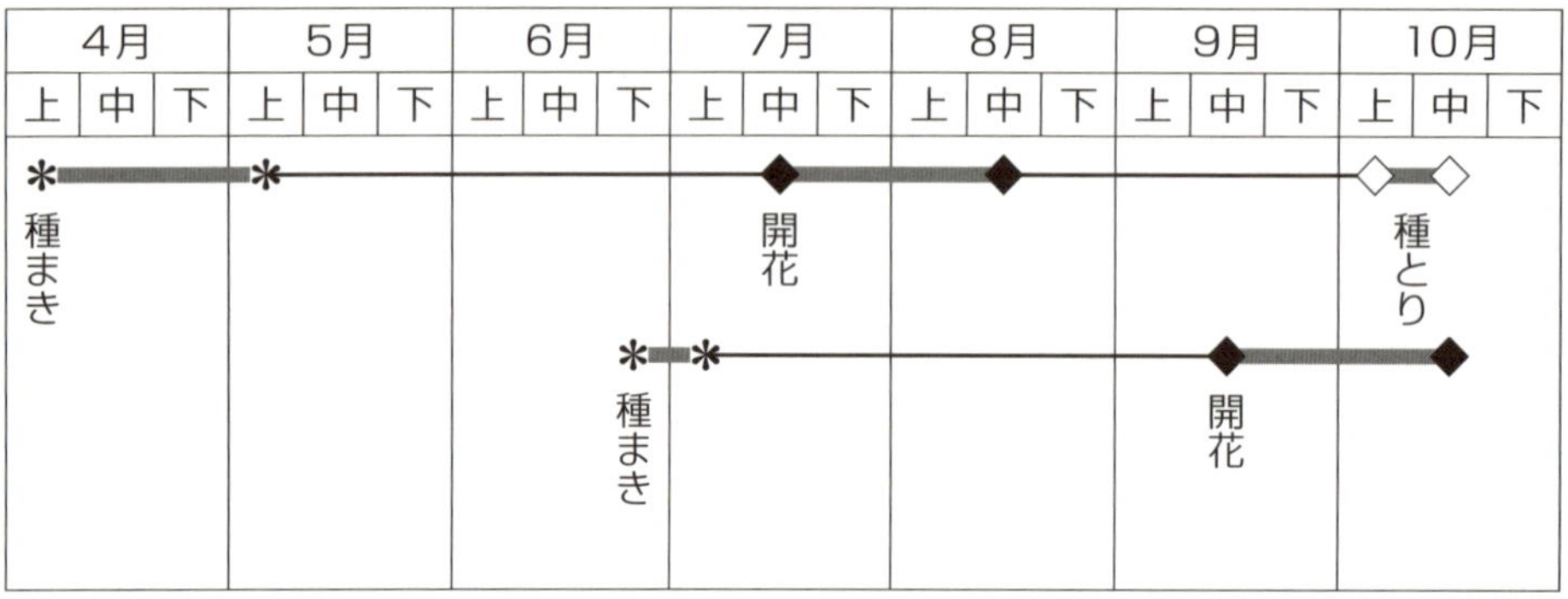

4月
5月
6月
7月
8月
9月
10月
上 中 下
種まき
開花
種とり
種まき
開花

1 教科との関連

＊一・二年生　生活科（5）
・身近な自然との触れ合い
・四季の変化と生活

＊一・二年生　生活科（7）
・植物を育てる、変化や成長
・生き物への親しみ

＊三年生　理科B（1）
・植物の育ち方
・植物のつくり（根、茎、葉）

＊三年生　理科B（2）
・身近な自然の観察
・色、形、大きさなどの違い

2 栽培の手順

【種を選ぶ】

花色と花姿（咲き方）の組合わせで多くの品種がある。花色は、黄色、オレンジ、赤など。花姿は、一重、八重、カーネーション咲きなど。草丈は、二〇cm～二m。

アフリカン種は、草丈も花も大きく、鉢植えには適さない。花壇に植えるなら、ほかの植物を隠してしまうため、後方に植える。

フレンチ種は、草丈二〇～四〇cmの小～中型。鉢栽培やプランター栽培もよい。

【土の用意】

水はけがよければ、土質は選ばない。育苗の際は、水もちをよくするため、土三：腐葉土一の割合で混ぜた土を使う。

【種まき】

発芽適温は、一五～二〇℃。育苗箱またはビニールポットに土を入れ、間隔をあけて種をばらまきする。種の上から二～三mmの土をかぶせ、たっぷりと水やりをし、乾燥しない場所に置く。

双葉が出たら、日当たりのよい場

苗の植付け

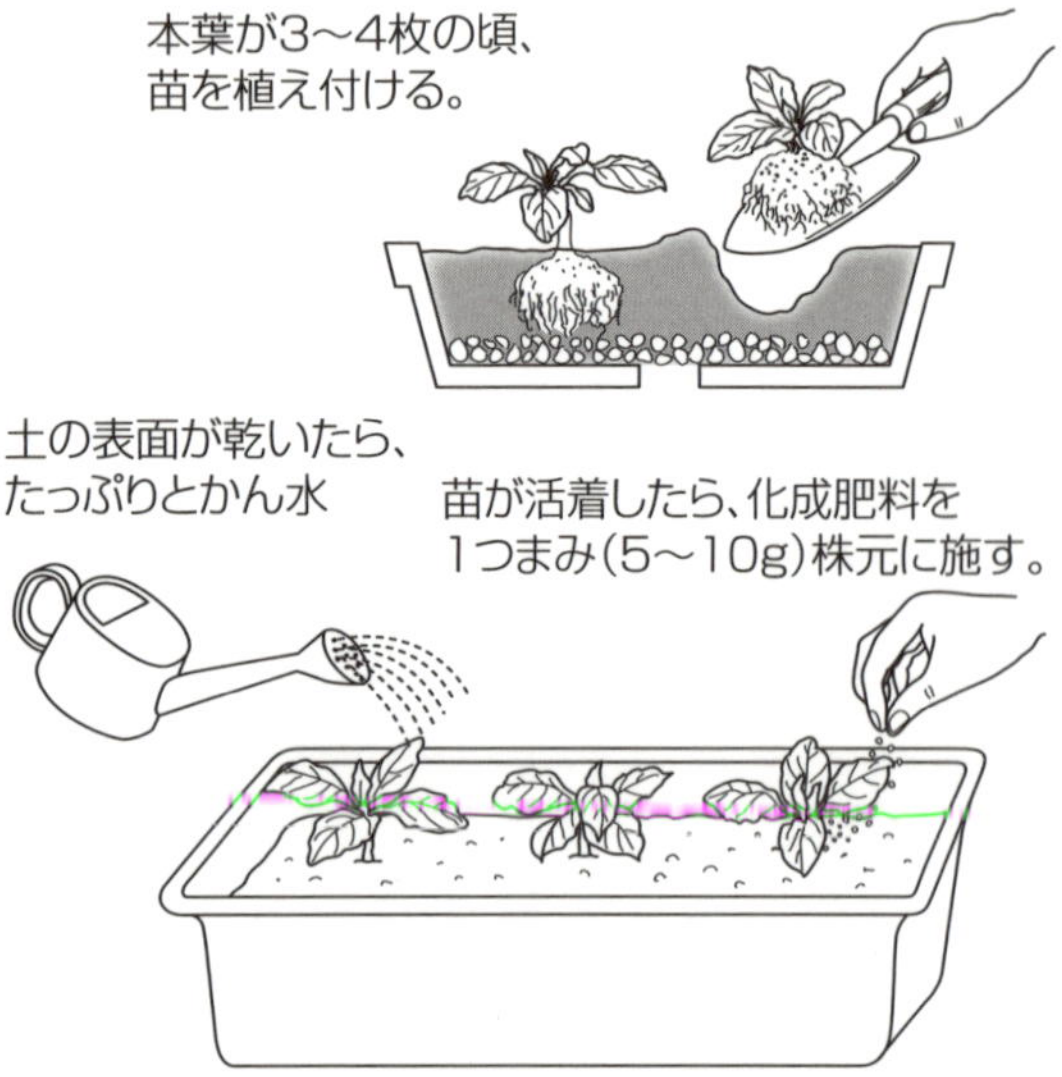

本葉が3～4枚の頃、
苗を植え付ける。
土の表面が乾いたら、
たっぷりとかん水
苗が活着したら、化成肥料を
1つまみ(5～10g)株元に施す。

種まき

間隔をあけて種を
ばらまきする。
種の上から2～3mm
くらいの土をかぶせる。

所に置き、育苗する。

花壇や鉢に直まきすることもできる。密植栽培は、株が軟弱になるので、本葉が出てきたら、たっぷりと水やりをして、混み合った苗の根元を掘り、別の場所に移植するか、間引きを行なう。植え替えなしでも育つ。

【苗の植付け】

本葉が三～四枚の頃に、水やりをして、根の土を落とさないように苗を植え付ける。植え付けたらたっぷりと水やりをする。

【水やり・肥料】

土の表面が乾いたら、たっぷりと水やりをする。極端な乾燥と過湿にあうと、生育不良になる。

苗が活着したら、化成肥料を一つまみ（五～一〇g）ずつ、株元の周囲に施す。一度に多くの肥料を与えると、苗の水分が逆流してしまい、苗が疲れる。

その後の肥料は、生育状況を見ながら少しずつ施す。チッソ分の多い肥料を与え続けると、葉ばかりが茂って開花が遅れる。

【摘心】

学習用の栽培は、摘心はしないで育てる。花壇用などは、本葉一〇枚の頃、頂点の芽を一～二cm切り落とすと、わきから芽がたくさん出て、ボリュームのある花姿になる。

摘心
花壇で栽培する場合、本葉10枚の頃、頂点の芽を切り落とす。
わきから芽がたくさん出てボリュームのある花姿になる。

【切り戻し】

真夏の暑さに弱いので、生育が衰えたり花がいったん咲かなくなったりする。夏休み中の鉢栽培などでは、種の成熟を待って、秋の種とりとなる。

花壇などに植えたものは、切り戻しをすると、十月頃に再びきれいに花を咲かせるようになる。切り戻しは、八月下旬、草丈を半分くらいに切り落とす。新しい茎や葉が成長し、花をつけるようになる。

3 観察のポイント

マリーゴールドは、丈夫で病害虫にも割合に強く、花をたくさん咲かせ続ける。三年生・理科で、根、茎、葉の観察から種とりまでの一連の過程を継続して調べられるので、教科書でも多く取り上げられる。

鉢植えで学習用教材として使うものは、三～五本で栽培するか、二本植えを摘心すると、茎や葉が混みすぎて蒸れてしまわずに育ち、見栄えもよくなる。双葉、本葉、つぼみ、花など、生育の節目で観察し、記録に残す。

種をとるものは、夏まで咲かせた花からのものがよい。切り戻しをして秋に再び咲かせた花は、種が十分に成熟する前に寒くなってしまうので、この種をとっても、発芽率が低くなる。

生育の過程で、誤って折れてしまった茎は、挿し木が可能。予定していた数より苗が不足する場合は、花の咲いていない茎を挿し木にして、本数を増やすことができる。この場合は、開花が少し遅れる。

4 収穫物の活用

春から夏にかけてマリーゴールドを栽培した後、栽培の終わった葉や茎を学校園の土に混ぜ、九月以降にその学校園でダイコンを栽培すると、線虫の害を防ぐことができる。線虫の害にあわないと、肌がきれいなダイコンができる。ダイコン栽培を主目的とし、土づくり用にマリーゴールドを栽培し、花が咲きそろった頃に、マリーゴールドを土に混ぜ込んでしまう農家もあるくらいだ。

学校園で各種野菜類を栽培するときに、線虫は野菜にいたずらをする。農薬を使わずにきれいな野菜を収穫するために、栽培後のマリーゴールドの枯れた茎や葉は、細かくして土に混ぜ込んでおきたい。

春植え作物

ジャガイモ

栽培ごよみ

2月			3月			4月			5月			6月			7月		
上	中	下	上	中	下	上	中	下	上	中	下	上	中	下	上	中	下
■ 土を耕す、土づくり		＊ 種イモの植付け	＊		◇ 芽かき・一回目土寄せ		◇ 追肥・二回目土寄せ							◆ 収穫	◆		

1 教科との関連

＊六年生　理科Ｂ（２）「植物の養分と水の通り道」

＊六年生　理科Ｂ（３）「生物と環境」

2 栽培の手順

【種イモの準備と萌芽】

種イモは、種苗店などから購入する。スーパーなどで食用として売られているものは、種イモには不向き。

種イモの植付けの二〇日前に、日当たりのよい凍結しない場所に種イモを広げ、日光に当てて芽を出しやすくする。

芽が三〜四㎝になったら、各切片に芽を残すように、包丁で縦に切る。七〇〜一〇〇ｇなら縦二つ切り、それ以上なら三つ切りにして、各切片を三五〜六〇ｇ程度にする。小さいものは切らないで丸のままでよい。

ジャガイモの芽は、目（くぼみ）から出る。

育苗箱などに並べ、数日おく。空気湿度が高いと切り口が早く治癒するので、ムシロをかけておく。ムシロがないときは、箱の種イモの切片の隙間に丸めた新聞紙をところどころに置き、さらに上から濡らした新聞紙を数枚かけて、昇降口の靴箱の上など通気のよい場所に置くとよい。

少々転がったりぶつかったりしても、くぼみの部分は保護されるが、出てきた芽がぶつかると、ぽろりと落ちてしまうので、種イモの植付けまで萌芽が落ちないように注意する。

種イモの準備と萌芽

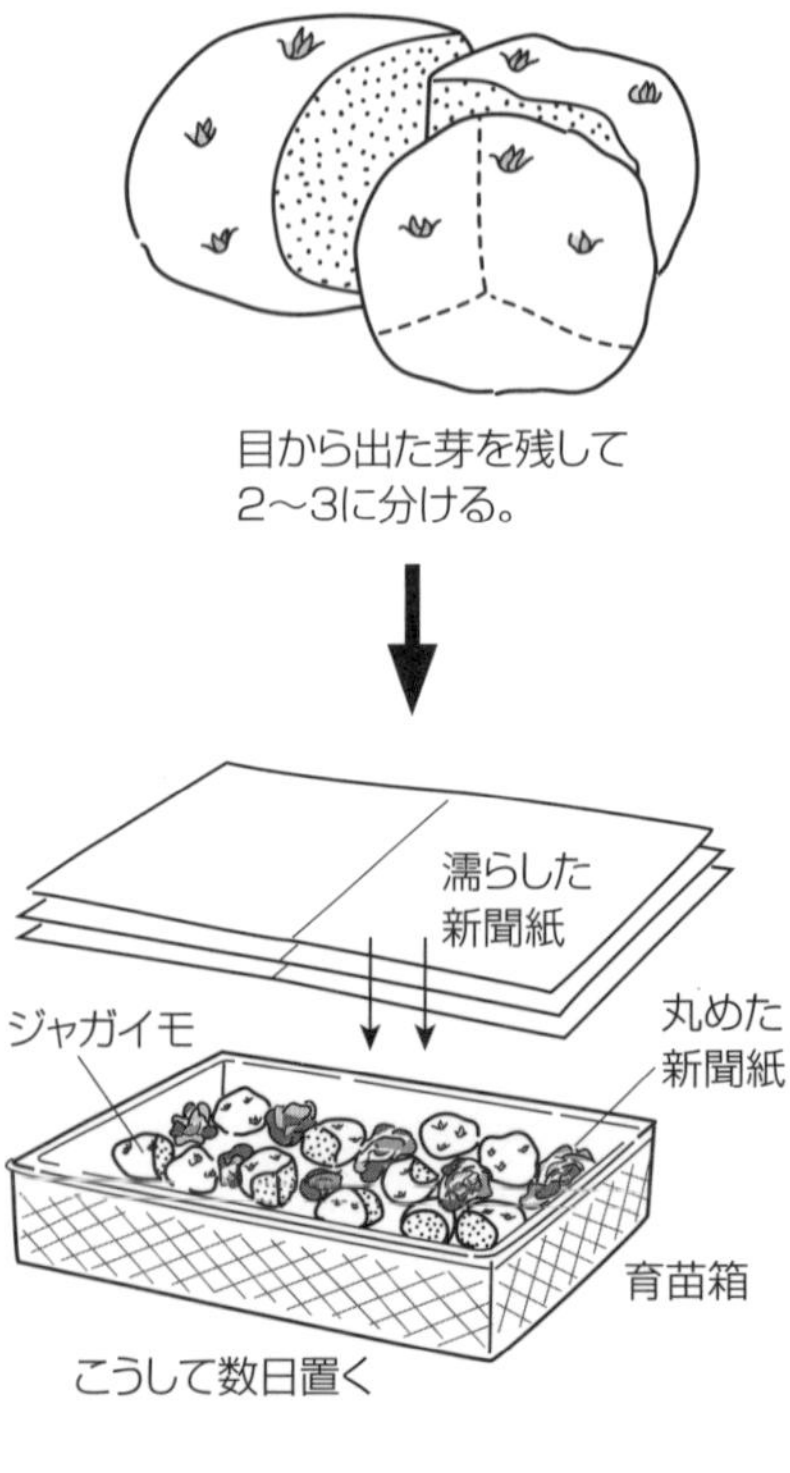
目から出た芽を残して
2〜3に分ける。
濡らした
新聞紙
丸めた
新聞紙
ジャガイモ
育苗箱
こうして数日置く

【種イモの植付け時期】

日中の地下一〇㎝の地温が九〜一〇℃になる頃、啓蟄（三月六日頃）を過ぎた頃が目安。あまり早すぎると、晩霜の害にあうおそれがあり、種イモの植付けが遅れると、生育が不十分なのに適温を超えた夏になってしまう。関東以南では、桜の咲く新学期の頃に出芽させるのがコツ。北海道では桜の咲きはじめの頃に、種イモを植え付ける。

【畑の準備】

ジャガイモはナス科で連作を嫌う。トマト、ナス、ピーマンなどの後は、数年間は栽培を避けたほうがよい。二五〜三〇㎝の深さに耕し、種イモの植付けの二週間前までに一㎡当たり二握りの苦土石灰を土に混ぜておく。

【株間・ウネ幅】

ウネ幅七〇cmで、各ウネは深さ一〇cmくらいの溝にする。株間三〇cmにして、種イモを置く低い溝をさらに一五～二〇cm掘り、堆肥を入れてよく土と混ぜる。堆肥を混ぜた土の上に畑の土を入れ、種イモに堆肥が直接触れないようにする。種イモの上の土の厚さは五～一〇cm。あまり深いと出芽が遅れる。

種イモの植付けが終わった直後は、ウネが見えずに平らになっているようにする。ジャガイモのウネは、四月以降に土寄せを繰り返し、後からできあがるようにするのがコツ。

【芽かき】

農家は生育のよい芽二本を残して、根元を押さえながらほかの芽を抜き取り、二本仕立てにする。一本でもよいが、大きすぎるイモとなり、中に空洞ができたりする。逆に、芽かきをしないと、小さなイモばかりになる。子どもたちが行なうときは、残す芽を傷めないように、ハサミで切り取るのが無難。

種イモの植付けと土寄せ

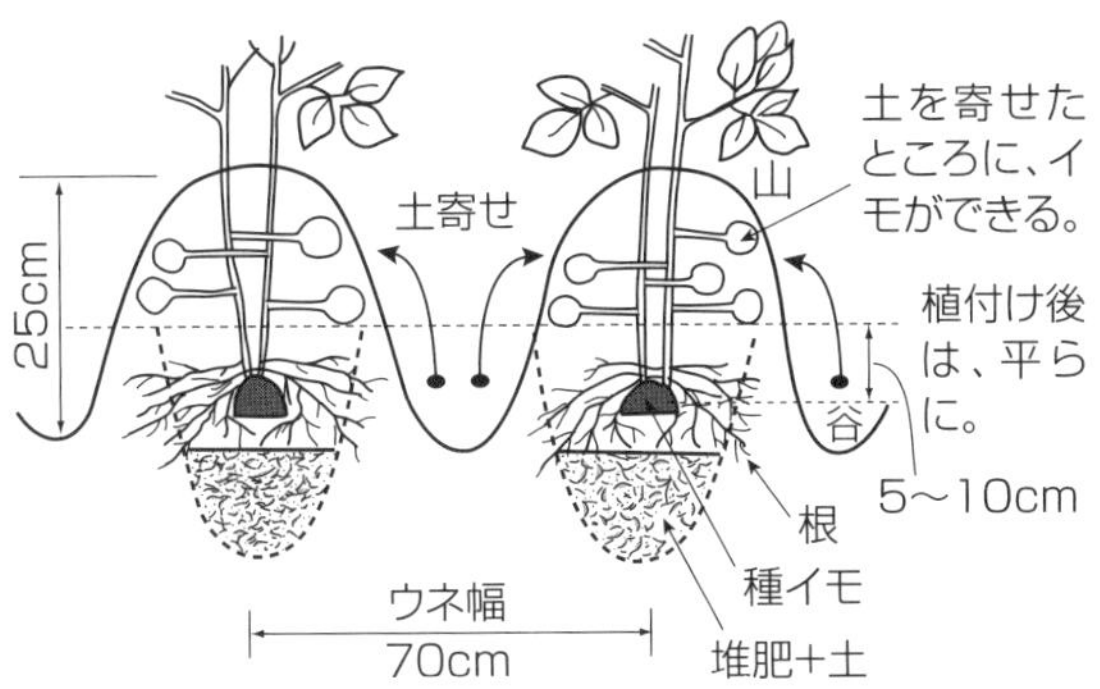

ジャガイモの袋栽培

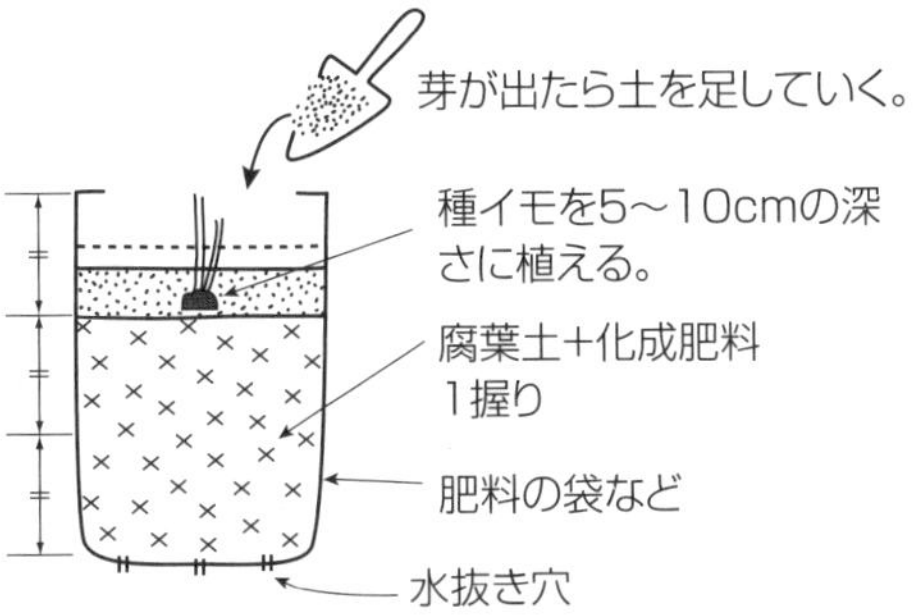

【土寄せ】

出芽後七～一〇日に、ウネ間を耕して、芽の周りに土寄せする。地温上昇と生育促進に効果があり、雑草も除くことができる。

出芽後三週間の時期に、一〇cmの高さに、二回目の土寄せをする。ウネの山と谷の高低差は二五cm、植え付けたときとウネの高さは逆転する。種イモの上から出た根は地下の堆肥を包み、その上部からストロン（ほふく茎）が伸びて、その先に新しいジャガイモが生育する。ここに十分に土をかぶせる必要がある。

土寄せによって、排水がよくなり、長雨でもイモが腐らなくなる、倒伏防止になる、外の温度変化の影響を受けにくくなりデンプンの蓄積に良好な一五～二〇℃の地温が維持できる、雑草を防ぐ効果がある、病気を防ぐ、イモが緑色になるのを防ぐなど、多様な効果がある。

四～五月初旬までに二回の土寄せをする。肥料が多すぎると倒伏して病気の原因となるので注意。

3 観察のポイント

デンプンは、小さく切ったジャガイモをスライドガラスにこすりつけて顕微鏡で観察する。茎や葉が柔らかく、顕微鏡観察の切片をつくりやすいので、植物体内を通る水の観察が容易である。根・茎の水の通り道は、食紅などで着色させた水を吸い上げさせて観察する。葉の気孔は、はがす部分を小さくし、一〇〇倍程度で検鏡する。

根毛は、濡れた新聞紙に根の部分を包んで、風が通る日陰に一～二日置き、新たに発根させて観察する。

4 収穫物の活用

ジャガイモの料理は多いので、子どもたち自身に調べさせて、学校で調理して味わいたい。家庭科や総合的な学習の時間のカリキュラムとずれてしまったら、調理を家庭学習の課題とし、その報告会を行なったり、レシピを相互に交換し合ったりすることも面白い。

春植え作物

ナス

栽培ごよみ

4月			5月			6月			7月			8月			9月			10月		
上	中	下	上	中	下	上	中	下	上	中	下	上	中	下	上	中	下	上	中	下
■土づくり			＊苗の植付け	＊			◇追肥・土寄せ・支柱立て	◆収穫										◆		

1 教科との関連

＊一・二年　生活科（7）

・植物を育てる、変化や成長

・生き物への親しみ

＊三年生　理科B（1）「植物の育ち方」

・植物の育ち方の順序

・植物のつくり（根、茎、葉）

＊六年生　理科B(3)「生物と環境」

二年生の生活科の野菜栽培に関連させることが多い。主教材としてではなくても、ほかの学年の理科の内容や社会科との関連で扱うことも可能。丈夫で長期にわたって収穫できる重宝な夏野菜である。

2 栽培の手順

【畑の準備】

苗を植える二週間前に、一㎡当たり一〇〇～二〇〇gの苦土石灰、バケツ一～二杯の堆肥を土と混ぜておく。

その一週間後に、六〇～一二〇cm幅、高さ一五～二〇cmのウネをつくる。一条植えは六〇cm、二条千鳥植えは一二〇cmのウネ幅とする。

【苗の植付け】

苗づくりには、二月以降の高温の確保と管理が必要。学校では、市販の苗を利用するのが一般的。

耐病性のある台木に接ぎ木した苗は、割高だが、連作障害に強く生育も旺盛なのでおすすめ。

株間六〇cmで浅い穴を掘り、穴にたっぷり水やりをして、根の土を崩さないように注意しながら苗を植え付ける。

ナスは、生育とともに枝が混んでくるので、わき芽を摘んで形を整える。一般的に、主枝とその下二本のわき芽を利用した三本仕立てにし、それより下の芽は摘みとる。

【敷きワラ】

梅雨入り前に、ウネ全体に敷きワラを施す。ワラがないときは、落ち葉を敷き詰める。雨のはね返りによる病害や夏の乾燥を防ぐ。雑草を防ぐ効果もある。

【追肥・土寄せ】

六月中旬に、最初の追肥三〇gを株間に施し、軽く土を寄せる。以後、三～四週間おきに化成肥料を三〇g

畑の準備

苗の植付け2週間前に、1m² 当たり100～200gの苦土石灰、堆肥バケツ1～2杯を土と混ぜておく。

ウネのつくり方

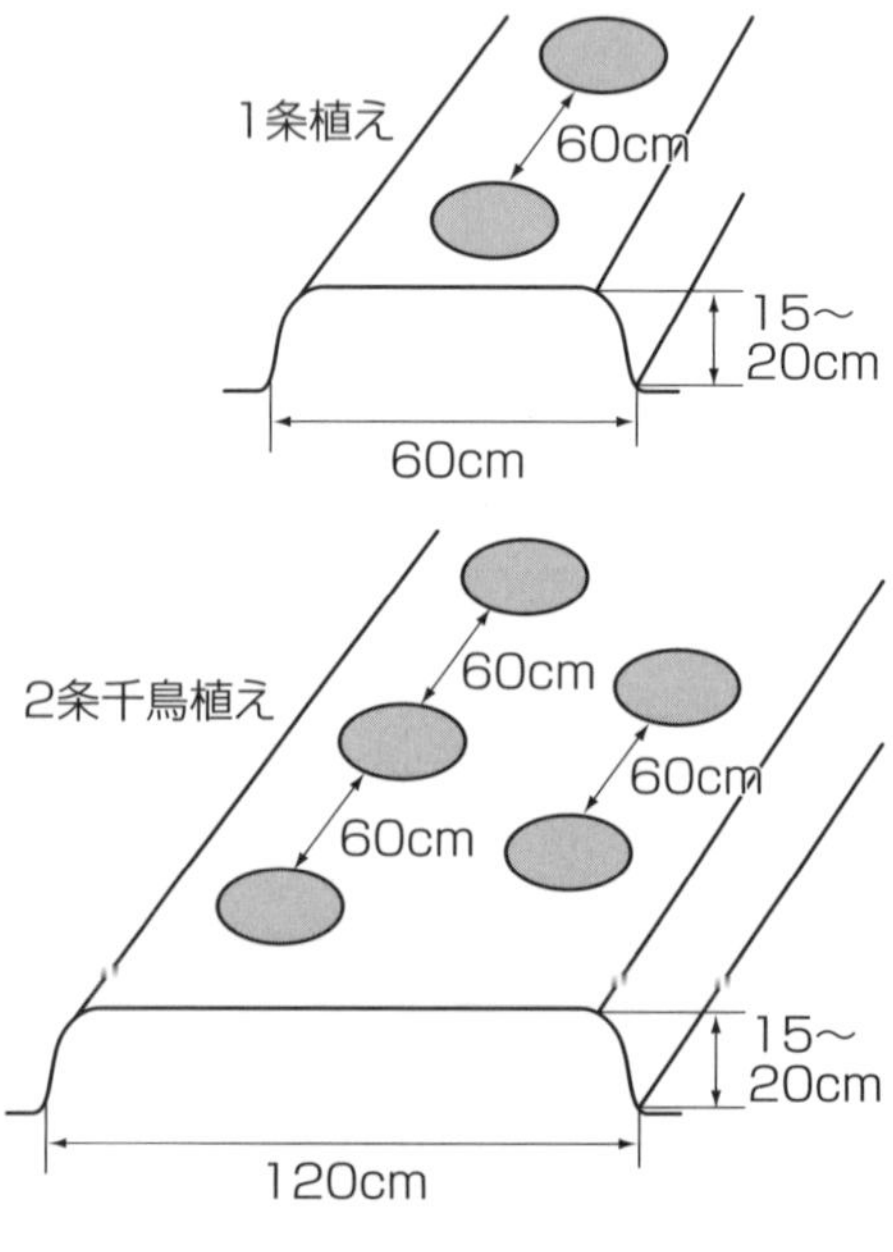

1条植え
60cm
15～20cm
60cm
2条千鳥植え
60cm
60cm
60cm
15～20cm
120cm

ずつ株の周囲や通路にまき、土寄せを行なう。肥料をまく場所は、その都度変える。

長期にわたって収穫するので、追肥を行なわないと、葉の色が薄くなり、花も小さくなって、落下する花が出てくる。

【支柱立て】

実がつくようになると、枝が垂れて地面に下がってしまう。六月にしっかりした支柱を立てて、枝をしばる。接ぎ木苗の場合、草丈が高くなるので、支柱の長さは一・八ｍのものを三本使う。

【収穫】

開花後二〇～二五日の実を収穫する。大きくしたままの実をつけておくと、次の実の育ちが遅れるし、枝が傷むので、どんどん収穫する。

【更新せん定】

夏休みに入ると、収穫量も増すが枝が混み合ってくる。夏休み中の管理が大変であれば、七月下旬に、全体の１／３～１／２の枝を切りつめる。すると、新しい枝が伸び、九月から再び収穫できるようになる。

3 観察のポイント

学習で何をねらうかによって、観察の視点や内容が変化する。収穫したものを食べる目的で栽培するときは、実の育ち方に目がいくだろう。しかし、実だけでなくその他の部分や敷きワラなども教材にできる。低・中・高学年で、いろいろな利用が考えられる作物である。

4 収穫物の活用

古くから栽培されているので、日本人によく親しまれている野菜。揚げもの、焼きナス、漬け物など、調理法も多彩。

ナスの色素はアントシアン。酸とアルカリで色が変化する。ナスの皮をゆでた液は、六年生・理科Ａ（２）「水溶液の性質」の学習で、リトマスと同様の使い方ができる。

六年生・理科Ｂ（３）「生物と環境」の学習で、敷きワラや落ち葉の役目や働きなどを観察し、具体的な体験の場をつくることが考えられる。

仮支柱立て

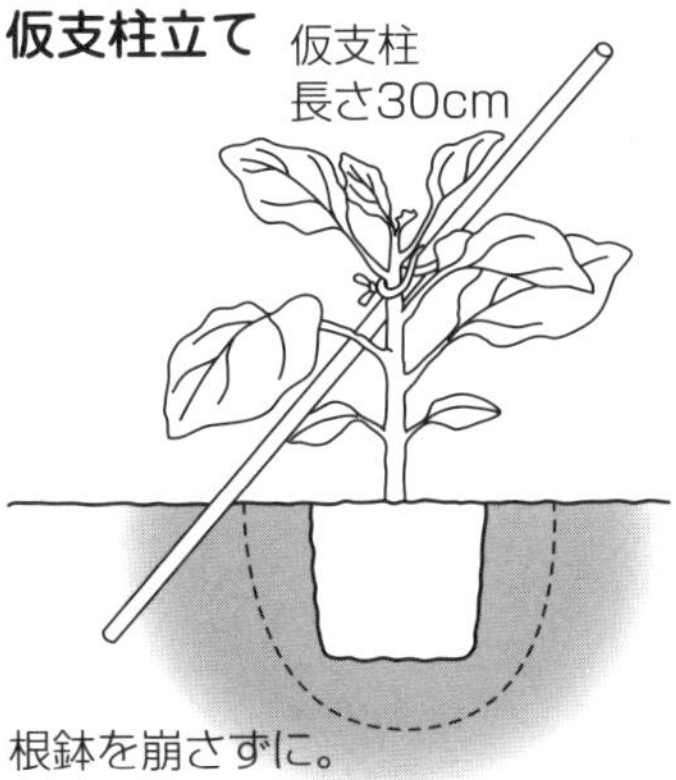
仮支柱
長さ30cm

根鉢を崩さずに。
深植えしないこと。

本支柱立て

実がつくと重みで枝が垂れて地面についてしまう。６月にしっかりした支柱を立てて３本の枝を縛る。支柱は２本を交差させてもう１本を足してしっかり立てる。

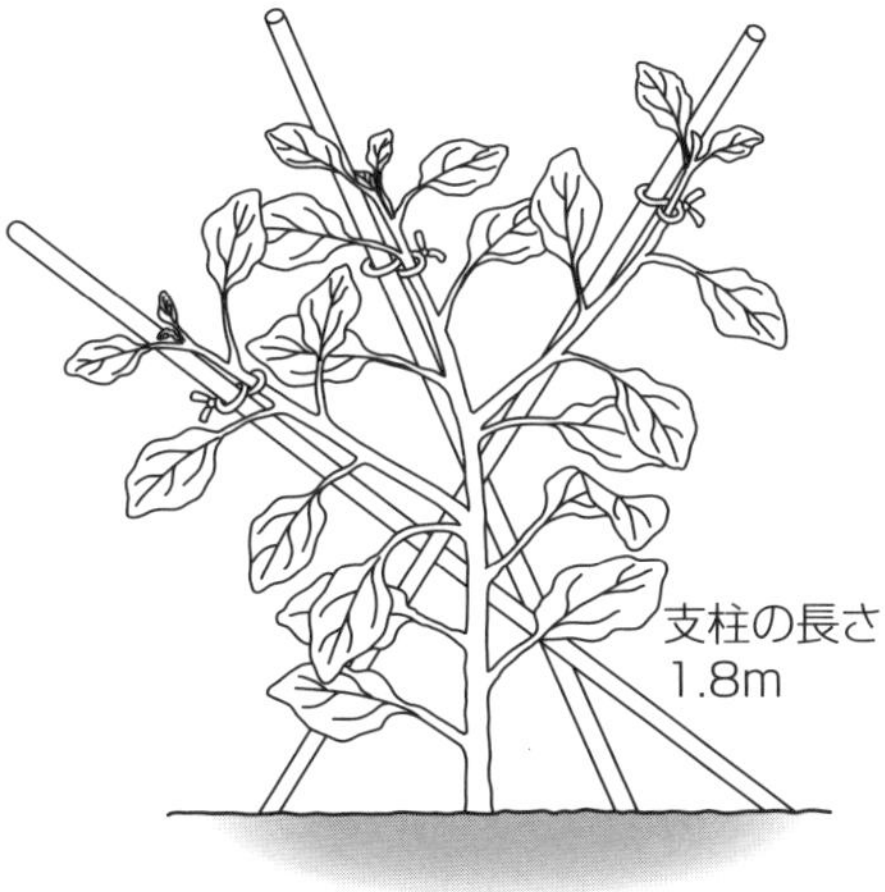
支柱の長さ
1.8m

更新せん定

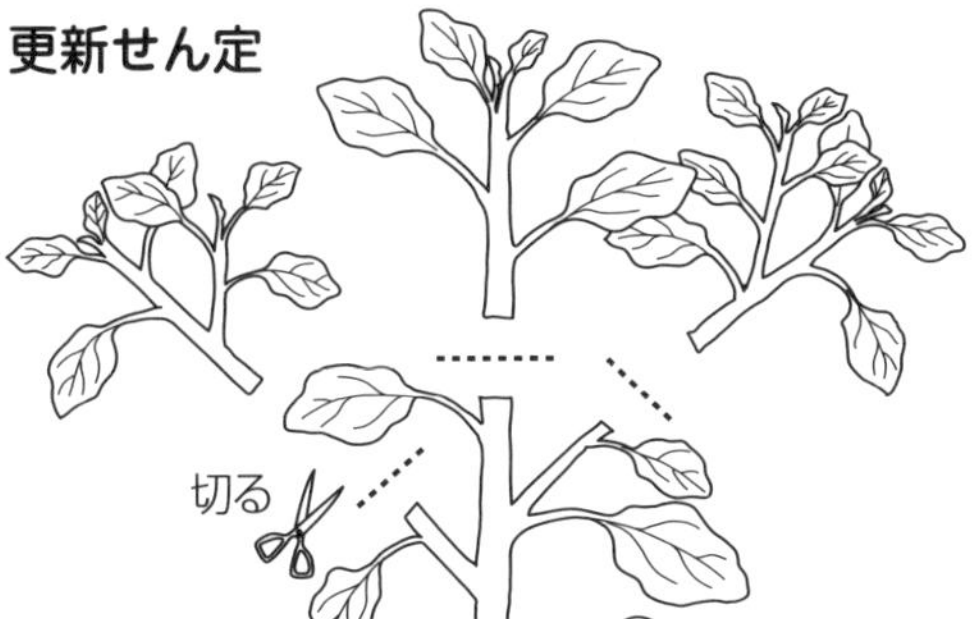
切る

弱っている株は枝に葉を１～２枚つけて短く切り戻す。結実は 30 日ほど休む。

追肥

（化成肥料 30g）

春植え作物

トマト

栽培ごよみ

4月			5月			6月			7月			8月		
上	中	下	上	中	下	上	中	下	上	中	下	上	中	下
■ 土づくり		＊ 苗の植付け	＊◇ 支柱立て			◇ 追肥・土寄せ			◆ 収穫					◆

1 教科との関連

＊一・二年生　生活科（7）

・植物を育てる、変化や成長

・生き物への親しみ

＊三年生　理科B（1）「植物の育ち方」

・植物の育ち方の順序

・植物のつくり（根、茎、葉）

＊六年生　理科B（2）「植物の水の通り道」

・根、茎および葉の水の通り道

・葉から蒸散する水

＊六年生　理科B(3)「生物と環境」

二年生・生活科の野菜栽培に関連させることが多い。ナスと同じように、主教材としてではなくても、ほかの学年の理科の内容や社会科との関連で扱うことも可能。強い日光と高温を好む夏の定番野菜。

いろいろな品種があるが、収穫時期と梅雨が重なるので、病害虫に抵抗力のある品種を選ぶとよい。ミニトマトは、長期にわたって収穫でき、収穫個数も多いので、教材として人気がある。

2 栽培の手順

【畑の準備】

苗を植え付ける二週間前に、一㎡当たり一〇〇～二〇〇gの苦土石灰、バケツ一～二杯の堆肥を土に混ぜる。根が深さ一m、幅二～三mに伸びるので、なるべく深く耕し、水はけをよくしておく。

その一週間後に、一㎡当たり一〇〇g（一握り）の化成肥料を土に混ぜてから、六〇～一二〇cm幅、高さ二〇cmのウネをつくる。一条植えは六〇cm、二条千鳥植えは一二〇cmの幅とする。

【苗の植付け・支柱立て】

苗は、茎がまっすぐでがっちりしているものを選び、市販の苗を購入する。苗づくりをするときは、二月から四月まで約三ヵ月の温度管理・水管理などが必要。

株間五〇cmで浅い穴を掘り、穴にたっぷり水やりをして、根の土を崩さないように注意しながら苗を植え付ける。二条植えのときは、条間六〇cmにする。

畑の準備

苗を植え付ける2週間前に、1m² 当たり100～200gの苦土石灰、堆肥バケツ1～2杯を土に混ぜる。その1週間後、1m² 当たり100g（1握り）の化成肥料を土に混ぜてから、下のようにウネをつくる。

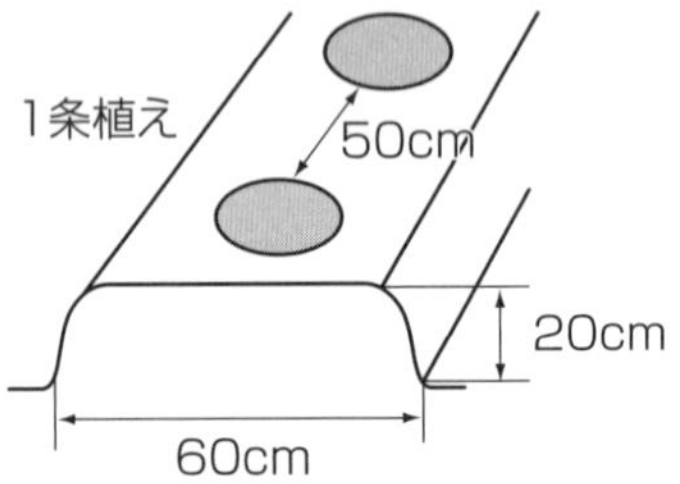

1条植え
50cm
20cm
60cm

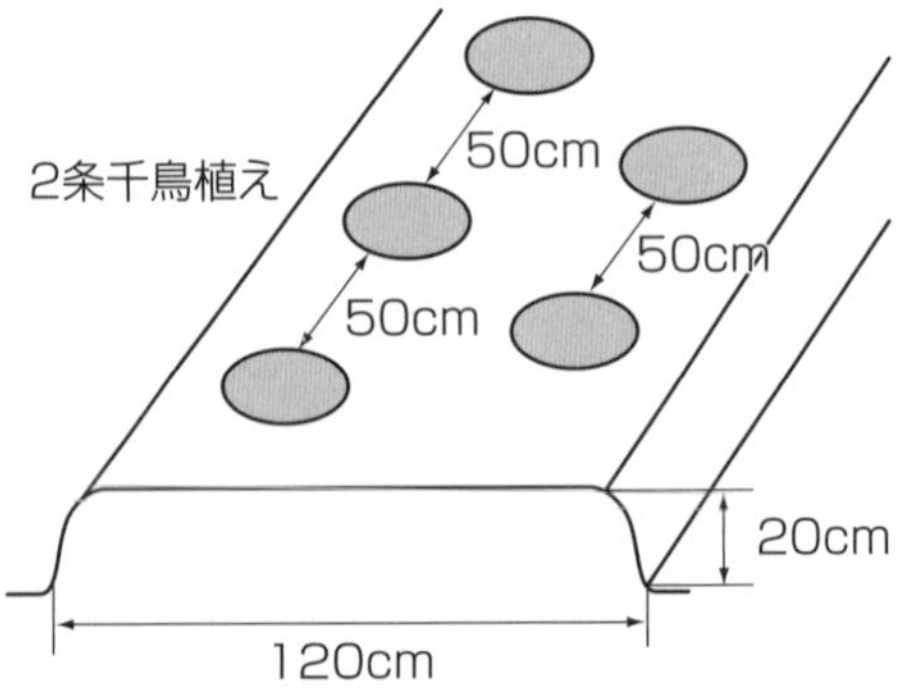

2条千鳥植え
50cm
50cm
50cm
20cm
120cm

苗の植付け前後に支柱を立てておいて、苗が倒れないように支柱に軽くしばりつける。茎が太くなるので、葉の下でゆるく8の字状に結ぶ。

【芽かき】

苗が活着し、成長に勢いが出てくると、葉の付け根からさかんにわき芽が出る。このわき芽はすべて摘みとる。茎を折らないように気をつけながら摘みとり、主枝一本のみを残す。

【敷きワラ】

梅雨入り前に、ウネ全体に敷きワラを施す。ワラがないときは、落ち葉を敷き詰める。こうすると、雨のはね返りによる病害や夏の乾燥を防ぎ、さらに雑草を防ぐ効果もある。

【追肥・土寄せ】

苗の植付け一ヵ月後に、一株当たり化成肥料を三〇gずつ施す。ウネの外側の通路に化成肥料を一㎡当たり三〇～五〇gまいて、軽く土寄せする。その後の追肥は、生育を見ながら行なう。

【主枝の摘心】

七月上旬～中旬、夏休み前までに主枝の一番上の花房のすぐ下で摘心すると、おいしい実を収穫できる。八月末までに収穫が終わる。

摘心せずに九月まで収穫し続けることもできるが、実が小さくなる。

【収穫】

十分に熟して赤くなった実から収穫する。苗の植付け時期が遅れると、収穫は夏休みにずれ込む。夏休み前の収穫をねらうならば、四月に苗を植え付けたほうがよい。

五月中旬～下旬に苗を植え付けた場合、収穫は八～九月となる。鉢栽培などでは、夏休み中の管理が難しいので、遅く苗を植え付けて遅い収穫をめざすならば、学校園に植え、ウネに落ち葉を敷きつめたほうがよい。

誘引

葉の下で結ぶ。茎が太くなるので、十分余裕をもたせてゆるく結ぶようにする。

支柱と茎の間で交差させて８の字に結ぶ。

芽かき

成長にしたがって葉の付け根から出るわき芽は全部摘みとって主枝１本を残す。

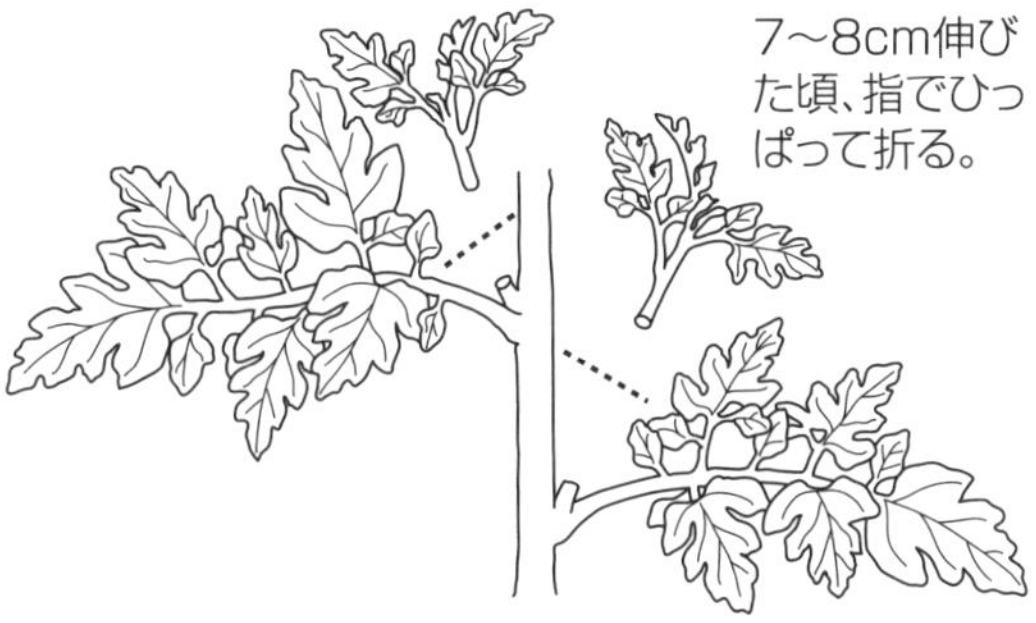
7～8cm伸びた頃、指でひっぱって折る。

3 観察のポイント

低学年で栽培する場合は、熟した実を食べることが最大の目的。それに至るまでの成長の過程で、折に触れて観察や記録を継続していく。子どもが、葉や茎、育ってきた果実に手で触れると、成長が抑制されることがあり、時には茎を傷つけてしまうので注意する。ウネとウネの間の通路を広くとるか、学校園の外側から観察させるようにする。

4 収穫物の活用

本数が多くないと、一度にたくさんの収穫ができない。少しずつ実が熟していくので、収穫したものをどのように分配して食べるかのルールを決めておくとよい。

新鮮なものを収穫し、健康野菜として生食するのが主だが、ソースの材料にも多く使われる。

わき芽を摘みとりながら栽培するので、このわき芽を利用して、六年生・理科B（2）「植物の水の通り道」の観察をすることもできる。茎が柔らかいので、解剖や観察に都合がよい。

トマトの収穫に付随して、六年生・理科B（3）「生物と環境」を学習する際に、敷きワラや落ち葉が探究の材料となる。

春植え作物
カボチャ

栽培ごよみ

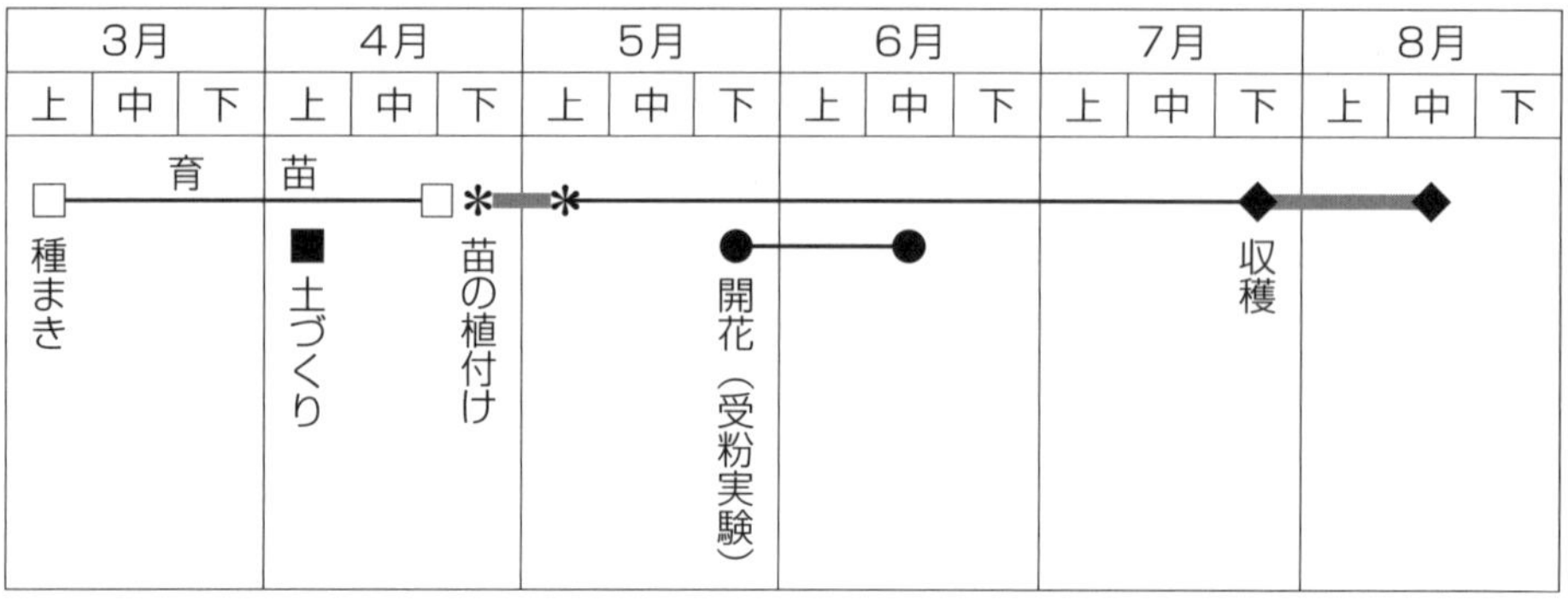
3月
4月
5月
6月
7月
8月
上 中 下
育苗
種まき
■土づくり
苗の植付け
開花（受粉実験）
収穫

1 教科との関連

＊五年生　理科B(1)「植物の成長、結実」

・花の観察、おしべやめしべ

・花粉の観察

・受粉実験、結実や種子の観察

2 栽培の手順

【種まき】

カボチャの育苗は比較的簡単だが、学校では、育苗期が年度末から年度はじめの多忙な時期になり、また、四年生から五年生への担任の持ち上がりが少ないため、この時期の育苗管理が難しくなる。そこで、苗を購入することが多いが、学校でカボチャを育苗すると経済的である。

大きめのビニールポットに二粒ずつ種をまき、発芽したら元気のよいものを残して一本にする。発芽まで、透明ビニール袋に穴をところどころにあけて、それを苗にかぶせて保温するとよい。

【畑の準備】

苗の植付けの二週間前までに一㎡当たり二握りの苦土石灰を土に混ぜておく。植付けの一週間前に、幅一〇〇㎝のウネをつくり、一・五m間隔で穴を掘る。穴は、直径五〇㎝、深さ三〇㎝にする。掘った土は、穴の隣に盛り上げておく。その穴に、堆肥バケツ一～二杯、化成肥料一握りをまいて、よく土と混ぜておく。

【苗の植付け】

本葉四枚程度の苗を、根の土を崩さないようにしてポットから出して植え付ける。その後、十分に水やりをする。

【保温・苗の保護】

春先の風で苗がくるくると回り、ちぎれてしまうことがあるので、苗の保護のため、また地温を上げるために、苗の周囲にビニール袋などで囲いをつくる。竹の棒を四本立て、大きめの透明ゴミ袋の下を切り、筒状にして、苗を囲うようにする。

【敷きワラ】

苗の植付け後二～三週間経過したら、ビニールの囲いを取り外し、敷きワラをする。ワラの代わりに落ち葉を敷きつめてもよい。つるが伸びていくときに、敷きワラがあるとつ

畑の準備

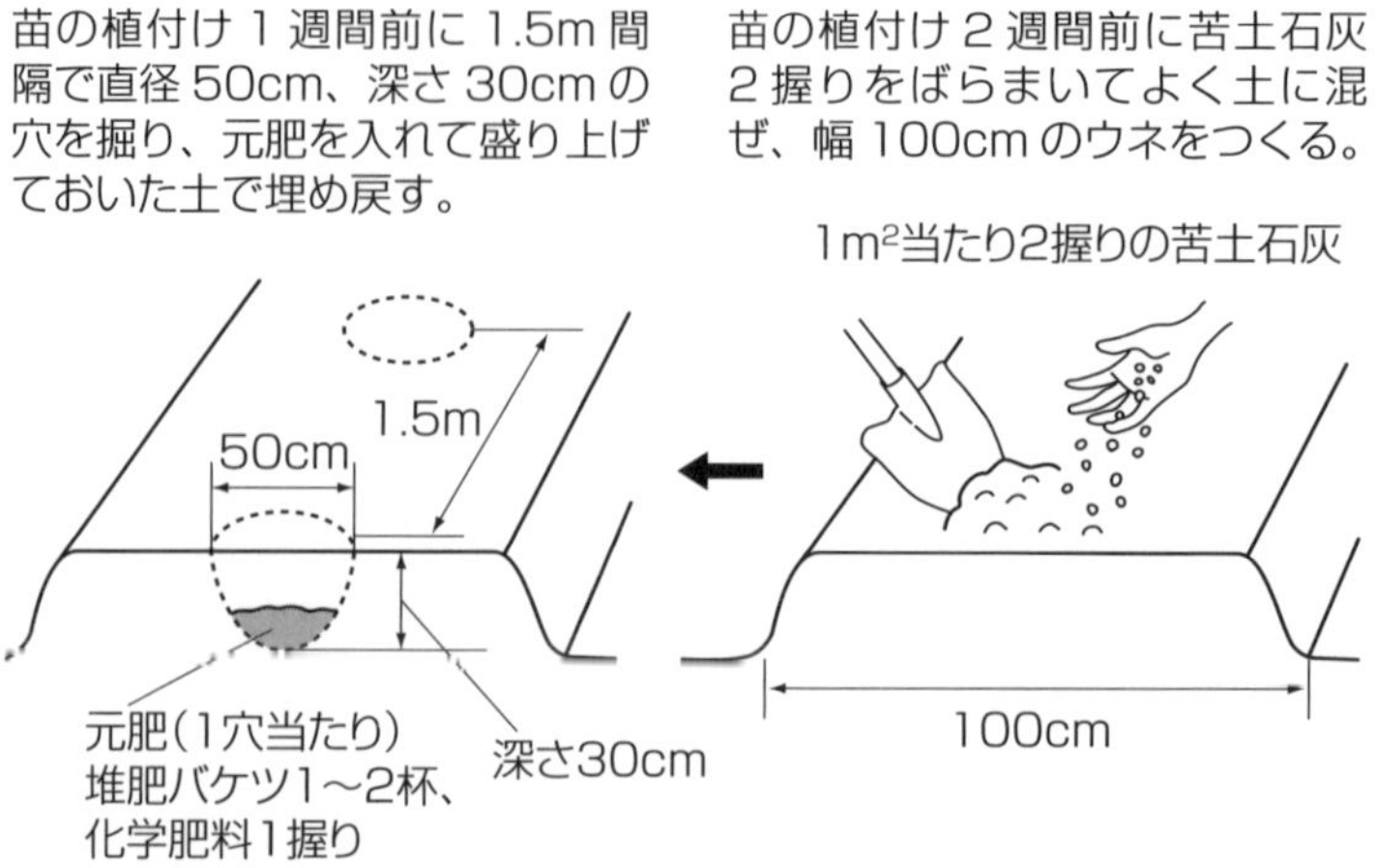
苗の植付け2週間前に苦土石灰2握りをばらまいてよく土に混ぜ、幅100cmのウネをつくる。
1m²当たり2握りの苦土石灰
100cm
苗の植付け1週間前に1.5m間隔で直径50cm、深さ30cmの穴を掘り、元肥を入れて盛り上げておいた土で埋め戻す。
1.5m
50cm
深さ30cm
元肥（1穴当たり）
堆肥バケツ1～2杯、
化学肥料1握り

るの移動がなく、しっかりと生育する。ワラは、雑草と果実の汚れを防いで病害の危険を減らす。

【その他の世話】

　市販に向けるカボチャは、摘心や整枝を行ない、三～四本のつるに仕立てたり、人工受粉をして結実させたりする。学校での栽培は、生育にまかせたままでよい。カボチャの実の収穫よりも、理科の学習で、雄花や雌花の観察、受粉から結実までの実験栽培のために使われ、実の収穫は副次的なものとなるからだ。

3 観察のポイント

　雄花の数が多く雌花の数が少ない品種が多い。後の受粉から結実までの実験にある程度の数を残すため、花の観察は、最小限の採取にするか、採取しないままの状態で、傷つけないように観察する。

　早朝に昆虫が受粉させてしまうので、受粉実験は、花が開く前のつぼみの状態からスタートする。前日の午後のつぼみで十分成長したものを利用して実験を行なう。受粉させたつぼみと受粉させないつぼみを、そっとビニールなどで包んでおく。実験の要件は、袋の中に小さな紙でメモしたものを入れておくか、袋に油性ペンでメモしておく。

　受粉実験後の雌花は、いつまでも袋をかけておくと生育の害となる。実験結果がわかった時点で袋を外す。

4 収穫物の活用

　受粉実験後に生育する果実、実験に使わなかった雌花の果実は、開花後三〇～五〇日で収穫できる。西洋カボチャは、果柄がコルク化して亀裂が入った頃に収穫できる。日本カボチャは、果皮が褐色がかって白粉をふいてきたら収穫できる。

　カボチャは、長期間の保存ができる。四～五日ほど風で乾かし、涼しい日陰で常温保存する。果皮に傷がついていなければ、晩秋から冬季まで保存できる。

苗の選び方

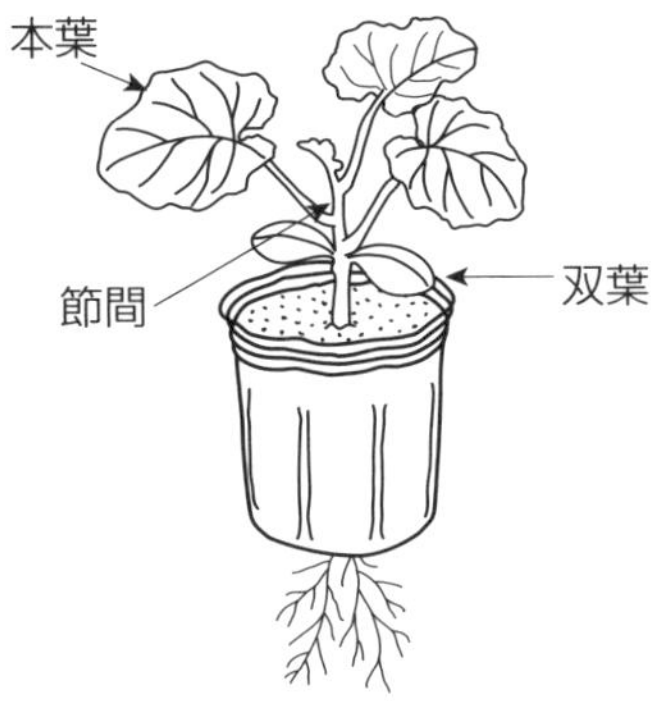
本葉
節間
双葉

本葉３～４枚で、双葉がついていて節間がつまっており、根が真っすぐに伸びて病虫害がないものを購入する。

苗の植付け

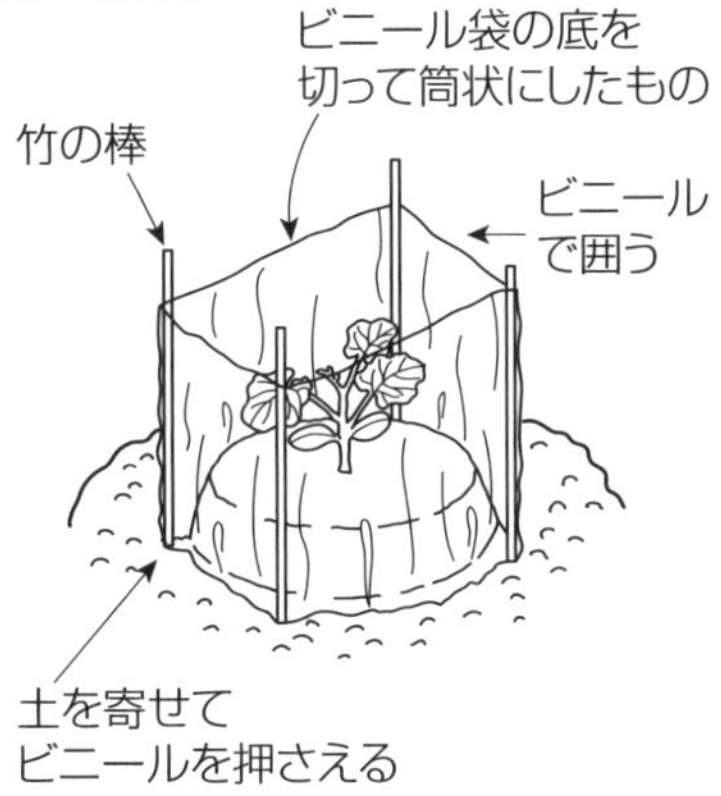
ビニール袋の底を切って筒状にしたもの
竹の棒
ビニールで囲う
土を寄せてビニールを押さえる

受粉実験

昆虫の飛来が少ない梅雨時や市街地では人工受粉して結実させる。雌花の開花当日、朝早く（午前８時頃までに）雄花をとって、花粉を雌花の柱頭につけて受粉させる。

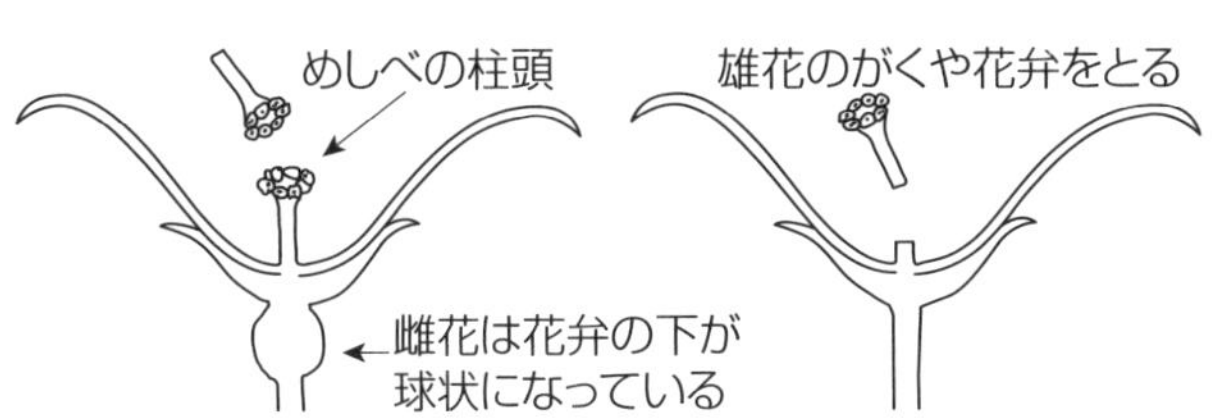
めしべの柱頭
雄花のがくや花弁をとる
雌花は花弁の下が球状になっている

収穫

開花後 30 ～ 50 日で収穫できる

敷きワラ

春植え作物
サツマイモ

栽培ごよみ

5月			6月			7月			8月			9月			10月			11月		
上	中	下	上	中	下	上	中	下	上	中	下	上	中	下	上	中	下	上	中	下
	＊苗の植付け		＊			◇追肥・つる返し	◇							◆収穫				◆		

❶ 教科との関連

＊一・二年　生活科（5）
・身近な自然との触れ合い
・四季の変化と生活

＊一・二年生　生活科（7）
・植物を育てる、変化や成長
・生き物への親しみ

　いずれの学年でも、特別活動や総合的な学習の時間の内容、また理科学習の発展に関連させて活用できる。

❷ 栽培の手順

【土づくり】

　耕作した土地に六〇cm幅のウネをつくる。ウネの中央に、完熟堆肥とサツマイモ専用肥料（種苗店などで購入）を施し、土を寄せてウネの高さを一五～二〇cmにする。通気性の悪い場所のウネの高さは、二五cm程度まで高くする。

　サツマイモの前の栽培で肥料を多く使っていれば、堆肥や専用肥料がなくてもよい。完熟していない堆肥を使うと、コガネムシの幼虫などの害虫被害を受ける恐れがある。

【苗の植付け】

　苗は、市販の苗を購入して、一晩水を吸わせてから植え付ける。植付け直後の天候が曇りや雨になるのを見計らって作業をすると、活着がよくなる。

　ウネの中央に三〇cm間隔で深さ五～六cmの溝をつくる。移植ゴテなどで、土をかき分けるようにするとよい。葉の付け根の茎の部分が、地中に隠れるように植え付ける。葉と苗の先端が地表に出て、茎がすべて地中に入るように、茎を指で押さえ込むようにしながら植え付けるのがコツ。埋もれた葉を出して、手で押さえて土が流れないようにしておく。

　茎の切り口部分にイモができるのではなく、葉の付け根のところから新たに伸びた根が太ってイモになる。

　マルチ（ポリエチレンフィルムで土を覆い保温する）をしたウネに植

苗の植付け

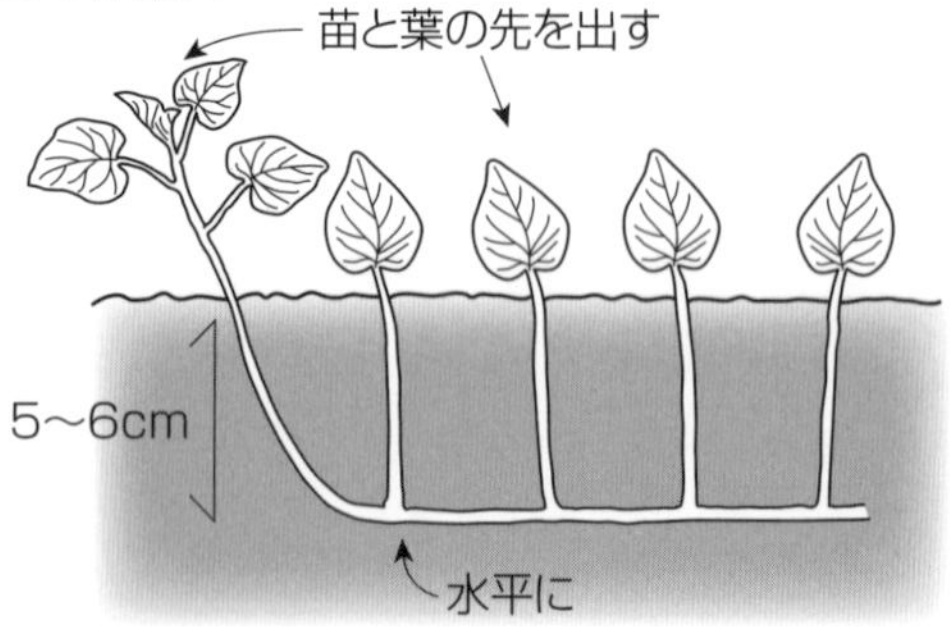

ほかの野菜と違い、植え穴ではなく“植え溝”に植え付ける。

発根

根が根づくと茎葉が元気になる。苗を植えてから7～10日で発根し、根づくまではややしおれていたようになっていた苗が立ち上がって伸びはじめる。

え付ける場合は、植える部分にカッターナイフで切れ込みを入れ、茎を斜めか水平に押し込むようにしながら植え付ける。手で土を押さえ、マルチの切り口にさらに土をかぶせておく。マルチ栽培は、地温を高くすることでサツマイモの発根を促すだけでなく、夏の雑草防除にもなるので、サツマイモの管理を容易にする。

苗の植付けが終わったら、たっぷりと水やりをする。植付け後の乾燥で生育に失敗することが多いので、子どもの作業後、土の押さえの状況や水やりの確認をするとよい。

土寄せ

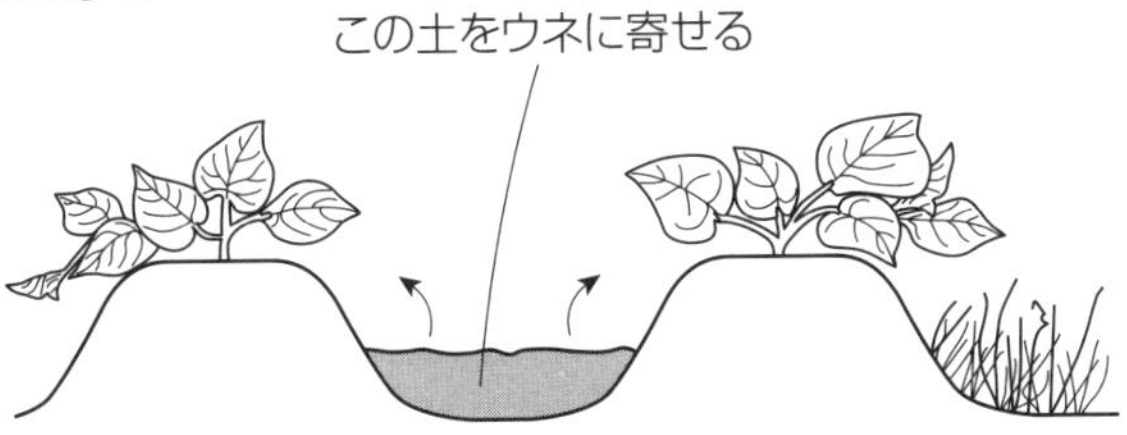

雑草をとってからウネ間を耕して土寄せをする。

【雑草とり・土寄せ】

サツマイモのつるが伸びる前に、ウネとウネの間を耕して（中耕）、苗の根元の部分に土寄せをする。梅雨の雨でウネがくずれてしまうと、イモの根が露出して生育が悪くなるからだ。土寄せで、同時に、雑草の小さな芽も退治できる。

【追肥・つる返し】

夏休み前に、葉が黄色っぽくなるときは、肥料分が不足している。化成肥料を一株当たり一〇g程度施す。

梅雨には、伸びたつるに葉がたくさん広がる。その葉の付け根にも小さなイモが成長しはじめる。イモの分散化を防ぐために、伸びたつるを反対方向に返す作業が「つる返し」である。

【収穫】

九月下旬から十一月上旬にかけて、晴れた日に収穫作業をする。つるを株元で切り、スコップなどでイモを傷つけないように掘り起こす。

数時間、イモを日光にさらして土を乾燥させ、イモの表面の土を落として箱やかごに入れて運搬する。イモは、一〇℃以下の温度になると劣化するので、保存貯蔵する場合は、モミ殻で包んだり、発泡スチロールの箱に入れたりする。

上手に保管すると、三月以降、種イモから芽を出させ、それを次の栽培用の苗にすることもできる。

3 観察のポイント

サツマイモはやせた土地でも栽培でき、途中の世話がほとんどいらないので、低学年の生活科学習の教材に適している。

折に触れて、時間が確保できたときに、成長の様子をその都度確認でき、手応えが感じられる。収穫作業も子ども一人ひとりの手で行なえ、個別の関わりが可能である。イモの大きさ、つるの長さなど、収穫の際に実感できるものが多い。観察や作業の記録を絵や文で表現したり、写真に残したりしておくと、学年末の振り返りの学習のとき活用できる。

4 収穫物の活用

イモのつるの長さ自慢、イモの重さ自慢。長いものや重いものは、成長の手応えを実感できてうれしいものであるが、その逆だった子どもの思いも尊重したい。「小さいものにもおいしさがいっぱいつまっているよ」「つるが短くてもイモを育てるのに一生懸命がんばったおりこうさんだね」。そういう言葉かけが、子どもの栽培活動の意味と価値を実感させる支援となる。

大勢でダイナミックに「焼きイモ大会」を行なう。保護者も招待して、消防署に届けを出し、校地の一角でたき火をして、新聞紙とアルミ箔で包んだイモを焼く。環境によっては、これが行なえないところもあるので、事前に検討したり打診して調べておく必要がある。

煮物、揚げ物、お菓子など、幅広く利用できる。学年の発達や保護者の協力に応じて、調理方法を工夫したい。

秋まき作物・草花

パンジー

栽培ごよみ

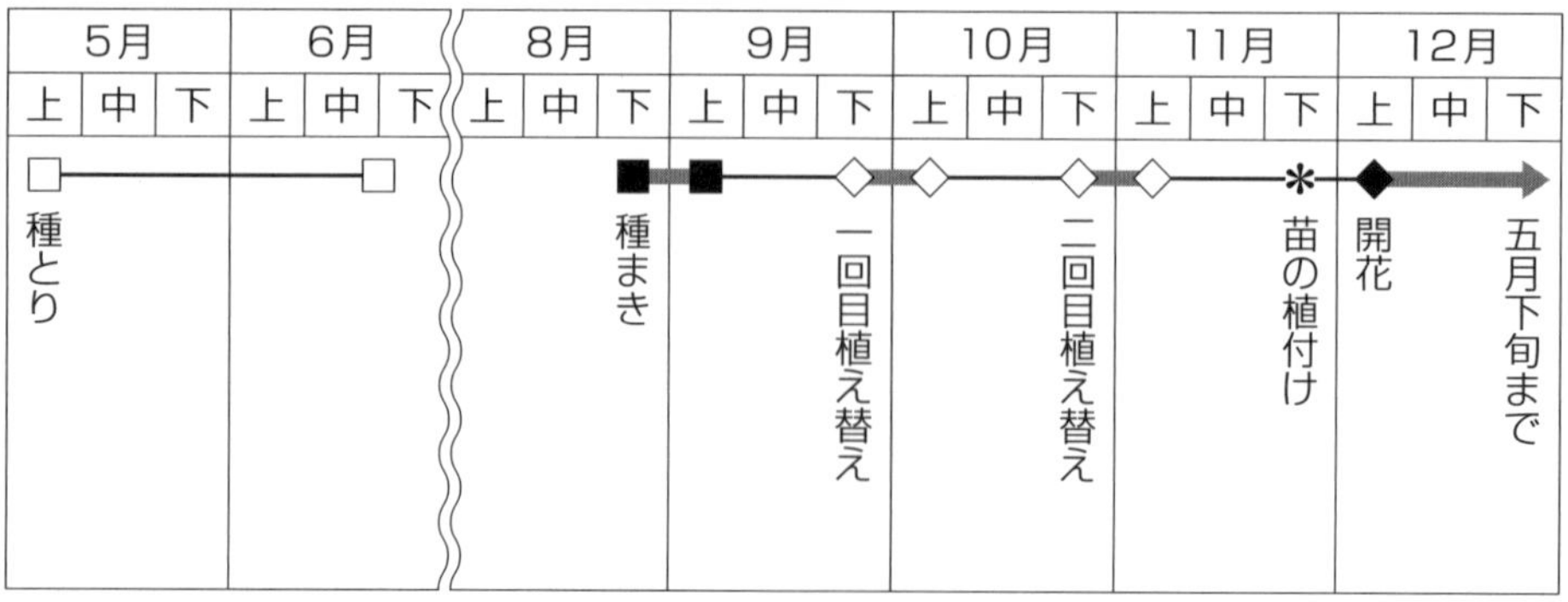

1 教科との関連

＊一・二年生　生活科（5）

・身近な自然との触れ合い

・四季の変化と生活

＊一・二年生　生活科（7）

・植物を育てる、変化や成長

・生き物への親しみ

＊三年生　理科B（2）「身近な自然の観察」

・花や葉の色や形

＊四年生　理科B(2)「季節と生物」

・寒い季節における植物の成長

＊五年生　理科B(1)「植物の発芽、成長、結実」

・（発展）パンジーの種の採取や発芽

2 栽培の手順

【種とり】

立夏（五月六日頃）から夏至（六月二十一日頃）の頃に種が熟す。花の後のふくらみ（子房）が地面近くに倒れて、種が熟成する。完熟すると茎が起き上がり、子房全体が茶色になって種がはじけて飛び散る。その直前に種をとる。種が熟す時期は、株によって差があるので、何回かに分けて種を集め、よく天日乾燥し、紙袋に入れて保存する。

【種まき】

八月下旬以降に、種まきをする場合、数日から一週間、冷蔵庫に入れて低温処理をする。まだ暑い時期なので、高温で発芽率が低くなり、また生育不良にもなりやすいからだ。

もっと涼しくなってから種をまくほうがよいのだが、種まきが遅くなると、開花するのが遅れる。冬のうちから早く咲かせて長く楽しむためには、やはりこの時期に種まきをする必要がある。

種まきは、早すぎても遅くてもいけない。夜間の気温が二〇℃前後になる頃、八月二十九日から九月二日の五日間が最適の時期。種をまいたら、なるべく涼しい風通しのよい日陰に置いて、発芽・成長させる。

育苗ポットを使った育苗

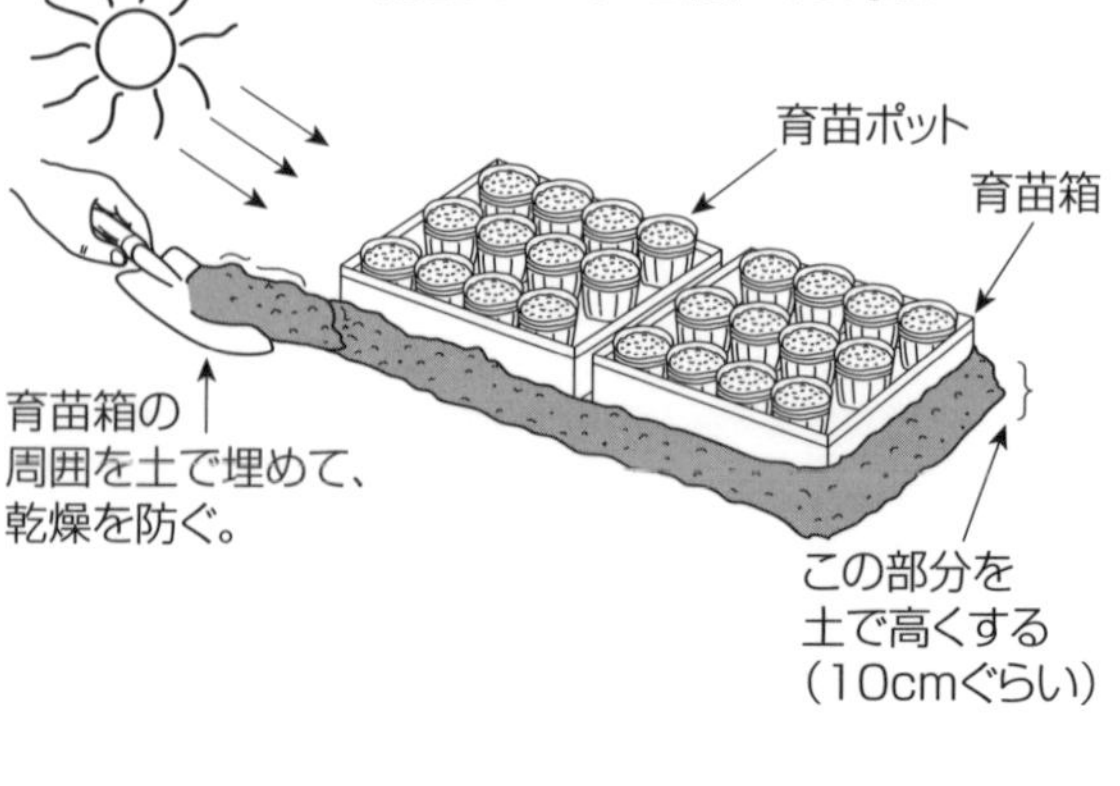

【発芽には光が必要】

パンジーは、土をかぶせて光をしゃ断すると発芽しない。パンジーの発芽に必要なのは、適温（涼しさ）、水分、空気のほかに、光が条件として加わる。

最近は、この条件を保持できる園芸用品（水苔を圧縮した土ポットや板状の製品）が各種市販されている。

費用をかけずに、土を育苗箱に入れて種まきをしても十分発芽する。保水性をよくするため、最下層に腐葉土を敷きつめ、上層の土はふるいにかけて、小さめの団粒の土の隙間に種が入り込むようにする。種の上に土はかけずに、濡れた新聞紙をかぶせ、育苗箱を逆さに重ねるなどして日陰にし、弱い光が種に当たるようにして、通気性のよい場所において発芽させる。水やりは、上からかけると流れてしまうので、育苗箱の下から吸い上げさせる。

【一ヵ月おきに一〜二回の植え替え】

最初の苗の植え替えは、九月下旬。本葉が数枚の頃に、割り箸の先を削ったもので、育苗箱に移し替える。苗が活着した後は、徐々に強い光に当てる。液肥の施肥、水やりと乾燥を繰り返しながら、丈夫な苗に育てていく。

次の苗の植え替えは、十月下旬にビニールポットに移す。化成肥料を施し、太陽温水器のように少し箱を傾斜させて日照を確保するように管理すると、生育がしっかりしてくる。

植え替えのときに、徒長した根を切り取るか、ビニールポットの中に包み込むかして、細かい根の生育を促し、土を根が抱え込むように育てることが、花を長期にわたって楽しむコツ。

関東南部では、特に防寒処理は行なわなくても、霜や雪の中でも花を咲かせ続ける。

育苗箱を使った育苗

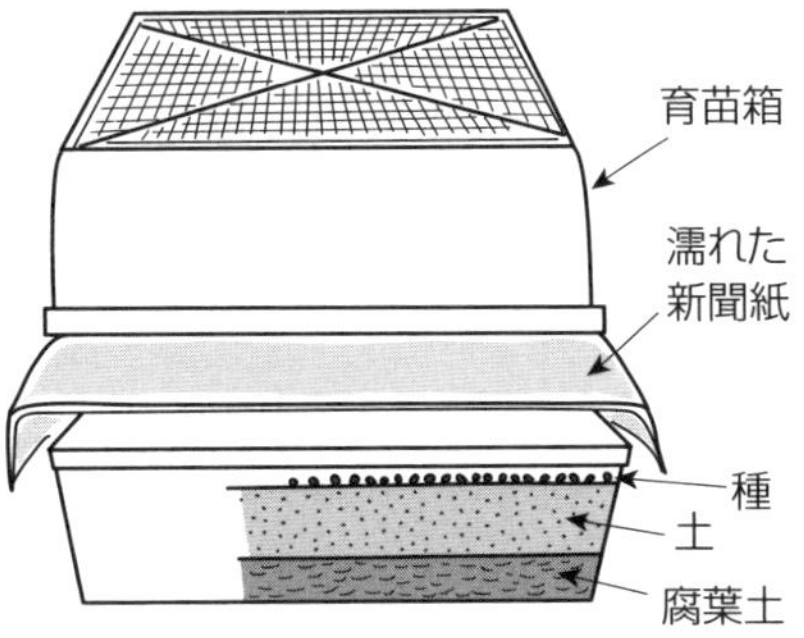
育苗箱
濡れた
新聞紙
種
土
腐葉土

育苗箱の下から水を吸わせる。

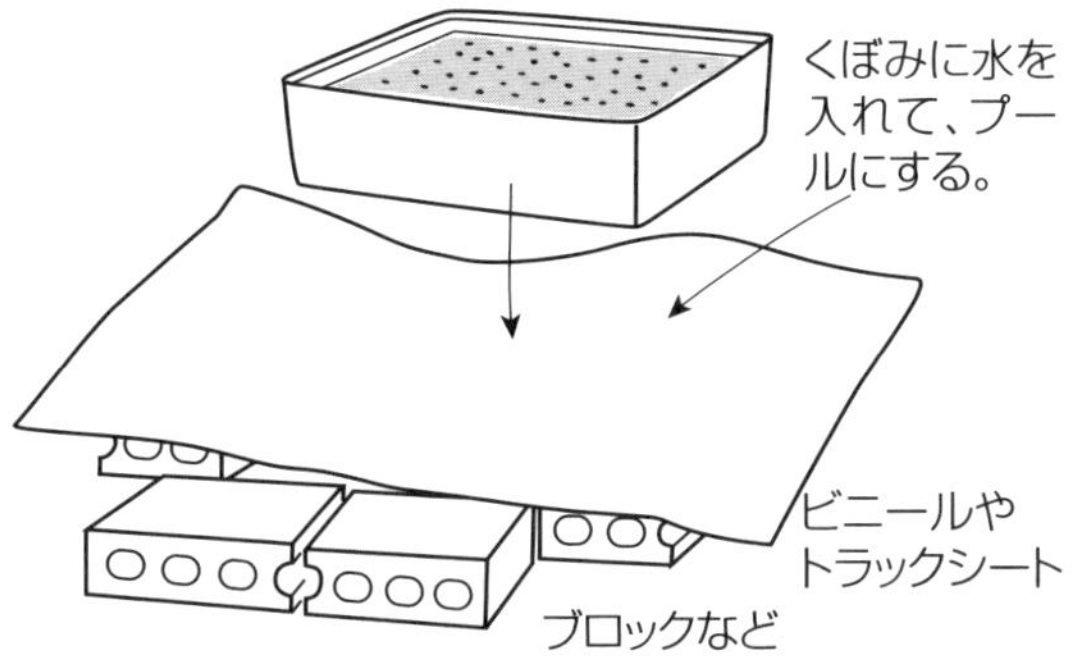
くぼみに水を
入れて、プー
ルにする。
ビニールや
トラックシート
ブロックなど

3 観察のポイント

パンジーは、十二月の寒い時期から咲きはじめ、五月まで半年以上咲き続ける。家庭園芸の春の定番であり、多くの学校でも栽培され、教科書にも春の風景の一つとして多く取り上げられている。

季節感を味わう目的で学校園巡りを行なうと、パンジーの彩りは目を引くが、長期にわたる開花へと改良されてきているため、厳密には春を代表するものとはいえない。パンジーは、ロゼット型植物なので、温度変化により、成長部分に違いが出る。秋から冬にかけては根の成長が目立ち、葉は水平方向に広がろうとする。気温が上昇する新学期頃になると、垂直方向に茎が立ち上がってきて、花の数も多くなる。

低学年では、季節感を味わう活動、植物への親しみを持たせるための観察活動が主となるだろう。四年生「季節と生物」で観察する場合は、成長部分の違いに目を向けるとよい。五年生では、花の後の種とりを経験することで、植物の成長・結実への関心を喚起し、ほかに栽培する主教材で探究活動を進めていくことが考えられる。

4 収穫物の活用

学校園のパンジーは、卒業・入学のシーズンに、新学期の学校を彩り、あたたかい環境が子どもたちの高揚した心を包んでいく。入学直後の生活科の学習や進級したばかりの三年生が身近な自然の観察を進めるうえで、ふさわしい教材ともなる。その後も長期間にわたって花を咲かせるので、学校環境を整備していくには大変便利な植物である。

プランター植えのパンジーは、十二月までの花を摘みとって花の数を増やし、適切に管理していけば、卒業式に満開になる。卒業式の式場や入り口、昇降口などの飾り付けに使用すると、大変華やかになる。

秋まき作物・草花

コマツナ

栽培ごよみ

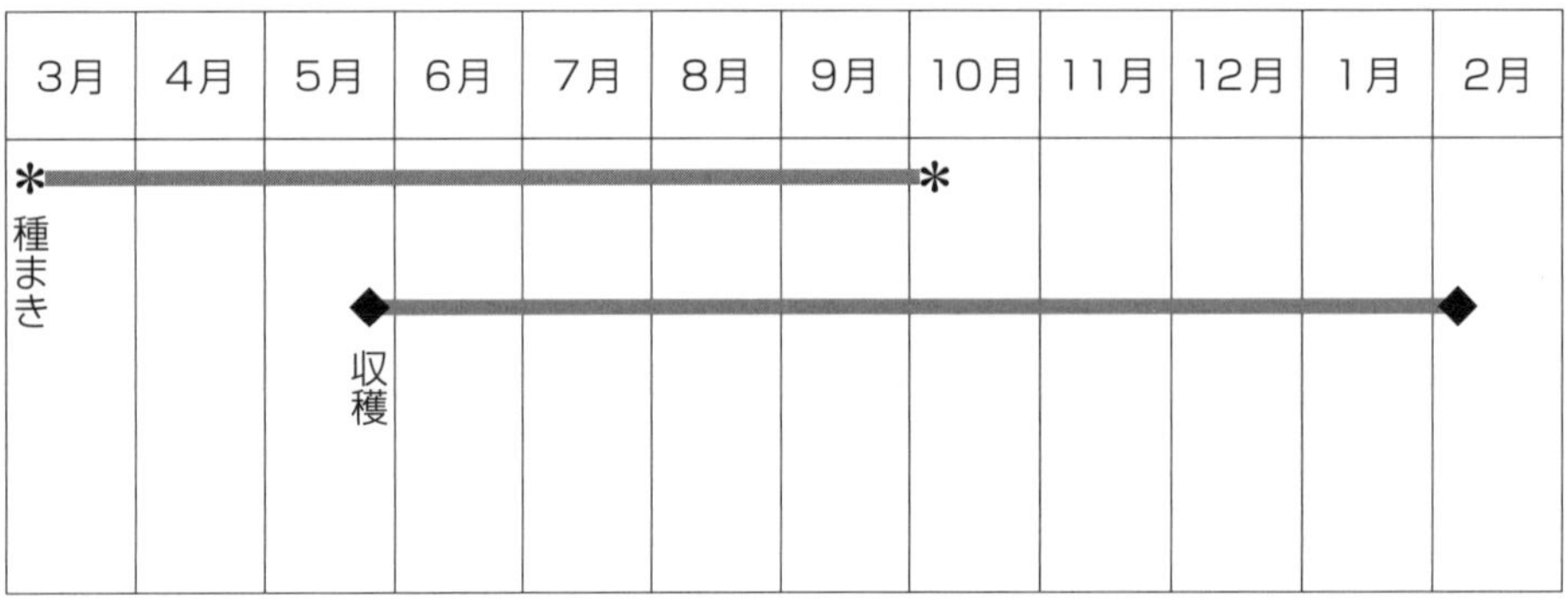
3月
4月
5月
6月
7月
8月
9月
10月
11月
12月
1月
2月
種まき
収穫

❶ 教科との関連

＊一・二年生　生活科（7）

・植物を育てる、変化や成長

・生き物への親しみ

＊三年生　理科B（1）「昆虫と植物」

・植物の育ち方の順序

・植物の体のつくり（根、茎、葉）

＊三年生　理科B（2）「身近な自然の観察」

・花や葉の色や形

＊四年生　理科B（2）「季節と生物」

・寒い季節における植物の成長

＊五年生　理科B（1）「植物の結実」

・花のつくりの観察

・花の後にできる実、種子

教科の主教材としてよりも、副教材、学習の発展、栽培が終了した後の学校園の有効活用などで、コマツナ栽培が考えられる。いつでも栽培が可能な便利な作物、栄養豊富な健康野菜である。

❷ 栽培の手順

【畑の準備】

種をまく二週間前までに、一㎡当たり一〇〇～二〇〇g（一～二握り）の苦土石灰をまいて耕す。

種をまく一週間前に、元肥を施しておけば生育がよくなるが、肥料は種まきの直前でも大丈夫。元肥は、一㎡当たり堆肥バケツ一杯、化成肥料二握り。

【種まき】

①九〇cm幅のウネに筋まき

肥料を施し、全体の十を軽く混ぜたら、九〇cm幅、高さ五～一〇cmのウネをつくり、表面を平らにならす。ならしたウネに、竹竿や壊れたモップの柄の棒などを動かして、深さ一cm程度のまき溝をつくる。その溝に、種を二cm間隔でまいていく。

種をまいた後、まき溝が平らになるように板などでならしながら土を軽くかける。平らになったウネの上をたたいて土を押さえる。農家ではクワの背でたたくが、学校の場合は、角材か角形ペットボトルに水を入れ

畑の準備

種をまく2週間前に1m² 当たり2握りの苦土石灰をまいて耕す。その1週間後に元肥を施す。

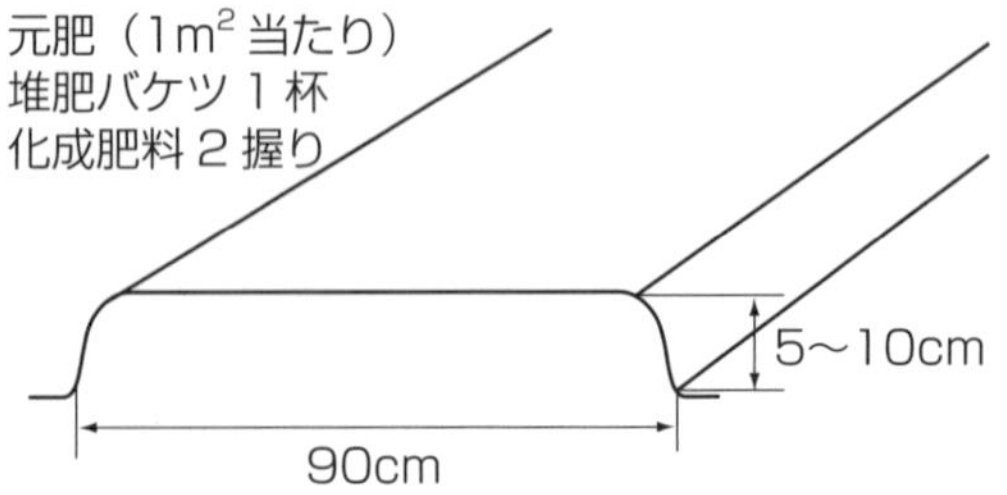
元肥（1m² 当たり）
堆肥バケツ1杯
化成肥料2握り
5～10cm
90cm

種まき（筋まき）

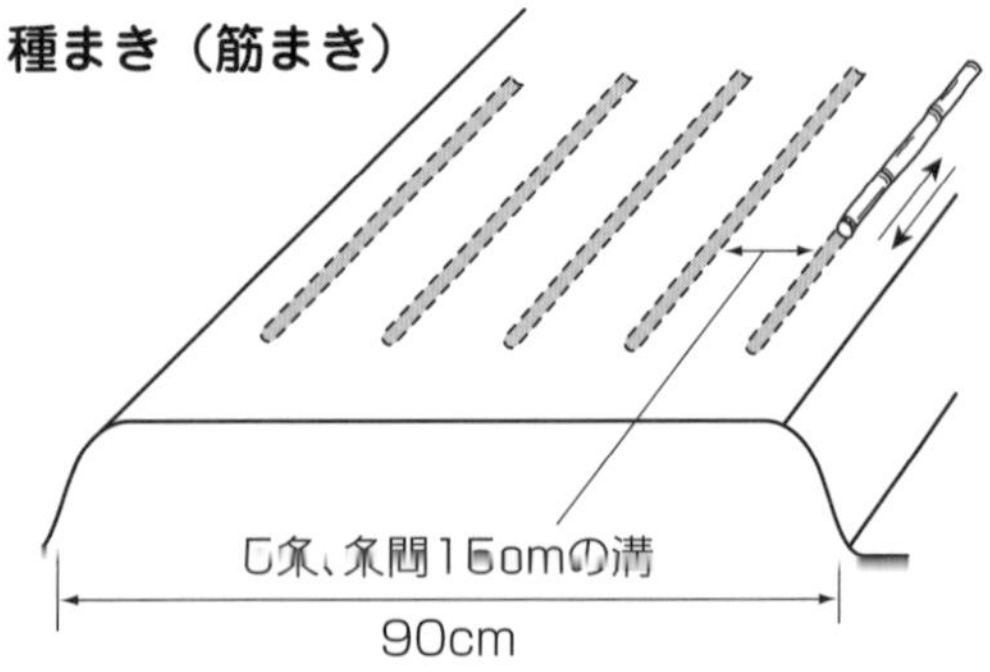
90cm

竹の棒を横に平らにおき、左右にずらして深さ1cmの溝をつくる。2cm間隔で種をまく。

たものでたたくとよい。土をたたいた後で、水やりをする。

九〇cm幅のウネは、晩秋以降の防寒処理をする場合、ビニールトンネルや寒冷紗をかけるのに都合がよい。

②三〇cm幅のウネにばらまき

肥料を施し、全体の土を軽く混ぜたら、三〇cm幅、高さ五～一〇cmのウネをつくり、表面を平らにならす。

平らになったウネの中央、一五cm幅くらいのエリアに、種をばらまきする。種と種の間が一・五～二cm程度になるように均等にばらまく。その上に軽く土をかける。その後は、九〇cm幅のウネと同様の処理をする。

【間引き・追肥】

本葉二枚のとき、混み合ったところを間引いて、株間三～四cmにする。

生育にしたがって順次間引きを行ない、草丈七～八cmで最終の株間を五～六cmにする。

夏までの栽培には、追肥はいらないが、冬越しして栽培が長期にわたる場合、生育状況により、最後の間引きの後、化成肥料を少量株間に施す。一㎡当たり一握り程度。

【収穫】

草丈が一五～二〇cmになったら、よく育ったものから収穫する。収穫して隙間があくと、その部分に残った株が成長してくる。

春から夏は、種まき後一～二ヵ月、秋以降の種まきでも二～三ヵ月で収穫できる。

防寒

晩秋に種をまいたものは 12 月頃に防寒すると、正月に質のよいものが収穫できる。ただし、早くから防寒すると軟弱になる。

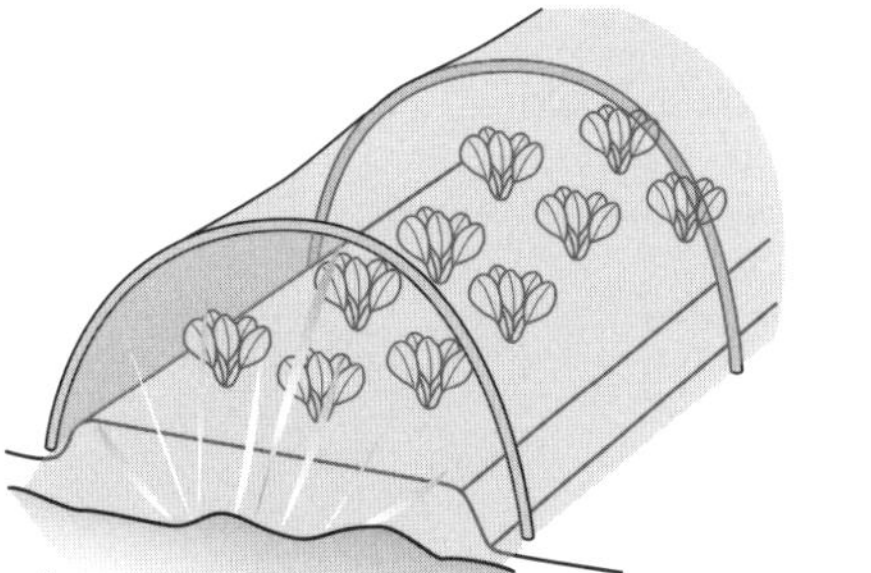

ビニールや寒冷紗のトンネルをかける。

笹竹やヨシズを北側に立てる。

3 観察のポイント

短期間に栽培でき、いろいろな調理や漬け物用に使うことができる。理科学習などのための観察活動を行なうとしても、個体数が多く得られるので、一人ひとりが手にとって観察する材料にするときに便利。

三年生「植物の育ち方」で使う場合、コマツナは根と葉の部分がほとんどで、茎は冬越しして春を迎えたものに見られるようになる。三年生の後半から四年生にかけて栽培を行なうと、植物の育ち方の学習の発展として観察活動ができる。

四年生から五年生にかけて栽培すると、五年生へ進級したばかりのときに、冬越しして花が咲いたものをアブラナなどの代わりに観察できる。五年生の花から実への学習の導入時の材料としても、その後の主教材としての扱いでも利用可能であるが、普通、主教材としては、雌雄異花の植物を使う。

4 収穫物の活用

コマツナは、炒め物、汁物、漬け物など、各種調理に使われる。自分の手で身近なところで栽培したものを、新鮮なうちに味わえるので、家庭科の調理実習の材料として重宝する。給食時などに、自分たちの手料理と一緒に味わうことができる。

春にとう立ちしたつぼみを折りとって、汁物に入れるとおいしい。摘みとったつぼみのわき芽から新たなつぼみが成長し、順次収穫できる。

コマツナは、アブラナ科の仲間で、地方によっていろいろなものがある。ミズナ、ベカナ、ノザワナ、ビタミンナなど、育て方もコマツナと同様である。地方にコマツナと同類の品種がたくさん栽培されているので、地元で栽培されているものに従うと、その土地の気候風土に適したものが得られる。

秋まき作物・草花

ダイコン

栽培ごよみ

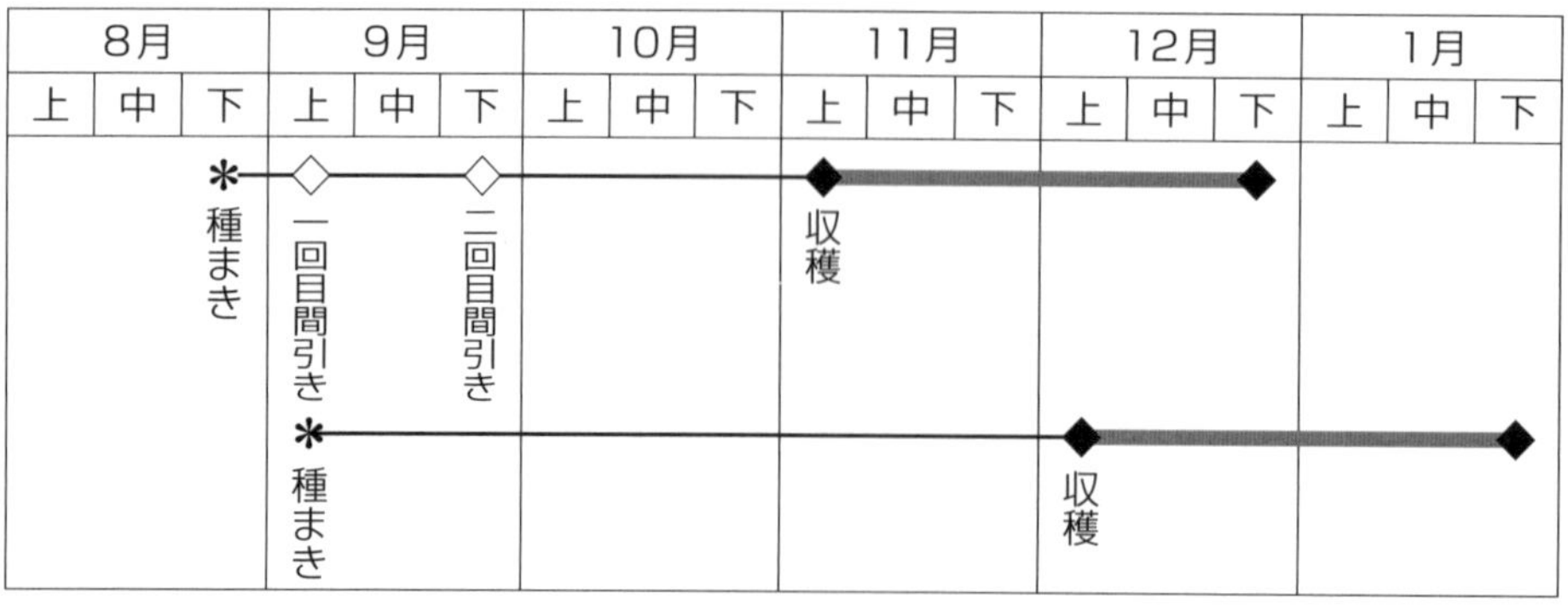
8月
9月
10月
11月
12月
1月
上
中
下
＊種まき
一回目間引き
二回目間引き
収穫
＊種まき
収穫

❶ 教科との関連

＊三年生　理科Ｂ（２）「身近な自然の観察」

・色、形、大きさなどの姿の違い

・生物と周辺の環境とのかかわり

三年生では、草花の栽培からＢ（２）の学習を行なう。草花の後作として、また社会科の地域学習の関連として、ダイコン栽培を秋から行なうことが考えられる。

＊四年生　理科Ｂ(2)「季節と生物」

・季節と植物の成長

四年生では、ヘチマやヒョウタンを中心にして、季節と生物の学習を進めていく。学校園にゆとりがあれば、秋からのダイコン栽培で、寒い季節特有の栽培植物を体験できる。

❷ 栽培の手順

【畑の準備】

種まきの二週間前に、苦土石灰と化成肥料を、一㎡当たり各二〇〇ｇ（二握り）施して、四〇～五〇㎝の深さによく耕す。学校園では、もともとの土が浅く、あまり深く耕せないところがある。そういうところには、聖護院などの丸ダイコンの栽培がおすすめ。

幅六〇㎝、高さ一〇㎝のウネをつくり、ウネの表面を平らにする。六〇㎝幅の場合は一条で栽培するが、二条栽培のときは七〇～八〇㎝幅のウネにして、条と条の間隔を四五㎝あける。

【種まき】

一升びん、またはペットボトルに水を入れたものの底で、トントンたたき、株間三〇㎝、深さ一㎝のまき穴をつくる。

まき穴に三～六粒の種をまく。一ヵ所にかたよらないように均等に広げる。まき穴がちょうど隠れて平らになるまで、五㎜～一㎝土をかぶせ、手のひらで軽くたたく。

種まきの後、たっぷりと水やりをする。

ダイコンは、苗を植え替えするときに根が切れやすく、植え替えは難しいので、畑に直まきにする。

【間引き・土寄せ】

間引きをていねいに行なうならば、双葉の頃、本葉が二～三枚の頃、本葉が五～六枚の頃と、計三回行なうのだが、忙しく時間がとれなければ二回でもよい。

本葉が二～三枚までに、葉や茎の形がよいものを一ヵ所二本を残し、ほかのものを間引く。本葉が五～六枚で最終の間引きを行ない、一ヵ所一本にする。間引いた後、残った一本の株元に軽く土寄せし、株と株の間に化成肥料を指三本で軽く一つまみ施す。土寄せするときは、土で葉が埋もれないようにする。

間引いたものは、みそ汁やおひたしなどに利用できる。

【収穫】

ダイコンの葉は、上に向いて育っていく。この葉の上が平らになり、下のほうに葉が垂れ下がった頃が、収穫適期である。品種によって、また栽培時期によって、種まきから収穫までの日数に差が出る。およそ四〇～一〇〇日かかる。
収穫は、首元を両手でつかんで、ダイコンを折らないように引き抜く。

3 観察のポイント

種まき後のダイコンは、互いに競争しながら育っていく。はじめから一本にするように種まきしても、生育が芳しくない。土地に余裕があれば、一本栽培、二本栽培……五本栽培というように、育つ様子を比較観察する場所を設けると、子どもの興味・関心を引きつけられる。

ダイコンの葉のすぐ下の地表に出ている部分は、茎の部分である。茎には根がなく、つるんとしている。茎は辛みが少ない。地表付近や地下の白い部分は、ダイコンの根。そこから、さらに小さな根が生えている。辛みが強い。小学生には、根と茎の区分けがはっきりしていないので、目で見て区別するのは難しいだろう。そこで、辛みの違いで、根と茎の差を想像するのも楽しい活動になるだろう。

ダイコンの食べる部分は、地下と地表の双方に、体をよじるように回転しながら成長していく。回転の跡は、地下の根の部分から出ている小さな根の付け根が、らせん状についていることからもわかる。発展学習として、ダイコンの回転運動を調べるのも面白い。後で食べることを考えると、ダイコン本体を傷つけないようにしながら回転を調べる方法を工夫させるとよい。一番外側の葉の先端にスズランテープなどの軽い目印をつけ、地面に割り箸などを立てておくと、位置のずれを観察できる。

4 収穫物の活用

ダイコンは、白い部分だけでなく、葉も食べられる。葉の部分は、ビタミンやミネラルが豊富なので、捨てずに使い切るとよい。

小さな葉、間引き菜は、柔らかくておいしい。汁物や塩もみ、サラダで食べる。大きくなった葉は、炒め物に。細かく刻んで塩もみにし、ユズや削りがつおをふりかけていただく。

白い部分は、各種の調理法がある。繊維質が多く、便秘解消に役立つ。

ダイコンを下ゆでするときは、米を少量入れると、米のデンプンがダイコンの辛みを吸収する。根の下の部分は辛みが強いので、熱を加えた調理やそばの薬味に向く。葉に近い部分はサラダやダイコンおろしがよい。

日本全国でその土地の環境に合った品種が栽培されており、漬け物や調理法は多彩。

間引き

1回目
双葉の頃、混み合ったところを間引いて3本にする。
2回目
本葉2～3枚の頃、葉が触れ合わない程度に間引く。
3回目
本葉5～6枚の頃、1本立ちにする。
病害虫のないもの、全体の株がそろうものを1本残す。

ダイコンの回転運動を調べる

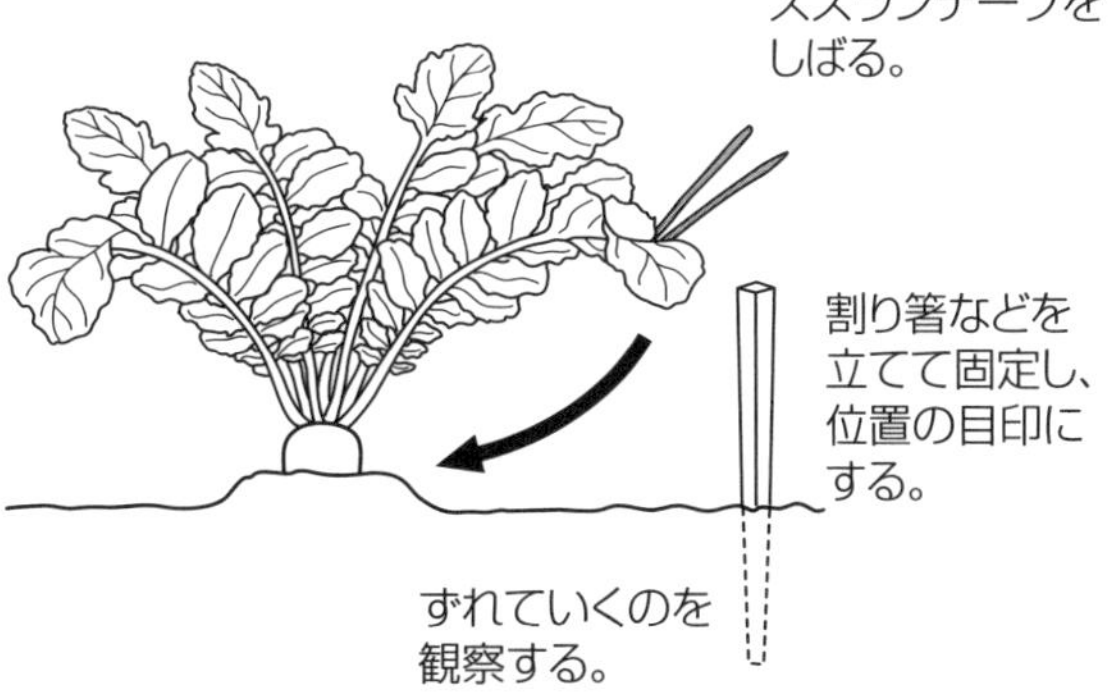
スズランテープをしばる。
割り箸などを立てて固定し、位置の目印にする。
ずれていくのを観察する。

秋まき作物・草花

エンドウ

栽培ごよみ

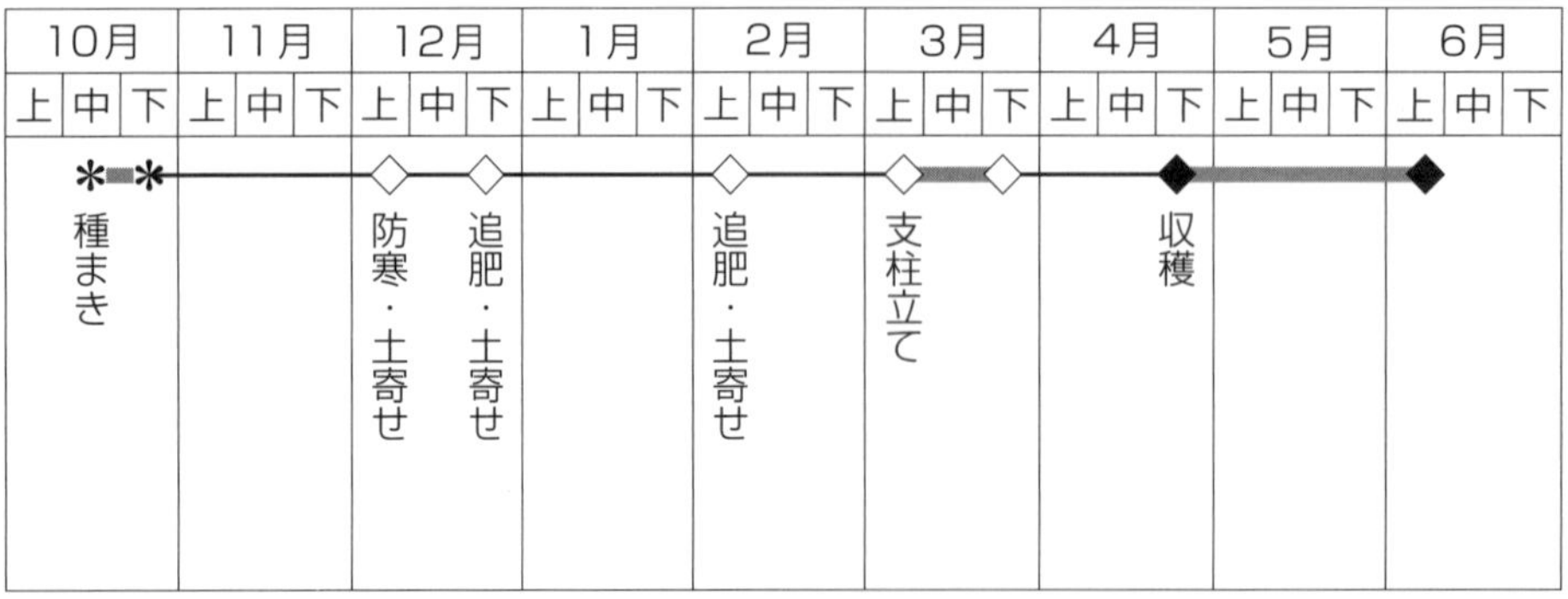

10月
11月
12月
1月
2月
3月
4月
5月
6月
上 中 下
種まき
防寒・土寄せ
追肥・土寄せ
追肥・土寄せ
支柱立て
収穫

1 教科との関連

＊一・二年生　生活科（7）

・植物を育てる、変化や成長

・生き物への親しみ

＊三～六年生　総合的な学習の時間

春から秋までの栽培活動の後で、あるいは総合的な学習の時間を利用しての栽培活動が考えられる。

学校園での栽培が安定しているが、収穫が四～六月になるため、次年度の栽培活動との調整が必要。プランター栽培であれば、この課題はクリアできるが、冬の乾燥時期の世話が必要で、収穫量が減る難点がある。

低温に強く高温に弱い。種を早くまいて大きく育った状態で越冬すると、霜の害を受けるので、地域の気候に合わせて種まきや防寒をする。

一般的な種類は、サヤエンドウ、スナップエンドウなど。実エンドウを未完熟で食べるのがグリンピース。花を楽しむスイートピーもこの仲間。

2 栽培の手順

【畑の準備】

エンドウなどマメ科の作物は、嫌地現象（一種の連作障害で生育不良を起こす）があり、毎年の連作栽培は難しい。四～五年は間隔をあけて栽培する。ダイズ、インゲンマメ、ラッカセイなどのマメ科植物を栽培してきた可能性がある学校園での栽培は避けるか、どうしても栽培するなら、土を深く耕して連作障害を避ける。

酸性土を嫌うので、種まきの二週間前に一㎡当たり一〇〇～二〇〇gの苦土石灰をまいて、よく耕しておく。また、腐葉土、堆肥、化成肥料などを適度に入れながら（一㎡当たり腐葉土・堆肥はバケツ一杯、化成肥料一〇〇g）、ていねいに土に混ぜる。その後、ウネをつくる。ウネは、幅六〇～一〇〇cm、高さ一〇cmにする。

【種まき・間引き】

十月中旬～下旬に種まきをする。寒冷地は春まきにして初夏に収穫。

株間三〇cm、深さ二cmの穴に、一穴当たり三～四粒をまいて土をかぶせる。一条植えはウネ幅六〇cm、二条植えはウネ幅一〇〇cm、いずれも条間は四五～五〇cm。

発芽後、生育のよいものを二本残し、その他の芽は間引く。

【防寒・土寄せ】

寒さには比較的強いが、厳冬期を前に防寒措置を行なう。株の周りにワラ、モミ殻などをまいて防寒する。笹竹を株元に立てて、寒風や霜を防ぐこともできる。防寒シートで

種まき

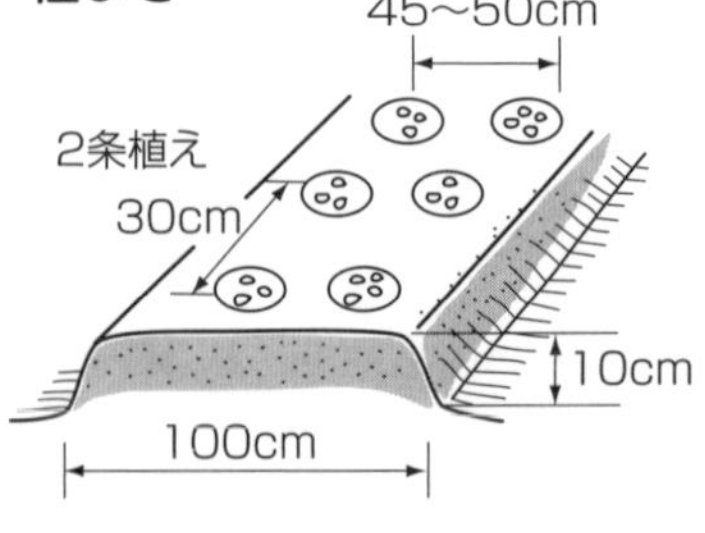

45~50cm
2条植え
30cm
10cm
100cm

ウネ全体を覆い、シートの外側をブロックや針金などで固定しておけば安全。

生育状態を見ながら、種が地表に出ているところに土をかぶせる。約一ヵ月おきに、雑草とりをして追肥（化成肥料一㎡当たり三〇g）を施す。前作で肥料を多く使ってあるところは、施肥を少なくする。

【支柱立て】

三月になると、つるが伸びてくる。防寒シートを外し、支柱を立てたりネットを張ったりして、巻きひげがからみつくように誘引する。

防寒の笹竹の立てかた

支柱立て

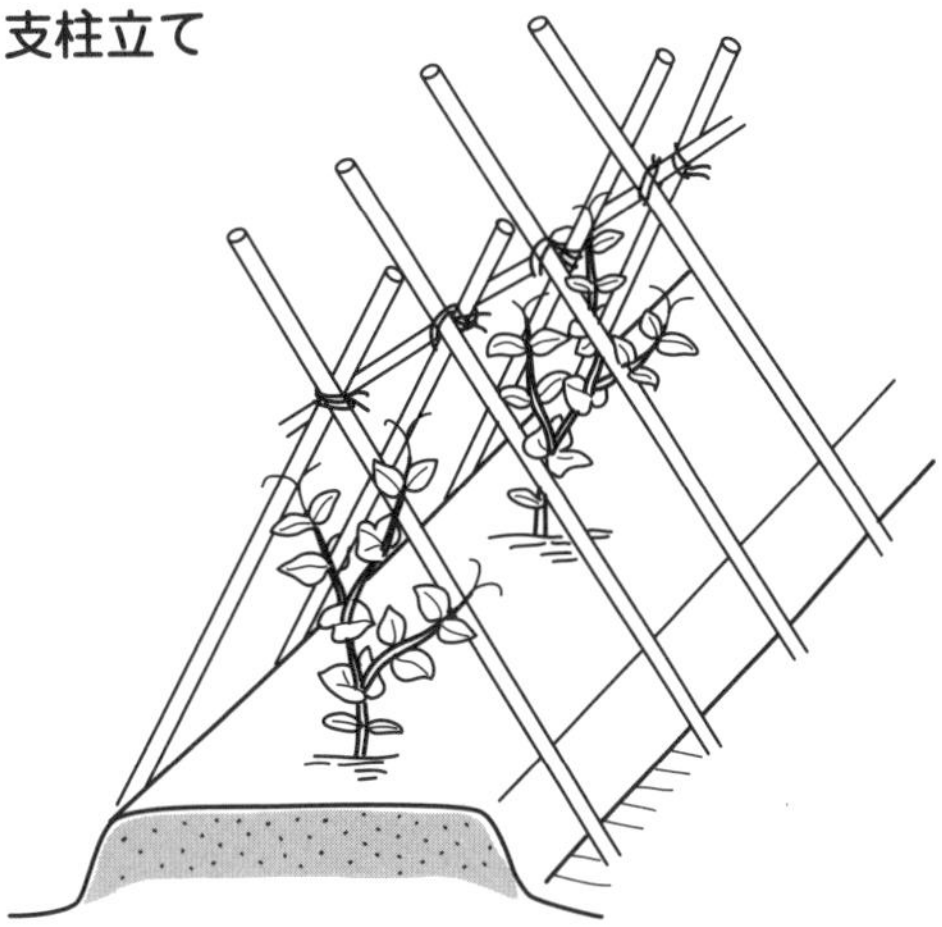

【収穫】

サヤエンドウは、実がふくらみはじめた頃に収穫する。スナップエンドウは、実がある程度ふくらんだ頃が収穫適期。

3 観察のポイント

秋から春の間の栽培では、種まき以降はあまり手をかけなくても生育する。低学年の子どもたちが、折に触れて成長の様子を観察するのに適している。

昇降口前の学校園で、支柱代わりに学校のフェンスなどを利用するなど、子どもたちの身近で栽培しておくと、目立った変化があったときに子どもたちの目にとまる。一年生から二年生にかけて栽培すると、三月以降の成長が大きくなり、花も見られるので、エンドウの成長と自分たちの進級や成長を重ねて考えられる。

その他の学年で栽培する場合は、教科学習の発展として、それぞれの学習内容に関連させて観察できる。

マメ科は花に特徴があり、昆虫が花に潜り込むときに自家受粉できるよう、巧妙なつくりになっている。自然交配を拒否し、特性を子孫に伝える律儀な花である。五年生の理科学習のまとめや振り返りの時期に、花を分解して観察するとよい。

4 収穫物の活用

炒め物、蒸し物、スープ類、てんぷら、その他春先のビタミンなどの栄養補給にふさわしい野菜である。

ツタンカーメンのエンドウは、エジプトのファラオの墳墓から蘇ったものが各国に伝えられて、最近では種苗店にも出るようになった。栽培方法は、普通のエンドウと同じ。「エンドウ赤飯」をつくり、古代ロマンを味わうことができる。

（材料）ツタンカーメンのエンドウマメ　三分の一カップ、米　一・五合、酒・塩　適宜。

（つくり方）

①小鍋に米を炊く分量の水を入れ、エンドウのマメをさやのついたまま、塩少々でサッとゆでてザルにあける。このとき、マメのゆで汁は絶対に捨てない。これで米を炊く。

②ゆでたマメはすぐに氷水につけて、マメの色を残すようにする。

③米を釜に移し、①のゆで汁を入れ、不足分を酒・水で補う。塩をほんの少し入れて炊く。

④米が炊きあがったら、さやから出したマメを入れ、つぶさないように混ぜる。

⑤四〜五時間保温して、マメの色素で赤飯になったら食べる。

秋植え作物・球根

イチゴ

栽培ごよみ

10月			11月			2月	4月			5月			6月			7月		
上	中	下	上	中	下		上	中	下	上	中	下	上	中	下	上	中	下
	*苗の植付け		*	◇追肥・土寄せ		◇追肥・土寄せ			◆収穫			◆					□子苗のポット育苗	□

1 教科との関連

*一・二年生　生活科（5）
・身近な自然との触れ合い
・四季の変化と生活
*一・二年生　生活科（7）
・植物を育てる、変化や成長
・生き物への親しみ
*三年生　理科B（2）「身近な自然の観察」
・色、形、大きさなどの姿の違い
・生物と周辺の環境とのかかわり

いずれの学年でも、特別活動や総合的な学習の時間の内容、また理科学習の発展として活用できる。

イチゴは、一年中継続した管理が必要な多年生植物。学校では、温度管理や生育管理が難しいので、本来の収穫期である初夏の収穫をめざしての露地栽培や室内栽培が適している。

栽培種は、いろいろと改良された品種が出回っている。種苗店で、その土地に合った品種を購入して育てるとよい。

女峰《にょほう》　東日本で広く栽培されるハウス専用品種。十一月から四月まで収穫。酸味と甘味が強い。

とよのか　西日本で広く栽培されるハウス専用品種。大粒で肉質が柔らかく、酸味が少ない。

ダナー　アメリカで育成された大粒種。甘味、酸味、香り、日もちがよい。一月から六月までハウス栽培。露地栽培も可能。

宝交《ほうこう》早生《わせ》　酸味が少なく、甘い。果実はやや小さいが実つきがよい。九月から六月まで、東海地方から出荷される。露地栽培に適する。

2 栽培の手順

【苗の植付け】

初めて栽培するときは、苗を購入する。

一㎡当たり苦土石灰二〇〇g（二握り）、バケツ一杯の堆肥、化成肥料小さじ一杯を施し、よく耕す。その二週間後、十月中旬から十一月上旬に苗を植え付ける。

畑の場合は、ウネは幅九〇cm、高さ二〇cm以上と高くし、株間三〇cmの二条植えにする。条間は四〇cmで千鳥植え。ランナー（親株から出たつる）の一部が見えるので、この切り口がウネの内側になるように植える。ランナーの反対側に花房がつく。

苗の植付け後一週間は、苗と土がなじむように、たっぷりと水やりをする。

ペットボトルを横にして上を切り取り穴をあけ、これを栽培容器にして苗を植え付けると、室内で一人ひとりの子どもが管理できる。ペットボトル・鉢栽培の場合は、腐葉土と土を半々に混ぜるとよい。

【追肥・土寄せ・水やり】

十一月中旬、二月中旬に、株の周囲に追肥をして土寄せする。追肥は、一㎡当たり半握り程度の化成肥料を施す。

鉢栽培、ペットボトル栽培の追肥も同様に行なう。水の管理に気をつけ、乾燥しすぎないようにする。水をやりすぎると、根の発育が悪くなる。

【収穫】

花が咲き、花びらが落ちて一ヵ月ぐらいで果実が熟する。

実がなっているうちは、次々と収穫ができる。この間に株元からでるランナー（細長いつる）は摘みとる。

3 観察のポイント

イチゴの実の黒いつぶつぶの一つひとつが果実で、それらがまとまって全体で一つの果実のように見える。

子どもがイチゴを栽培する場合、主たる目的は食べること。食べられるまでの生育の過程を、今か今かと待ち構えるのが普通であり、観察は実の色の変化を見るのが中心であろう。おいしいイチゴを味わうには、健康な葉が大切であることを教え、元気な葉にするための世話に目を向けさせたい。

4 収穫物の活用

ビタミンCに富み、生食で楽しむほか、ジャムの加工やお菓子の材料にも向く。学校では、生食が主体。

収穫後、次の豊かな収穫をめざして苗を育てることも考えられる。イチゴは連作を嫌い、植えたままにしておくと、実が小さくなり、実つきが悪くなる。

収穫後、苗を植え替えて子苗を出させる親株に育てる。約半年の栽培で、子苗をたくさんつくることができる。株元から出るランナーを同じ方向に伸ばし、根を出した子苗を植え替えて育てる。

親株をプランターなどに植え、その周囲に土を入れた育苗用ビニールポットや植木鉢を並べておき、子苗の根を成長させる方法が便利。六月から夏休みを経由して運動会の頃までが育苗の時期となる。毎日の水やりが必要。学校では、夏休み期間中の水やりが困難なので、耕した畑の一角に、子苗のポットや鉢を埋め込んでおくとよい。

苗の植付け

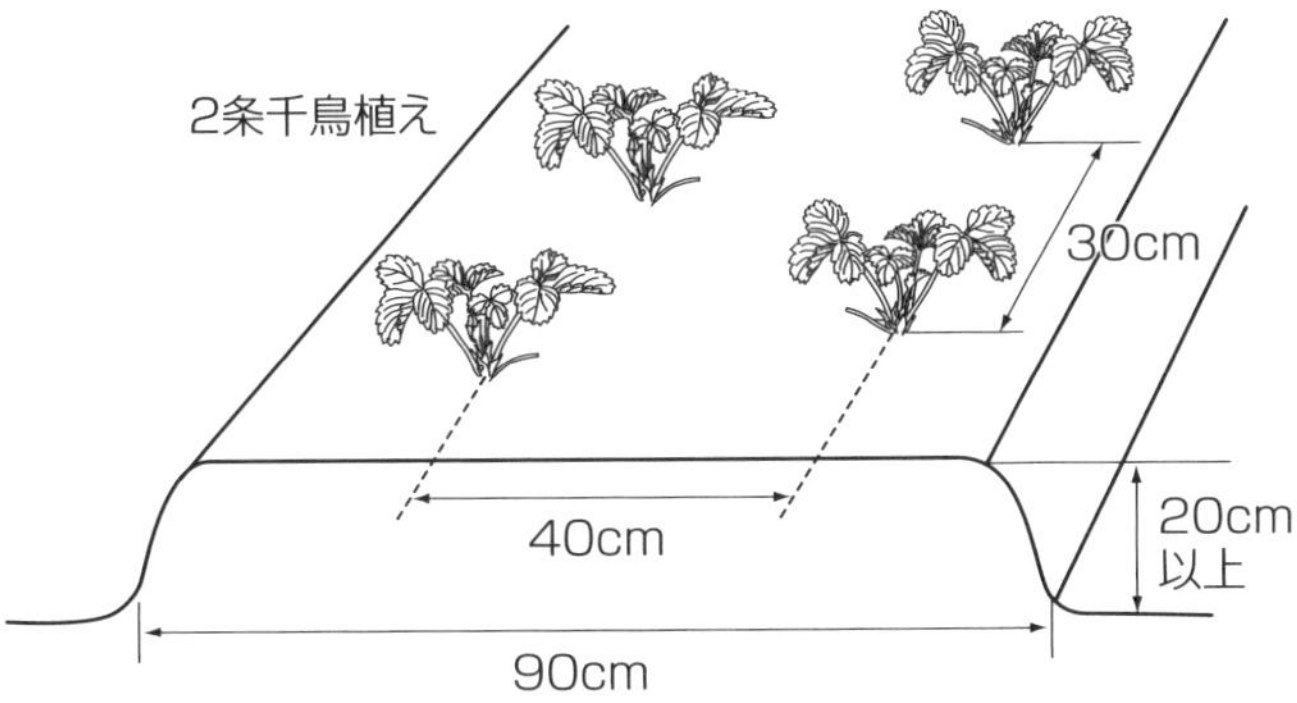
2条千鳥植え
30cm
20cm
以上
40cm
90cm

苗の植え方

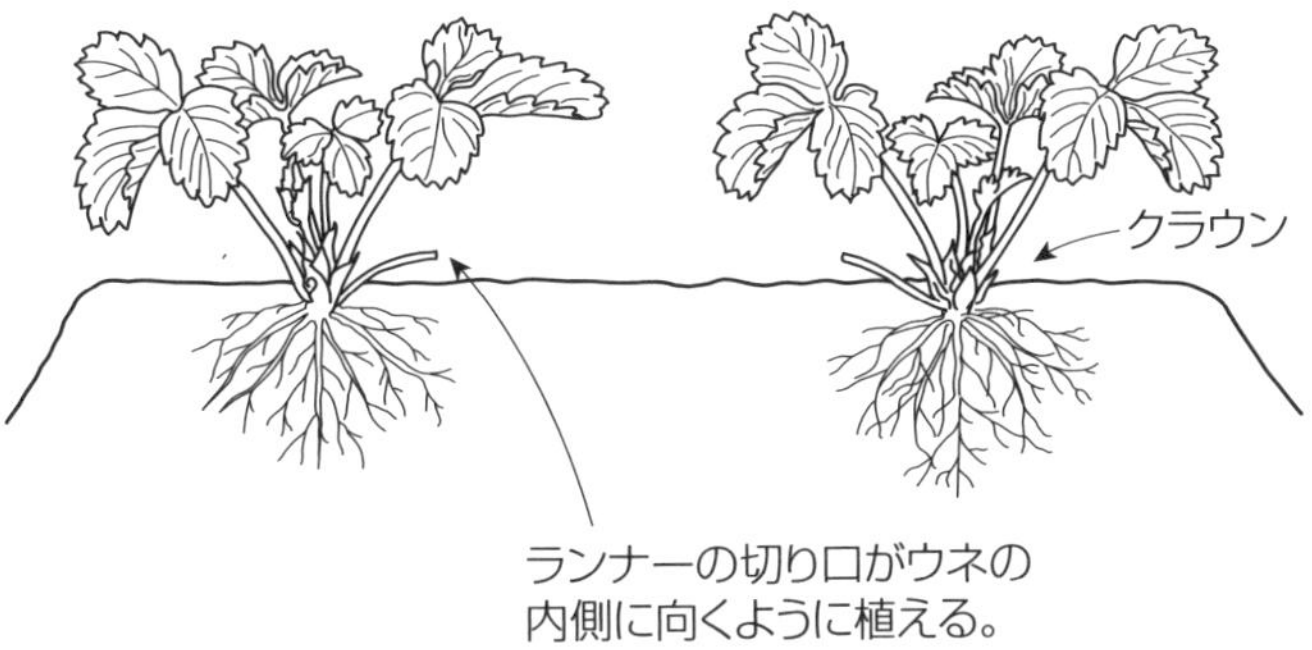
クラウン
ランナーの切り口がウネの
内側に向くように植える。

ペットボトル栽培

上部を切りとる。腐葉土と土を半々に入れて苗を植える。

子苗の育苗

ゴロ土
プランター
ビニールポット

秋植え作物・球根

タマネギ

栽培ごよみ

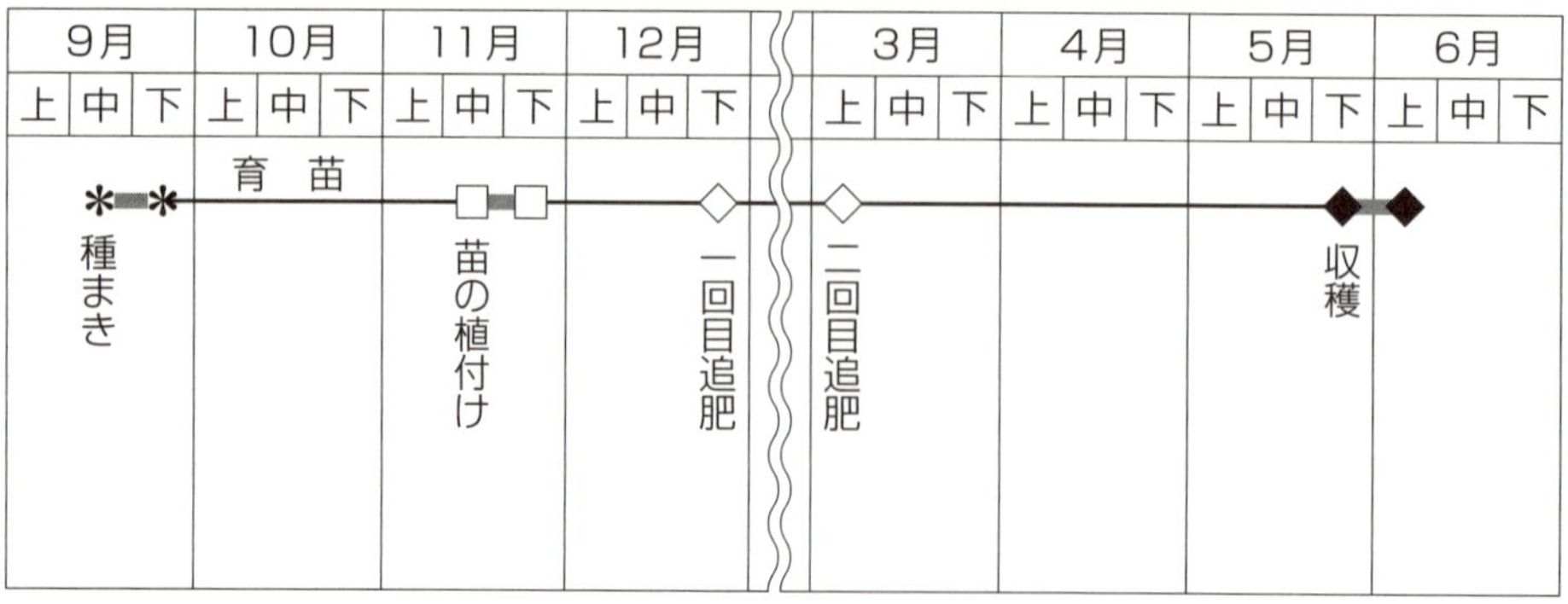

9月 10月 11月 12月 3月 4月 5月 6月
上 中 下
育苗
種まき
苗の植付け
一回目追肥
二回目追肥
収穫

1 教科との関連

＊一・二年生　生活科（5）
・身近な自然との触れ合い
・四季の変化と生活
＊一・二年生　生活科（7）
・植物を育てる、変化や成長
・生き物への親しみ

タマネギは、秋から翌年度の初夏までの栽培なので、学年がまたがっての管理となる。一年生から二年生にかけて栽培することもできるが、二年生から新たに野菜などの栽培活動がはじまることが多いので、その分のスペースを占有してしまうことがある。そこで、タマネギの収穫後の栽培計画を立て、二年計画で栽培する必要がある。低学年以外でタマネギを栽培する場合も、同様のことに留意する。

畑の準備
(苗の植付け
1週間前)

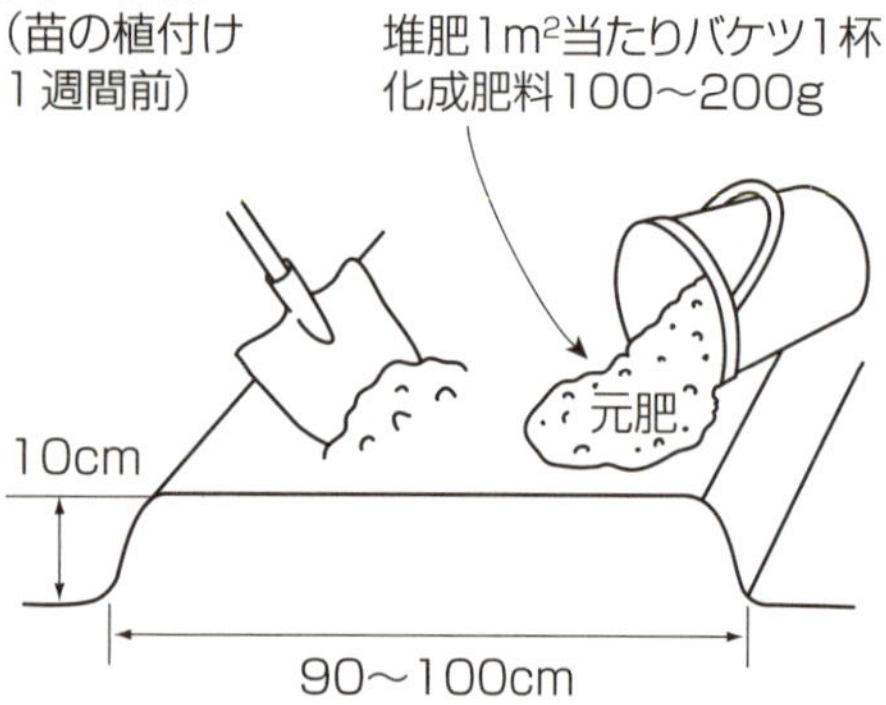

堆肥1m²当たりバケツ1杯
化成肥料100～200g
元肥
10cm
90～100cm

2 栽培の手順

【種まき】

タマネギは、十～十一月に苗を買って植え付けることが多いが、種からでも簡単に育てられるので、たくさんの苗を自分で育苗できる。地元で栽培されている品種を選ぶと失敗が少ない。

九月、彼岸花が咲く頃に種をまく。

種まきの二週間前に、一㎡当たり苦土石灰二〇〇g（二握り）をまいてよく耕す。種まき一週間前に、一㎡当たりバケツ一杯の堆肥、化成肥料一〇〇～二〇〇gをまいて土とよく混ぜる。幅九〇～一〇〇cm、高さ一〇cmのウネをつくる。

ウネに深さ一cm、条間一〇cmの溝をつくり、一～二cm間隔で種をまき、土をかぶせて平らにする。

ウネの幅を三〇～四〇cmにしてまいたり、均一に種をばらまいたりする方法もある。どのようなまき方でも、苗が育ったら植え替えるので、支障はない。

種まき後、雨が降らなければ、たっぷりと水やりをしておく。芽が五cmほどになったら、一㎡当たり一〇〇gの化成肥料を追肥する。

【苗を植え付ける畑の準備】

十月中旬以降、苗の植付けの二週間前に、一㎡当たり苦土石灰三〇〇g（三握り）をまいて深く耕す。さらに、一週間前に、一㎡当たりバケツ一杯の堆肥、化成肥料一〇〇～二〇〇gをまいて土とよく混ぜる。幅九〇～一〇〇cm、高さ一〇cmのウネをつくる。マルチングする場合、ウネの幅を、マルチングする資材に合わせる。

ウネ幅を三〇～四〇cmにして、株間一〇cmで植えていく方法もある。

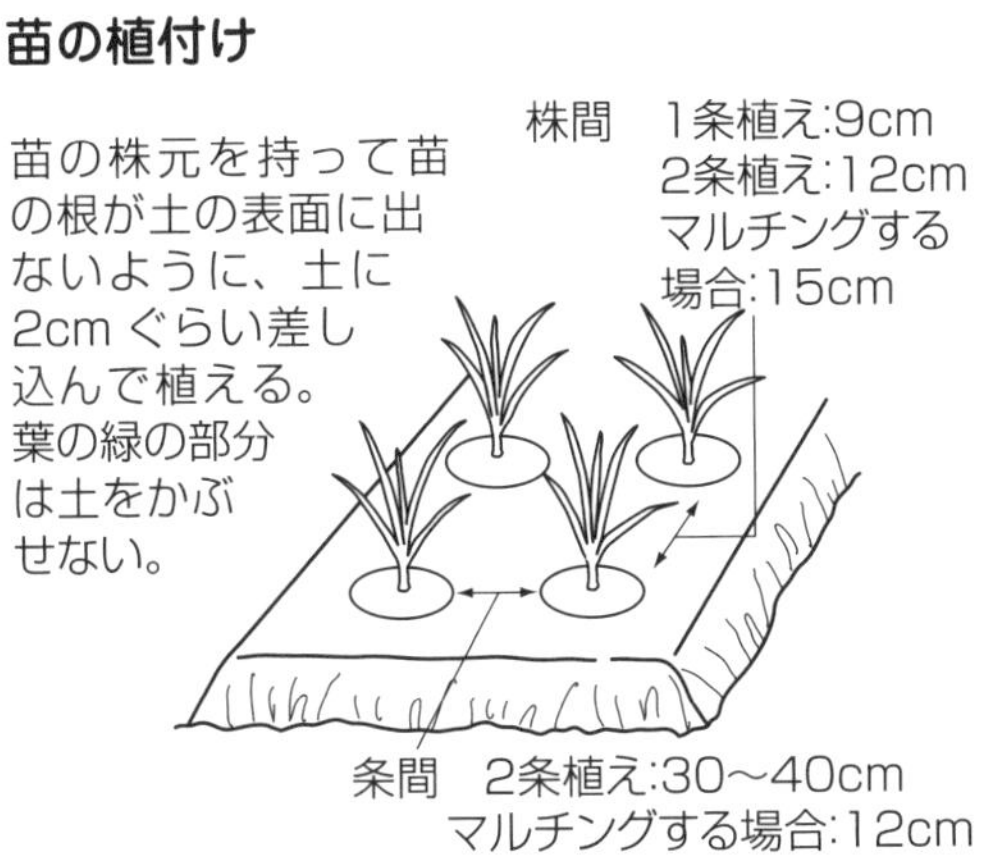
苗の植付け
苗の株元を持って苗の根が土の表面に出ないように、土に2cmぐらい差し込んで植える。葉の緑の部分は土をかぶせない。
株間 1条植え:9cm
2条植え:12cm
マルチングする場合:15cm
条間 2条植え:30～40cm
マルチングする場合:12cm

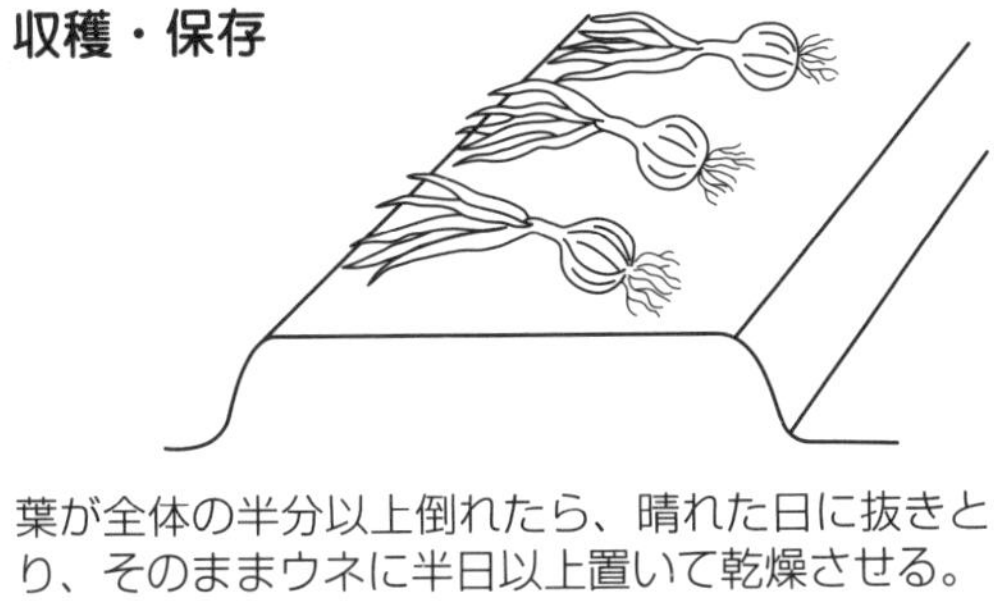
収穫・保存
葉が全体の半分以上倒れたら、晴れた日に抜きとり、そのままウネに半日以上置いて乾燥させる。

【苗の植付け】

太さが六～八㎜、苗の高さ二五㎝程度に育った苗を植える。植付けの時期は、十一月中旬～下旬が適期。あまり早く植えると、とう立ちしやすい。

苗の根元を持って、根が土の表面に出ないように二㎝くらい土に差し込む。または、ゴム手袋をした指で土に穴をあけ、根の部分を入れて軽く土をかぶせて押さえる。緑色の葉の部分に土をかぶせないようにする。

ウネにマルチングをすると、雑草防除となり、地面の熱が高くなって苗の生育が促進される。タマネギ専用の穴があいている各種のマルチング資材が、市販されている。

【追肥・土寄せ】

苗の植付け後二五日前後と、苗が伸び出す三月上旬頃の二回、それぞれ一㎡当たり化成肥料一〇〇gの追肥を行ない、土寄せする。

一条植えはウネの肩に、二条植えは条間に追肥し、土寄せする。マルチング資材をかけている場合は、穴の部分に少しずつ化成肥料を注ぎ込む。

【収穫・保存】

葉が全体の半分以上倒れたら、晴れた日に抜きとり、そのままウネに半日以上置いて乾燥させる。

緑色の葉と玉の中間を束ねて、風通しのよい日陰につるして保存する。半年くらい保存ができる。

3 観察のポイント

タマネギは大変丈夫なので、植付け以後、収穫まで何も世話をしなくても平気。大きいタマネギを得るためには、追肥や土寄せをしたほうがよいが、最初によい苗を植えておけば、そのままにしておいてもかなりの収穫ができる野菜である。

五月になると、学校では次の栽培の予定があるので、タマネギや球根類が植えられている場所が気になってくる。タマネギのとう立ちが見えたら、抜きとって心の部分以外を食べることができる。この頃に、ウネの一部のタマネギを早めに収穫して、あいたところにカボチャを植えてもよい。タマネギ全部を収穫してから、カボチャのつるが成長して展開しはじめるので、栽培園を有効に活用できる。

タマネギのひげ根の付け根の部分が茎で、その上の玉になる部分や緑色の部分は、すべて葉にあたるところである。六年生・理科の学習で気孔を観察するとき、同じ葉でも、空気に触れる部分にはたくさんの気孔があり、玉の部分の気孔は見えにくいことを確認できるので、蒸散の仕組みを考える材料ともなる。

4 収穫物の活用

カレー、シチュー、スープ、炒め物、バーベキューなどいろいろな料理で利用できる。学校で調理する際も、簡単・手軽に使える。

収穫した後の茎や葉を、害虫退治に役立てることができる。ナス、キュウリ、カボチャなどの株元に置いたり、通路に敷いたりしておくのである。枯れた葉が見苦しければ、細かく刻んで敷いてもよい。害虫を追い払う効果がある。

秋植え作物・球根

チューリップ

栽培ごよみ

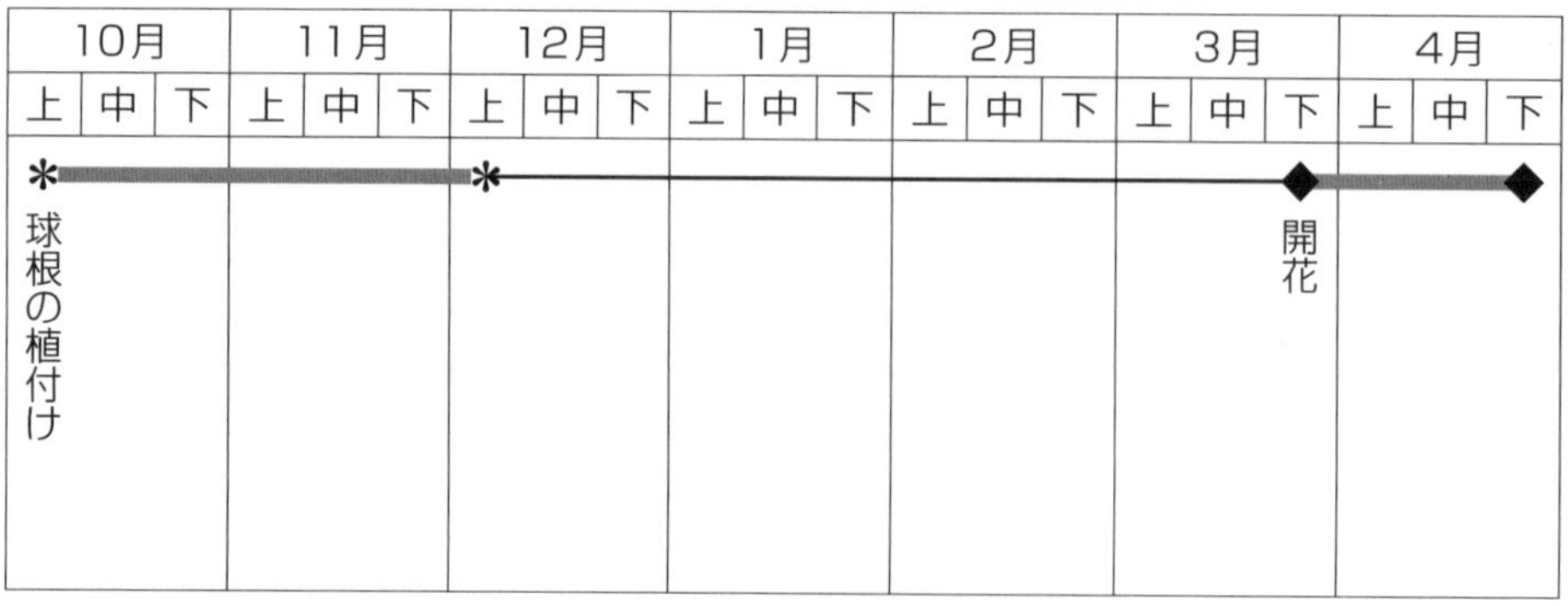

10月
11月
12月
1月
2月
3月
4月
上 中 下
球根の植付け
開花

1 教科との関連

＊一・二年生　生活科（5）

・身近な自然との触れ合い

・四季の変化と生活

＊一・二年生　生活科（7）

・植物を育てる、変化や成長

・生き物への親しみ

2 栽培の手順

【球根の入手】

九月下旬頃から販売されるので、園芸店などで購入する。品種によって、開花の時期、花の色や形、草丈などがいろいろである。栽培する場所や目的、予算に応じて、選んで購入する。

【土の準備】

花壇の土をよく耕す。スギナが生えているような酸性土では、球根の植付けの二週間前に、苦土石灰を一㎡当たり一〇〇〜二〇〇gをまいて耕す。

花壇への球根の植付け

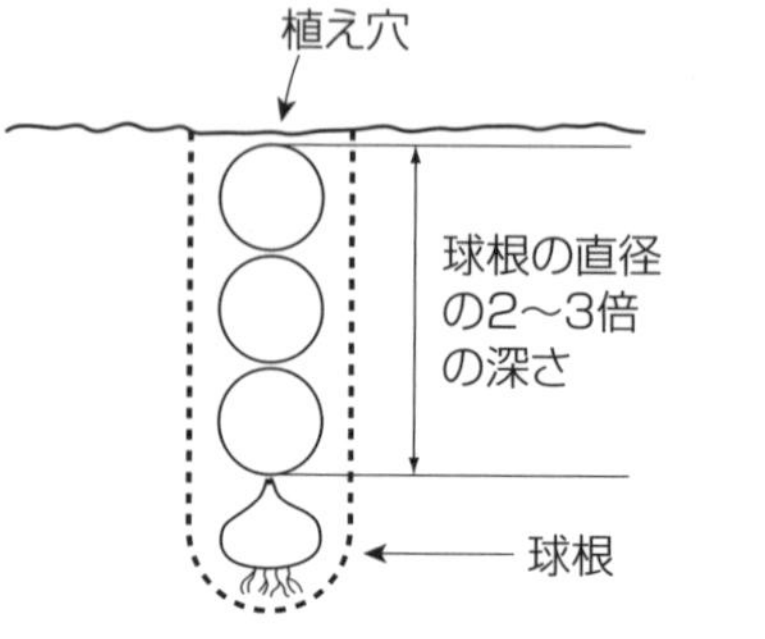

植え穴
球根の直径の2〜3倍の深さ
球根

プランター栽培や鉢栽培をする場合、土三に対して腐葉土一、赤玉土一の割合でブレンドする。腐葉土は保水性をよくし、赤玉土は排水性をよくする。

肥料分は基本的にいらない。球根類は、その中に必要な栄養分を蓄えている。

【球根の植付け】

花壇の場合は、十月上旬から十二月上旬までに、球根を植え付ける。球根の直径の二〜三倍の土をかぶせる。冬に乾燥する太平洋側の地域では、深植えにしたほうがよい。

パンジーと互い違いに植えると、水やりの目安（パンジーがしおれたら、午前中にたっぷりと水やりを行なう）となり、誤って球根の芽を踏みつけることが減る。

鉢への球根の植付け

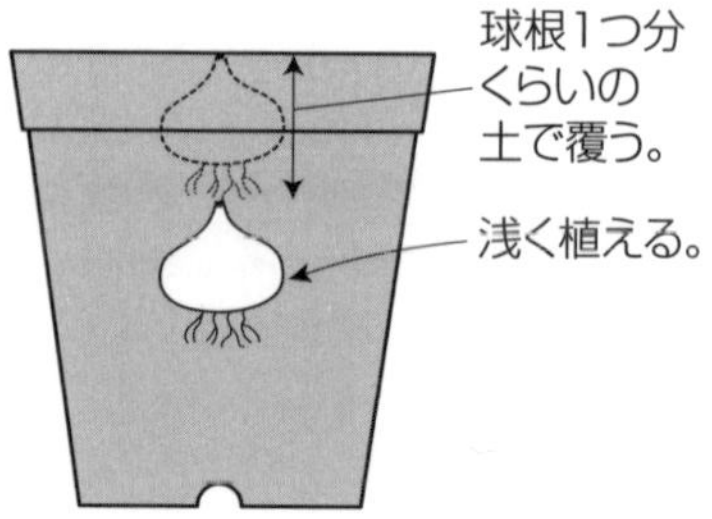

球根1つ分くらいの土で覆う。
浅く植える。

プランター栽培や鉢栽培では、球根の下から伸びる根から水分などの吸収を行なうので、浅く植える。球根一つ分くらいの土で覆う。

3 観察のポイント

低学年の子どもが、鉢などで自分自身で管理する栽培活動を行なうとき、チューリップなどの球根は、丈夫で途中の世話が少なくてすむので、大変便利である。折に触れて生育の様子を観察し、記録に残していくとよい。栽培の過程で、生き物への親しみが増し、命を大切にする心情が育っていく。

球根を植えるとき、芽が出はじめたとき、つぼみが見えてきたとき、花が開いたときなど、生育の節目で観察や記録の場を設けるようにする。

一年生の後半でチューリップを栽培する場合、一鉢だけの栽培でも意味がある活動だが、ゆとりがあれば、来年入学してくる後輩の一年生にプレゼントするために、また、お世話になった六年生の卒業式をめざして、いくつかの鉢に栽培することも考えられる。一年生自身の自立の基礎づくりがいっそう促されるものとなるだろう。鉢栽培の負担が大きいのであれば、学校園の一角に、共同でつくる花壇を設けるとよい。個々の鉢栽培の生育状況と、共同花壇のものとを比べながら、興味深く栽培活動を進められる。

花がら摘み

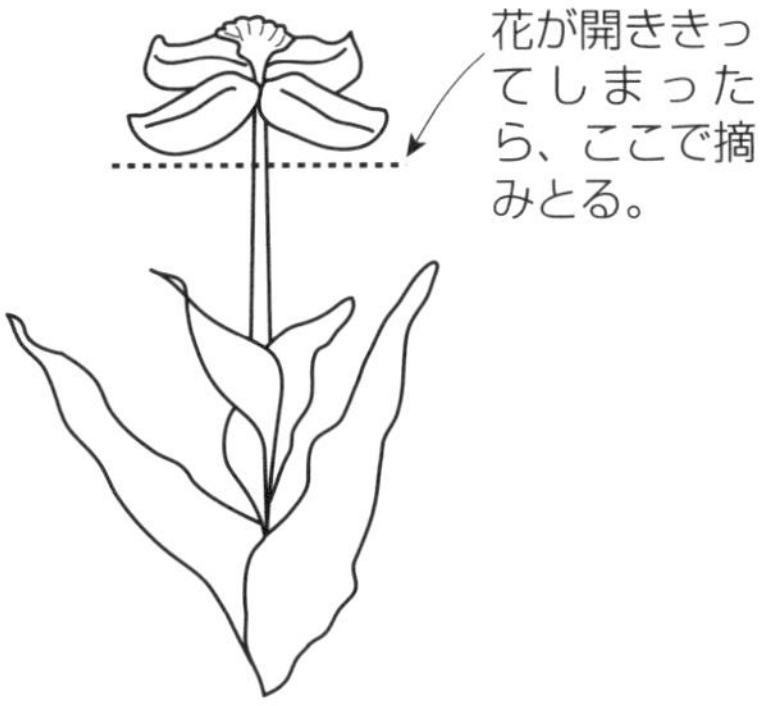
花が開ききってしまったら、ここで摘みとる。

4 来年度に向けての活用

チューリップの世話は、開花までは熱心だが、花が終わると急に世話をやめてしまう学校が多いようである。せっかく費用も手間もかけて育てたものを、捨ててしまうのはもったいない。世話次第で、次の年度にも花を咲かせることができる。

咲き終わった花は、花がらを摘みとる。放置すると種に養分がとられてしまい、球根が太らないためである。花がらを摘んだ後も、葉や茎では光合成をしているので、球根に栄養が蓄えられる。化成肥料を補って、花のために使った栄養分を補給させる。

鉢栽培で育てたものは、学校園の一角にそっと植え直して、球根が太るのを待つ。五月頃に葉が茶色になったら球根を掘り上げて、日陰で風通しのよい場所に保管し、秋の植付けとなる。購入した球根は、花を咲かせずに、開花の前につぼみを摘みとって、球根を大きくしたものである。学校で花を咲かせた後の球根は、やや小さくなるが、世話次第では、次年度の開花も可能である。

花壇などに植えたものは、そのまま置いても、数年は花が楽しめる。次の栽培活動に影響する場合は、葉の変色を待って、球根を掘り上げて保管する。

タマネギとチューリップの断面を比べてみよう

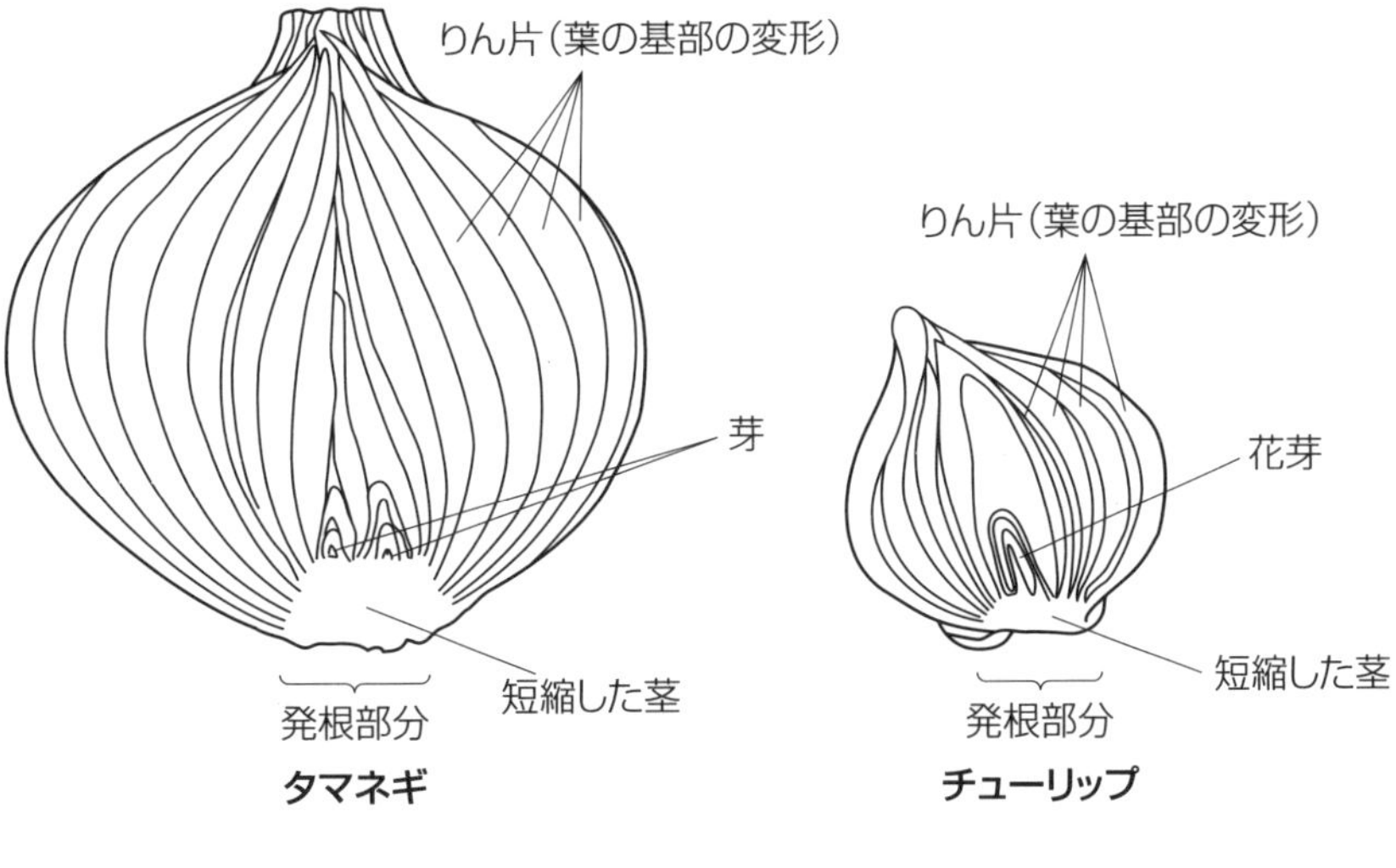
りん片（葉の基部の変形）
芽
短縮した茎
発根部分
タマネギ
りん片（葉の基部の変形）
花芽
短縮した茎
発根部分
チューリップ

チューリップの球根は、タマネギと同様に、りん片（葉が変形したもの）が球状になったものであることがわかる。

毛利　澄夫（もうり　すみお）

江戸時代末から神奈川県厚木市で農業を営む家の4代目。1949年、厚木市生まれ。神奈川県の教員、および平塚市の教育行政などを38年経験しながら、兼業農家として農地管理を継続。

横浜国立大学教育学部卒業。教員となってから理科教育を中心にして実践研究を重ねる。横浜国立大学教育学部附属横浜小学校のほか、公立学校7校を経験。現在は神奈川県平塚市立大野小学校長、日本初等理科教育研究会理事長。

中村　章伯（なかむら　あきのり）

1949年、福岡県生まれ。1970年、日本デザインスクール卒。1971年よりフリーのイラストレーター・グラフィックデザイナーとして現在に至る。

主に旅や児童関係の出版物を中心に制作。趣味の庭仕事を生かして、園芸の出版物にも携わる。神奈川県秦野市在住。

図解 学校園の運営 コツのコツ
——段取り・栽培・学びのヒント——

2010年3月20日　第1刷発行

毛利　澄夫 著
中村　章伯 絵

発 行 所　社団法人 農山漁村文化協会
郵便番号 107-8668　東京都港区赤坂7丁目6－1
電話　03(3585)1141(営業)　03(3585)1159(編集)
FAX　03(3585)3668　振替　00120-3-144478
URL　http://www.ruralnet.or.jp/

ISBN978-4-540-09195-7　DTP製作／(株)新制作社
〈検印廃止〉　印刷・製本／(株)廣済堂